吉林师范大学教材出版基金资助

新闻理论

Theories of Journalism

信险峰◎著

中国经济出版社
CHINA ECONOMIC PUBLISHING HOUSE
·北 京·

图书在版编目（CIP）数据

新闻理论 / 信险峰著 . -- 北京 ：中国经济出版社，
2025. 3. -- ISBN 978-7-5136-8013-4

Ⅰ. G210

中国国家版本馆 CIP 数据核字第 20247BB494 号

组稿编辑　崔姜薇
责任编辑　焦晓云
责任印制　李　伟
封面设计　任燕飞

出版发行　中国经济出版社
印 刷 者　北京科信印刷有限公司
经 销 者　各地新华书店
开　　本　710mm × 1000mm　1/16
印　　张　14
字　　数　236 千字
版　　次　2025 年 3 月第 1 版
印　　次　2025 年 3 月第 1 次
定　　价　88.00 元
广告经营许可证　京西工商广字第 8179 号

中国经济出版社　**网址** http://epc.sinopec.com/epc/　**社址** 北京市东城区安定门外大街 58 号　**邮编** 100011
本版图书如存在印装质量问题，请与本社销售中心联系调换（联系电话：010-57512564）

前言

PREFACE

新闻定义，各言其是；新闻价值，说法各异；新闻事件与新闻信息混同，新闻文本概念付之阙如。如此种种，皆凸显新闻理论缺少坚实的理论根基。

新闻理论界，百家争鸣，莫衷一是。实践是检验真理的唯一标准，进入自媒体时代，传统新闻理论陷入尴尬，新闻定义解释力下降。若技术进步即令理论根基动摇，则此种理论既缺乏前瞻性，也缺乏概括性，还缺乏超越性。

若新闻理论只是基于眼前的新闻传播进行概括，解释力必然有限，究其原因，未达于新闻本质。新闻本质直接关乎对世界的理解，新闻不仅存于传媒业界和日常生活，还延及世界之变化。概言之，新闻理论须扎根于世界变化，注目于对整个世界变化之理解。

世界变化由因生果，果又成因，因又生果，因果相迭，方演出无穷事件，而新闻即在其中。新闻理论是呈现世界变化的理论，以事件为基础，以因果为核心，以反映为鹄的。

新闻是事实还是信息，是事件还是事件组？新闻本质是“新近”，还是“未知”？新闻事件价值与新闻文本价值有何不同？以上问题皆涉及新闻理论的根本问题，然而诸多新闻理论鲜有深论，甚至未曾论及。

新闻定义是新闻理论的基石，但模糊定义比比皆是。诸多新闻定义常以“新近”为限定词，然而“新近”是模糊词汇，既然限定词模糊，被界定之物也就难以清晰。

凡用“新近”“最新”“重要”界定新闻，皆属模糊定义，皆是要言不清，流于含糊与直觉。须知：新闻本质不在“新近”，亦不在“重要”，而在“未知”。

“新近”与“未知”或相关，但并非定例，“新近”不等于“未知”，“未知”也不等于“新近”。虽新但已知，虽旧但未知，此类事例不胜枚举。

新闻之事不在于新近发生，而在于接受者未知，此种判断应为共识。接受者未知事件为新闻，反映新闻事件之信息为新闻文本。若将新闻类比为史实，则新闻文本为史书。新闻本体是事件，新闻文本本体是信息，二者相关而不同。新闻是客观实在，新闻文本反映客观实在。

如下推演不容忽视：新闻本质是事件，事件本质是因果，因果不会孤立存在，新闻也不能是单一因果。新闻背后是无限因果，也即暗含无数事件。无数事件构成事件组，新闻只是事件组当中的一件事或几件事。基于此，任何新闻背后都不是单一事件，而是由众多事件构成的事件组。但是，新闻理论界并没有事件组的概念，新闻业界也罕有提及。

发生新闻事件，认知新闻事件，反映新闻事件，构建新闻文本，传播新闻文本，接受新闻文本，此为新闻信息传播之关键，亦为新闻理论研究之大略。

本书以新闻定义、新闻文本定义、新闻价值、新闻文本价值为基石，严格区分新闻与新闻文本，并以新闻本质、事件本质、事件组与事件集合为理论支撑构建新闻理论体系，进而论及新闻文本接受者、新闻信息采集、新闻文本构筑、新闻文本传播、新闻舆论等问题。

新闻理论源于新闻文本传受这一现实，然终究属于基础理论，而基础理论应以思辨为要，非以概括为能。思辨或有不周，推演或有舛错，此为基础理论之通病。虽有不周舛错之虞，若非自恃言之成理，怎会将所思示人，而若非文必有失，何必求教于方家。所思既久，今之成文，愿阅者不吝赐教，以求修正完善。

信险峰

2024 年 7 月 18 日

目录
CONTENTS

绪 论

一、新闻理论形成于实践

新闻是接受者未知之事件。新闻古已有之，只是古今提法不同，而无论古今，新闻都是非常重要的存在。新闻信息在人类的生产生活中占有重要位置，在具体的经济、政治、军事领域更是能产生举足轻重的影响。人类在实践中形成了新闻信息的采集模式、构建模式和传受模式。随着新闻信息在人类文明进程中发挥越来越重要的作用，新闻理论也在实践中慢慢形成，而现代传媒业的兴起，加速了新闻理论的体系化构建。

新闻理论随着近现代书报业的兴盛而逐渐形成。由于新闻理论形成时间较短，所以到目前为止，业界对于新闻定义、新闻本体、新闻要素、新闻价值等基本新闻理论并未形成定论。实际上，属于社会科学的新闻学很难像自然科学那样形成普遍认同的公理或定论。

新闻学是一门非常注重实践的学科，很多业界名家在多年的新闻实践基础上形成了自己的新闻理论体系。新闻也是一门非常新的学科。随着现代新闻业的快速发展，传媒技术快速迭代，有关新闻的新理论新观点层出不穷。在一般认知当中，新闻学既非高深莫测，更非难以企及，无论是从业者还是理论研究者，都可以说出属于自己的“新闻理论”。新闻学和社会联系紧密，普通大众也比较熟悉，对于这样的应用型学科，在理论构建过程中，毫无疑问实践会起到基础性作用，但从实践上升到理论需要经历复杂的提炼过程。

新闻理论对新闻实践应当具有很好的指导意义，不能因为时代的变迁而轻易失去其理论价值。新闻理论源于新闻实践又高于新闻实践。高出的部分，是指新闻理论相对于新闻实践具有更强的概括性、普遍性和抽象性，以及相对具体新闻实践的超越性。新闻理论应当能够概括绝大部分新闻实践，如果概括性不足、普遍性不够，就意味着存在缺陷。无论新闻采制技术与传播技术如何发展，新闻理论都应当有很好的适应性和实用性。

新闻理论应该从新闻实践之“术”层面，上升到新闻理论之“道”层面。在新闻实践之“术”层面，行业内已有大量总结，但有关新闻理论之“道”层面，分歧非常大。新闻实践之“术”是否合理有效，可以相对容易地通过实践来验证，而新闻理论之“道”是否合理有效，验证起来则比较困难。当然，所有新闻理论最终都需要通过新闻实践验证合理性和科学性，只是验证的实践范围不同会得出不同的结论。比如，“新闻是对新近发生的事实的报道”这样的新闻定义，在传统新闻行业被广泛接受，但是放到口头新闻和自媒体新闻实践中，就会暴露出明显的理论局限性。

新闻理论形成于新闻实践，那么该如何将新闻实践之“术”上升为新闻理论之“道”，或者说如何从新闻实践之“术”中提炼出新闻理论之“道”？很多学科理论都是从实践中总结出来的，并且能在实践中得到验证，然后被业界和学界认可。完整而成熟的学科理论，在业界可以指导实践，并且可以在实践中进一步发展，但理论基础应当保持基本不变，否则整个学科体系都会出现巨大变动。虽然各种各样的新闻理论都源于新闻实践，但新闻实践的方式、广度和体验不同，以及对新闻实践的概括总结不同，会导致新闻理论千差万别，最终的结果是，新闻理论并没有真正成熟和完整起来。

理论被广泛接受的难点在于难以同时达成精约性、普适性和通俗性，即使是理论研究者基于相同实践，也不见得能概括出相同理论，因为不同的人对实践的感受、认知和概括会不同。新闻理论受到多方面因素的影响——利益诉求不同、价值观不同、哲学理论不同都可能导致构建的理论体系不同。

二、新闻理论系统化构建

新闻理论的系统化构建，既要合于新闻实践，又要合于人们对新闻的基本认知，还要合于人们认识和概括事物的基本逻辑。新闻理论的系统化构建，需要对新闻的生成有严密的描述和分析，形成严密的逻辑结构，并且理应形成逻辑自洽。比如，如果将新闻界定为事实，那么在判断新闻价值时也应是对事实的判断，而非对信息的判断；如果将新闻界定为信息，那么在判断新闻价值时也应是对信息的判断，而非对事实的判断；如果将新闻界定为报道，那么在判断新闻价值时也应是对报道的判断，而非对事实的判断。但是，有些新闻理论在定义新闻时，将新闻界定为报道，而在论述新闻价值时，却是在论述事实的价值，这就造成基本逻辑不通、论述对象不定，自然难以形成逻辑自洽。

新闻理论与传播学、心理学、经济学、政治学都有联系，具有跨学科特点。社会环境不同，形成的理论系统也会不同，但即使这样，新闻理论也应自成体系。随着传播科技的发展，新闻理论与电子学、互联网等学科发生了紧密联系，但无论如何，新闻理论都应贯穿古今，形成能够涵盖古今新闻样态和本质性表达的学科体系。

新闻理论的系统化构建基于新闻采制理论、新闻传播理论和新闻接受理论，但又不是这三种理论的简单相加，而是在这三种理论基础上的概括与升华。其中，新闻采制理论来自记者的实践和研究者的理论归纳，新闻传播理论来自传媒业的传播实践和相关研究，新闻接受理论来自新闻传播学、接受心理学、社会学等相关学科的综合集成。

有的新闻理论将新闻定义为报道或信息，但在论述新闻价值时则论述的是事实的价值，而不是报道或信息的价值，这体现出新闻理论本身的不严密、不成熟。即使新闻价值取决于事实，事实的价值也不等于报道的价值，否则针对同一件事的报道就拥有了同样的价值，但事实并不是这样。如果新闻是报道，那么新闻价值就是报道的价值；如果新闻是事实，那么新闻价值就是事实的价值。如果一套新闻理论在最基本的概念上游移不定，那么它也就不可能形成完整而成熟的系统。

新闻理论系统化是新闻理论发展的必然。从新闻采制到新闻传播，再到新闻接受，需要同样的新闻理论贯穿。只有对“什么是新闻？”“什么是新闻本体？”“什么是新闻文本？”“什么是新闻价值？”“什么是新闻文本价值？”这五个问题进行系统回答之后，才能构筑系统化的新闻理论。新闻、新闻本体、新闻文本、新闻价值、新闻文本价值这五个基本概念应相互呼应、相互协调，而不能各言其是，更不能相互矛盾，这样建基其上的新闻理论才能各有对应，各得其所，不致混乱，系统化的新闻理论才能形成。

新闻理论必然要经历从新闻实践到新闻经验，再到新闻理论的形成过程。“实践—经验—理论”这一理论生成模式比较普遍，但新闻理论形成的时间比较短，同时新闻又与现实非常切近，无形中拘囿了理论研究者的思维与视野。很多新闻理论看似构建了理论框架，其实缺少逻辑上的严密性，主要表现为概念界定模糊，如很多新闻定义都使用了“新近”“重要”这样的模糊词汇。

新闻定义界定的模糊性必然导致新闻理论本身的模糊性——前提模糊，

推论必然模糊。除此之外，有些新闻理论中的不同新闻概念之间缺乏连续性，比如新闻定义与新闻价值言说对象不一致。理论自身“偷换概念”必然导致理论体系崩塌，看似成形的新闻理论其实并没有系统化。新闻理论只有做到系统化，才能形成稳定而被广泛认可的理论系统。

新闻理论的系统化还需通过新闻业界实践和新闻学界理论推演进行确认，但无论是新闻业界还是新闻学界，对新闻理论都缺少公认的确认体系，对于什么样的新闻理论才算系统的新闻理论，并没有形成统一的标准。系统化的新闻理论应当自成系统，系统内的相关理论形成逻辑自洽，不会出现矛盾或冲突，这是任何一门系统理论都应满足的基本条件。新闻理论的系统化也应体现出逻辑的严谨性和思维的严密性，要既能经得住实践检验，又符合理论推演。

三、新闻理论的哲学化构建

所谓新闻理论的哲学化构建，是指基于新闻认知的普遍性，做出抽象化的合乎对客观世界哲学认知的理论化构建。新闻认知的普遍性，是指新闻应当涵盖所有新闻内容，涵盖各类传播媒介，涵盖所有接受者，基于涵盖的普遍性做出抽象概括，进而形成新闻理论。新闻理论的哲学化构建需要做好以下工作：首先，回答新闻理论的根本性问题，如新闻的本体是什么，新闻与这个世界有什么关系；其次，对新闻做出准确的带有普遍适用性的描述；最后，对新闻理论做出系统化的理论构建，使其成为独立自洽的学科体系。新闻理论的哲学化构建，不但要超越经验总结，还要超越简单的概括描述，需要做出更具普遍性、概括性和超越性的理论归纳。

哲学的终极指向是世界观和人生观，或者说，哲学以世界观为背景，以人生观为依归。哲学需要向外回答世界是什么，向内回答人生是什么。新闻理论的哲学化构建也需回答新闻如何以世界观为背景，又如何以人生观为依归。之所以新闻理论的哲学化构建需要拓展到世界观与人生观层面，主要基于两点：一是新闻的核心是事件，事件的核心是因果，对因果链条向上推演将指向宇宙终极，由此，新闻理论需要世界观的终极支撑；二是新闻传受与人直接相关，应用对象是人，那么新闻理论当中与人相关的部分，其终极支撑必然是人生观。

新闻理论的哲学化构建需要确认新闻本体，也即新闻的本质性存在：新闻本体是事件。新闻是事件，但事件不一定是新闻，接受者未知的事件才是新闻。新闻成立既需要客观事件作为客观本体，也需要接受者的主体确认——确认其未知，因为如果接受者已知则是旧闻，而不是新闻。接受者确认未知的依据可以是直接目击新闻，也可以是获得他人构建的新闻信息，而他人构建的新闻信息是客观新闻事件的主观化呈现。可见，对新闻理论的哲学化构建，首先需要回答新闻的本体是什么，然后确定新闻的本体在何种情况下，或者说辅以何种条件，才能保证新闻成立。

第一章　新闻定义

新闻时时都在发生，被记录被传播的新闻是极少数。这样去说新闻，似乎新闻为何物有明确所指，但实际情况并非如此。何谓新闻？普遍的理解就是，新闻是指刚刚发生的引人关注的事件，或者对事件的描述。在很多新闻从业者眼中，新闻就是对事件的描述。对于新闻的定义，言说不一，这也造成新闻理论多种多样。新闻定义是新闻理论中最基本最重要的概念，如何定义新闻直接影响整个新闻体系的构建。只有首先确定新闻是什么，才能回答什么是新闻文本、什么是新闻价值、什么是新闻传播等一系列基本的新闻理论问题。

第一节　新闻定义的“属”分析

“属”加“种差”是常见的新闻定义方法，也就是由新闻所属事物的“属”加上区别于“属”的其他部分也即“种差”构成定义。比如，“新闻是对新近发生的事实的报道”，“报道”就是这个新闻定义的“属”，而“新近发生的事实”就是这个新闻定义的“种差”。新闻定义的“属”具有本原性，即新闻定义包含对新闻本体的界定。

一、新闻定义之“属”

新闻定义之“属”不同，新闻定义自然不同。如同给历史下定义，自然要明确所定义的历史是曾经发生的事件，还是对事件的记载。客观事件与对事件的记载是两个完全不同的“属”，前者是客观事实，后者是主观描述。新闻定义之所以多种多样，一个重要原因就是不同新闻定义选取了不同的“属”，有的将新闻之“属”归为事件，有的将新闻之“属”归为反映事件的信息。看似很多新闻定义的对象物是“新闻”，但“新闻”归属于何种事物却各有不同。

定义一个事物，必先明确其对象物，就如同定义“人”，必须先明确“人”这个群体的归属——是动物，还是归属于其他特殊的存在？被定义项的归属问题可以理解为被定义项的本体是什么。但是，对于新闻本体是什么，不同新闻定义做出了不同界定。

被定义的对象物不同，给出的定义自然不同。定义新闻，首先要明确所要定义的对象物是什么，但新闻界并没有对此达成一致，很多新闻理论甚至没有论述新闻的归属问题，由此可以看出新闻理论不成熟的一面。可以这样说，任何新闻理论在定义新闻的时候，都应当先明确被定义项，即明确新闻本体是什么。只有确定了新闻归属，才能对新闻进行定义，然后构建系统化的新闻理论。

二、不同“属”的新闻定义

各类新闻定义的“属”不同，自然会导致新闻定义不同，因为这涉及新闻的本质规定性，或者说本质性的分类。新闻定义的“属”主要有“信息”“事实”“传播”“功用”等，由此可以将新闻定义分为以下几类。

（一）以“信息”为“属”的新闻定义

以信息为“属”的新闻定义比较多，这里所说的信息包括“报道”“消息”“记录”“写真”等，当然也包括泛指的“信息”。很多新闻定义里所说的信息是指人类制造的信息，而非自然信息，具体就是指人类针对各类事物所做的描述、说明或论证。下面分列以“信息”为属的几个新闻定义。

李大钊：“新闻是新的、活的、社会状况的写真。”[①]“写真”是人为构筑的信息，所以在李大钊的新闻定义中，被定义项也就是新闻的“属”是“信息”。

张静庐：“新闻者，对于读者引起兴趣与影响事件、意见等正确而得时之报告也。”“报告”是人为构筑的信息，所以在张静庐的新闻定义当中，新闻的“属”也是“信息”。

美国的华连：“新闻就是能够唤起读者，唤起人们关心，进而教诲他们，

① 陈力丹，张建中 . 新闻理论教程［M］. 北京：中国人民大学出版社，2013：41.

鼓舞他们并使他们能够得到乐趣的一种对于人们活动的最适时的记录。"这个新闻定义之"属"是"记录","记录"是信息,所以这个新闻定义之"属"也是"信息"。

陈力丹:"新闻是客观发生的事实的叙述。"这个新闻定义之属是"叙述",这个定义中的"叙述"不是动词意义上的"叙述",而是对事实的信息反映,所以这个新闻定义之"属"也是"信息"。

还有的新闻定义将新闻的"属"界定为"报道",而报道也是"信息"。陆定一:"新闻是新近发生的事实的报道。""报道"有名词和动词两种用法,在陆定一的新闻定义中,"报道"是指通过专业媒体传播的用来反映事件的信息,所以新闻定义之"属"也是"信息"。以"报道"为"属"的新闻定义还有很多。美国的约斯特:"新闻是已经发生或正在发生的事情的报道。"美国的庞德:"新闻乃是任何为人类所关怀的,而又有时效意义的报道。"日本的小野秀雄:"新闻就是事实的报道。"以上这些新闻定义之"属"与陆定一的新闻定义之"属"一样,都是"信息"。

还有很多新闻定义非常明确地将新闻的"属"界定为"信息"。宁树藩:"新闻是经报道(或传播)的新近事实的信息。"项德生:"新闻是及时公开传播的非指令性信息。"童兵:"新闻是新近发生的事实变动的信息。"李良荣:"新闻是一种信息,是传达事物变动最新状态的信息。"黄旦:"新闻就是被及时、公开传播的新近发生的重要的事实信息。"胡正荣:"新闻是新近发生的事实的报道的信息。"美国的米切尔·斯蒂芬斯:"新闻是公众共同关心的新信息。"①

以上新闻定义对新闻之"属"做出了不同界定,包括"写真""报告""记录""叙述""报道""信息",这些界定可以统称为"信息"。值得注意的是,有的新闻定义不但将新闻之"属"界定为"信息",还在"信息"的基础上进行了窄化处理。比如,将新闻界定为"报道",排除了口头传播的新闻信息,以及自媒体上的新闻信息。除了以"报道"为定义之"属"的新闻定义之外,还有以"写真""报告"为新闻之"属"的新闻定义,同样排除了口头新闻信息。无论是口头传播的新闻信息,还是业余人员传播的新闻信息,都是新闻信息传播的重要组成部分,在新闻实践中和新闻理论中都不应排除,否则将不适应新闻传播实践,尤其不适应新媒体时代的发展。

---

① 陈力丹,张建中.新闻理论教程[M].北京:中国人民大学出版社,2013:41.

口头新闻信息传播是自古至今非常重要的新闻信息传播形式，即使在传统媒体时代也不能轻易忽略，而应将其纳入新闻理论。从信息角度来说，将新闻之“属”窄化为“报道”“写真”“报告”既不适应新媒体时代的发展，也难以涵盖传统媒体时代及更早时期的新闻信息传播。对于新闻之“属”的不当界定或不当窄化，将使基于此所构建的新闻理论缺乏解释力。新闻理论应当涵盖古今中外各个层面的新闻现象，并对各类新闻现象都具备解释力。

（二）以“事实”为“属”的新闻定义

以“事实”为“属”的新闻定义，与以“信息”为“属”的新闻定义两相对立。以“事实”为“属”的新闻定义是对“事实”的界定，而以“信息”为“属”的新闻定义则是对反映事实的“信息”的界定。将新闻定义之“属”界定为“现象”或“事物”，也属于将新闻之“属”界定为“事实”。

以“事实”为“属”的新闻定义比较多。徐宝璜：“新闻者，乃多数阅者所注意之最近事实也。”黄天鹏：“新闻就是最多数人所注意而感兴趣的最新的事实也。”萨空了：“凡世界上所发生的新发现的与人类生存有关的事实与现象都是新闻。”范长江：“新闻，就是广大群众欲知、应知而未知的重要事实。”胡乔木：“新闻是一种新的、重要的事实。”美国的布莱尔：“新闻是新近发生的，能引人兴味的事实。”苏联的科尔尼洛夫：“新闻是值得社会重视的新的事实。”还有以“现象”“事物”为“属”的“事实类”新闻定义。邵飘萍：“新闻者，最近时间内所发生，认识一切关系人生兴味、实益之事物现象也。”此处的“现象”也是事实的一种，依然可以归于“事实”。法国的贝尔纳·瓦耶纳：“新闻即刚发生和刚发现的事物。”此处的“事物”也是“事实”的一种。

在以上新闻定义中，范长江的新闻定义经常被引用，并且与陆定一的新闻定义形成了鲜明对比，即“事实类”新闻定义与“信息类”新闻定义的比较。范长江将新闻定义为“广大群众欲知、应知而未知的重要事实”，而陆定一将新闻定义为“新近发生的事实的报道”。“事实”和“报道”有本质的不同。“事实”是客观存在物，具有客观实在性和客观唯一性；“报道”是主观对客观的认识与反映，具有局限性和多样性。“报道”作为对“事实”的反映，无论多么客观，终究是人的认知，必然具有主观认知的局限性。任何事实都是复杂多面的，若人们针对复杂的事实选定了自己所要关注的主要事实，其认知和反映必然具有片面性。事实是客观唯一的，但对事实的“报道”却是主观多样的，那么“事实类”新闻定义与“信息类”新闻定义就会出现“客观事实取向”与“主观信息取向”的反差。

很多新闻定义将新闻之“属”界定为“事实”，但“事实”只是主观认知下的“事实”。人们对“事实”的描述仅仅是对复杂世界的片段截取，是在圈定了一定范围之后，根据自己的有限认知，将无限关联的“事实”截成看似完整独立的部分，然后称之为“某个事实”。对“事实”的圈定本身和命名本身无疑是主观化行为，不同的认知主体会做出不同的认知，这就使对事实的反映呈现出多样性。人不可能反映全部事实，只能反映部分事实，即使最客观的报道，都有主观因素掺杂其中。对客观事实因果链条的截取就是非常主观化的行为，因为客观事物的实际因果链条是无限延长的，实际上并没有真正意义上的时间节点，也没有完全准确的空间定位。

如果对“事实”的“报道”是主观的、多样的、相对的，那么基于此所定义的新闻也必然是游移不定的。只有基于客观的、唯一的、确定的事实，才能在可接受并且是可保留的认知层面，将事实明确为相对稳定的存在，基于这样相对稳定的存在所界定的新闻才具有客观实在性，建基其上的认知与理论才能相对稳定和客观。从这个意义上说，将新闻的“属”界定为“事实”更严谨，更具客观实在性。当然，仅有“事实”这个“属”还不够，毕竟“事实”太多，哪些“事实”可以称作新闻需要做进一步限定，这就涉及定义的“种差”——用来明确到底什么样的“事实”才算“新闻”，这在本章第二节将做进一步分析。

（三）以“传播”为“属”的新闻定义

如果将“传播”作为新闻定义之“属”，那么就是在描述一种行为。将新闻界定为“传播”，则新闻既不是“事实”，也不是“信息”，而是对“事实”或“信息”的传播。以“传播”为“属”的新闻定义相对较少。王中：“新闻是新近变动的事实的传布。”严格来说，这句话有语病，省略了不该省略的中心词：将“新闻”定义为“事实的传布”，但“事实”怎么能被“传布”？基于“事实”的“信息”才能被“传布”，就如同“车祸新闻”的“车祸现场”不能被“传布”，只能传布“车祸信息”。因而王中对新闻的完整定义应当是“新闻是对新近变动的事实信息的传布”。但无论怎么说，王中将新闻定义为“传布”，或者说“传播”，也就是将“传播”作为新闻定义之“属”。

有的新闻定义还将“介绍”“传达”等“传播”的近义词作为新闻的“属”。比如，德国的比德特：“新闻就是把最新的现实的现象在最短的时间距离内，连续介绍给最广泛的公众。”这个新闻定义里的“介绍”与“传播”意思相近，所以这个新闻定义之“属”属于“传播”一类。新闻是传播事实信息，是传播行为，这样的界定，让人理解起来有一定难度。如果新闻是“传播”，那么“新闻传播”就是同义重复，相当于“传播传播”。

从新闻这个词本身来说，很难看出其表征的是“传播”。新闻所能表征的是“新听说”或“新听说的”，而“新听说”可以理解为“新接受”，落点是“接受”，不是“传播”。对“新听说的”进行完整表述则是“新听说的事实信息”，而不是“传播”。将新闻落在“传播”上面，至少与定义项在词面意义上不符，也就让人难以理解，因为定义项与定义之“属”不但要有语义和实质上的关联，还应当具有一致性。

（四）以“功用”为“属”的新闻定义

新闻从“事实发生”到“信息传受”的基本环节是：事实发生—构筑信息—传播信息—接受信息。在这四个环节当中，有的新闻定义关注第一个环节“事实发生”，所以将新闻之“属”界定为“事实”，有的新闻定义关注第二个环节“构筑信息”，所以将新闻之“属”界定为“信息”，有的新闻定义关注第三个环节“传播信息”，所以将新闻之“属”界定为“传播”，有的新闻定义关注第四个环节“接受信息”，从“接受者接受”角度定义新闻，于是从“功用”角度界定新闻之“属”。

正是因为从“事实发生”到“信息传受”有以上四个环节，才有很多人从中选择一个环节定义新闻，并且基于以上四个环节构建整个新闻理论体系。“接受信息”环节关注事实信息对接受者造成的影响，于是有了甘惜分的新闻定义：“新闻是报道或评论最新的事实以影响舆论的特殊手段。”“手段”即“功用”，所以这个新闻定义之“属”相当于“功用”。另有杨保军的新闻定义：“新闻是人展开实践交往、生活交往的中介。”[①]将新闻之“属”界定为“中介”，同样是将新闻归入“功用”之列，也可以理解为从“接受信息”这个环节定义新闻。

如果将新闻之“属”界定为“功用”，那么新闻定义关注的就是新闻能发

① 杨保军．论作为“中介”的新闻［J］．中州学刊，2020（1）：165-172.

挥什么作用，而非“新闻”本身。从逻辑上说，在谈“新闻功用”之前，应当先界定什么是“新闻”。

（五）“属”不明确的新闻定义

有些新闻定义甚至不能称作定义，只能算作一种简单的描述，既不严谨，也不全面。这类新闻定义没有采用“属 + 种差”模式，新闻之“属”自然不明确，定义的方法仅仅是运用举例、类比或借代等修辞手法描述新闻或说明新闻。比如，美国的博加特：“狗咬人不是新闻，人咬狗才是新闻。”这是通过举例，同时暗含类比和借代，运用多种修辞手法，通过“价值判定”来定义什么是新闻。如果不能做到“尽举”，也不能借助举例推导出其他所有被定义项，那么举例就是不完整的，就是不合格的定义。另外，如美国的瓦克尔：“新闻是女人、金钱和罪恶。”美国的爱德华·贺：“凡是能让女人喊一声‘哎呀，我的天哪’的东西。”这样的新闻定义都没有明确之“属”，只是通过借代、举例等修辞手法定义新闻，缺乏严谨性。

有的新闻定义有“属”，但不止一个，从而使定义的“属”变得不明确。比如，德国的波伊瑟：“新闻是世界各地近来发生的各种事情或者告知。”这个新闻定义之“属”是“事情”或“告知”，虽然“告知”源于“事情”，但两者有本质上的不同，“事情”是客观存在，而“告知”是人的传播行为或传播内容。这个新闻定义将“事实”“传播”“信息”混在一起，使新闻本体不明。这种现象在很多新闻理论中都存在。

有的新闻理论虽然将“新闻”界定为“信息”，但说到“新闻价值”，又直接跳到“事实”层面，直言“事实的价值”，而非“信息的价值”，当然其暗含的逻辑是：因为“事实”有价值，所以“报道”有价值。这样的逻辑似乎并没有错，但“新闻价值”应是“新闻本体的价值”，如果新闻本体是“信息”，那么就应当直言“信息”的价值。

界定新闻要本体明确，不应将“事实”与“信息”混为一谈。“事实”与“信息”都是新闻理论不可回避的基本概念，要构建新闻理论，应分别界定“事实”与“信息”，并且要严格区分这两个概念，不能混用。“事实”“信息”应分别与“新闻”“新闻文本”对应起来：新闻是“事实”，“事实”是新闻的本体；新闻文本是“信息”，“信息”是新闻文本的本体。后文将对“新闻”与“新闻文本”做出具体界定与论述。

三、新闻定义之“属”造成的分歧

新闻定义的最大论争源于新闻之“属”混乱不一：有的新闻理论将新闻之“属”界定为“报道”，将定义的目标物确定为媒体人对事件的概括与呈现；有的将新闻之“属”界定为“事实”，将定义的目标物界定为客观存在。这两种定义的分歧，就如同对“历史”界定的不同：有的将“历史”界定为“客观事件”，有的将“历史”界定为反映客观事件的“信息”。

新闻之“属”对新闻定义进行了分类，形成诸如“事实”“信息”“传播”“功用”等类别。不同的“属”，加上不同的“种差”，使新闻定义多种多样。一般来说，新闻定义之“属”相对明确，而“种差”会有差异。但是，新闻理论界在对新闻进行定义时，在新闻之“属”这个核心问题上产生了巨人分歧，并且根据新闻从产生到传受的四个环节，至少产生了四个用于定义新闻的“属”，即事实、信息、传播、功用。

明确新闻之“属”至关重要。只有首先明确新闻之“属”，才能做出进一步界定。新闻理论界应先在新闻之“属”这个问题上达成一致，然后再展开有关“新闻”的研究与讨论。目前，新闻理论界还没有形成统一的“被定义项”，“新闻”的归属是不明确的。这体现出新闻学这门学科的不成熟，甚至为“新闻无学”提供了直接证据。

既然言说的对象无法统一，就没有一个共同的言说前提，就会造成自说自话、各说各话。

第二节　新闻定义的“种差”分析

如果新闻定义由“属＋种差”构成，那么“属”界定被定义对象的归属，而“种差”则是对“属”的进一步界定。很多新闻定义采用“属＋种差”的定义模式，但是诸多新闻定义所确定的“属”和“种差”存在差异，使得新闻定义多种多样。本节主要针对各类新闻定义的“种差”进行分析。

一、新闻定义的种差

明确了新闻定义之“属”，还需对其做进一步界定，也即在“属”前面加上“种差”。即使新闻定义之“属”相同，“种差”不同，新闻定义也会不同。比如，很多学者将新闻之“属”界定为“事实”，有的新闻定义在“事实”前面加上时效、重要性等方面的“种差”限定，有的加上价值、兴趣等方面的“种差”限定，于是就有了下面这些新闻定义。徐宝璜：“新闻者，乃多数阅者所注意之最近事实也。”黄天鹏：“新闻就是最多数人所注意而感兴趣的最新的事实也。”胡乔木：“新闻是一种新的、重要的事实。”美国的布莱尔：“新闻是新近发生的，能引人兴味的事实。”范长江：“新闻，就是广大群众欲知、应知而未知的重要事实。”

“种差”是对被定义项的界定，目的是通过对“属”的进一步界定，缩小其范围，使其与被定义项一致。通过“种差”的界定使被定义项在各种同类之“属”当中凸显出来，既不至于混淆，也不至于混入其他元素，更不会缩减元素。在理想情况下，定义应当既涵盖被定义项全部，又不会掺入其他杂质。只有洞悉被定义项的本质，并做出语言上的精练概括，才能在“属”的基础上，给出清晰、简练、准确的“种差”表达。

二、不同“种差”产生的新闻定义

（一）以“新近”为“种差”的新闻定义

很多新闻定义偏好“新”这个字。李大钊：“新闻是新的、活的、社会状况的写真。”陆定一：“新闻是新近发生的事实的报道。”宁树藩：“新闻是经报道（或传播）的新近事实的信息。”项德生：“新闻是及时公开传播的非指令性信息。”童兵：“新闻是新近发生的事实变动的信息。”李良荣：“新闻是一种信息，是传达事物变动最新状态的信息。”黄旦：“新闻就是被及时、公开传播的新近发生的重要的事实信息。”胡正荣：“新闻是新近发生的事实的报道的信息。”美国的庞德：“新闻乃是任何为人类所关怀的，而又有时效意义的报道。”美国的华连：“新闻就是能够唤起读者，唤起人们关心，进而教诲他们，鼓舞他们并使他们能够得到乐趣的一种对于人们活动的最适时的记录。”美国的约斯特：“一件新近发生的事情本身不会成为新闻，而关于这起事件的报道就构成了新闻。”以上新闻定义都使用了与“新”类似的词，如“新近”“及时”“最新”“有时效”“最适时”等。“新”及其同义词或近义词与“新闻”之“新”形成语义关联，自然成为“种差”的首选词。

上面是以“信息”为“属”的新闻定义使用“新”及其同义词或近义词作为“种差”，很多以“事实”为“属”的新闻定义也使用了类似的“种差”。比如，徐宝璜：“新闻者，乃多数阅者所注意之最近事实也。”邵飘萍：“新闻者，最近时间内所发生，认识一切关系人生兴味、实益之事物现象也。”黄天鹏：“新闻就是最多数人所注意而感兴趣的最新的事实也。”萨空了：“凡世界上所发生的新发现的与人类生存有关的事实与现象都是新闻。”胡乔木：“新闻是一种新的、重要的事实。”美国的布莱尔：“新闻是新近发生的，能引人兴味的事实。”法国的贝尔纳·瓦耶纳：“新闻即刚发生和刚发现的事物。”以上新闻定义使用了“最近”“最新”“新近”“刚”这些类似“新”的词或直接使用“新”这个词作为“种差”。

还有以“传播”为“属”的新闻定义使用了与“新”词义相近的词作为定义的“种差”。比如，王中：“新闻是新近变动的事实的传布。”德国的比德特：“新闻就是把最新的现实的现象在最短的时间距离内，连续介绍给最广泛的公众。”以类似“功用”这个词作为“属”的新闻定义也有使用与“新”意义相近的词作为“种差”的。比如，甘惜分：“新闻是报道或评论最新的事实以影响舆论的特殊手段。”德国的波伊瑟：“新闻是世界各地近来发生的各种事情或者告知。”

很多新闻定义将“新”作为新闻与其他事物区别的重要标志，以与“新”意义相近的词作为“种差”的新闻定义非常普遍。不论新闻之“属”是什么，都存在一个共性问题：“新”是模糊词汇。

以“新”为“种差”的新闻定义无法严格界定什么是新闻。何谓“新”？是“三天之内”“一天之内”“半天之内”“一个小时之内”，还是“刚刚”？多久算“新近”“新的”“近来”？“三天”算吗？如果算，那么多出 1 秒算不算？如果也算，那么再多 1 秒呢？无限延长下去，如何才能找到一个不算“新近”“新的”“近来”的时间临界点？实际上，不可能找到这样的时间临界点，因为模糊用词本身就是无法准确量化的。

如果将“新”作为新闻定义的“种差”，那么新闻成立与否不仅取决于“真实与否”，还取决于“新旧”，但人们无法对“新旧”做出分明而没有歧义的判定。任何“新”都是相对而言的，既然无法准确量化，也就难以确定“新”的“保质期”。如果“新”的“保质期”是模糊的，那么“新”何时变成“旧”也是模糊的，由此也就无法统一判断“新”到何种程度才能保证“新闻”成立。

对于什么是“新”，既难统一，也难量化，只能根据具体新闻事件、具体传播环境做出模糊界定，而这必然导致对何谓“新闻”的回答也是模糊的。虽然用“新”定义新闻非常不严谨，但是很多新闻定义却以“新”作为定义的“种差”。用模糊词汇做“种差”必然导致新闻定义的模糊，很显然这样的定义不是精准的定义，自然也不是理想的定义。

虽然模糊词汇在一定范围、一定人群中能达成某种共识，但终究会有例外。严谨的定义不会因人而异，应当可重复验证。定义的“种差”应当尽可能精准地界定被定义项，这样才能形成清晰的是非边界。

（二）以“价值”为“种差”的新闻定义

“价值”是主观判断，即使以客观事物为判断依据，也终究是主观对客观做出的判断，必然带有主观性，甚至主观色彩很强烈。当然，主观色彩也可以分出轻重。一般认为，描述更倾向于客观，而评论则更加倾向于主观，但实际并非完全如此。描述有角度局限，必然带有主观色彩，甚至主观立场会决定描述的内容。无论是描述还是评论，都会有“价值观”介入，对事件或信息的价值认知自然带有主观色彩。

如果将“价值”作为界定新闻成立与否的“种差”，就会让人认为有价值的才是新闻，没有价值的就不是新闻。比如，范长江：“新闻，就是广大群众欲知、应知而未知的重要事实。”在这样的新闻定义中，“应知”这个“种差”界定就是价值判断，但对于哪些事实算作“应知”必然言人人殊。“欲知”也暗含价值判断，因为有人“欲知”其事，有人则“不欲知”其事。“应知”“欲知”因人而异，那么由这两个词做“种差”界定的“事实”就会有不同判断，有人认为是新闻，有人认为不是新闻。

另外，有的新闻定义使用了“引起兴趣”这样的界定。能够“引起兴趣”也隐含价值判断，如张静庐的新闻定义：“新闻者，对于读者引起兴趣与影响事件、意见等正确而得时之报告也。”人们的兴趣广泛多样，甚至完全相反，那么用“引起兴趣”界定新闻，势必造成“是新闻”和“不是新闻”的分歧。通过价值判断定义新闻的还有美国的米切尔·斯蒂芬斯：“新闻是公众共同关心的新信息。”所谓“公众共同关心”，依然是模糊的价值判断，公众不能代表全部，甚至有时不能代表大部分。比如冰球、板球比赛，甚至包括足球、排球比赛，都不能保证“公众共同关心”，那么能因为并非“公众共同关心”就判定这些方面的比赛信息不是新闻吗？

通过价值判断定义新闻的还有很多。比如，黄旦：“新闻就是被及时、公开传播的新近发生的重要的事实信息。”这里使用了“重要”这个价值判断的词汇。美国的庞德：“新闻乃是任何为人类所关怀的，而又有时效意义的报道。”这里使用了“人类所关怀的”这样的价值判断。美国的华连：“新闻就是能够唤起读者，唤起人们关心，进而教诲他们，鼓舞他们并使他们能够得到乐趣的一种对于人们活动的最适时的记录。”这里使用了“唤起”“教诲”“鼓舞”“乐趣”等涉及价值判断的词汇。黄天鹏：“新闻就是最多数人所注意而感兴趣的最新的事实也。”这里使用了“注意”“兴趣”等涉及价值判断的词汇。胡乔木：“新闻是一种新的、重要的事实。”这里使用了“重要”这个价值判断的词汇。美国的布莱尔：“新闻是新近发生的，能引人兴味的事实。”这里使用了“兴味”这个价值判断的词汇。在新闻定义中使用价值判断词汇，必然导致对基于价值判断的新闻成立与否的判断无法统一。

新闻成立与否不应以价值判断为依据，否则对新闻的界定就会失去客观实在性，变成主观的价值判断。另外，如果新闻成立与否依赖“价值判断”，那么导致的结果就是，所有新闻都是可疑的，都可能不成立，新闻业界和学界所做的工作自然也会变得非常可疑。其实，应先定义什么是新闻，之后再从价值角度定义什么是“有价值的新闻”，不应直接就做出价值判断。

（三）以“事实”为“种差”的新闻定义

有的新闻定义将“事实”作为界定新闻的“种差”，具体用词为“报道”“叙述”“信息”“传布”“介绍”“手段”“中介”等。比如，陈力丹：“新闻是客观发生的事实的叙述。”在这个新闻定义里，“事实”成为限定“叙述”的“种差”。美国的约斯特：“新闻是已经发生或正在发生的事情的报道。”在这个新闻定义里，“事情”成为限定“报道”的“种差”。日本的小野秀雄：“新闻就是事实的报道。”在这个新闻定义里，“事实”成为限定“报道”的“种差”。王中：“新闻是新近变动的事实的传布。”在这个新闻定义里，“事实”成为限定“传布”的“种差”。德国的比德特：“新闻就是把最新的现实的现象在最短的时间距离内，连续介绍给最广泛的公众。”在这个新闻定义里，“现象”成为限定“介绍”的“种差”。甘惜分：“新闻是报道或评论最新的事实以影响舆论的特殊手段。”在这个新闻定义里，“事实”成为限定“手段”的“种差”。杨保军：“新闻是人展开实践交往、生活交往的中介。”在这个新闻定义里，“交往”成为限定“中介”的“种差”。

以上定义中的“事实”“事情”“现实”“传布”等可统一视作“事实”。

将“事实”作为新闻的“种差”，是强调新闻源于“事实”，是对客观事实的反映。将新闻界定为“信息”一般会强调源于“事实”，也就会将“事实”作为定义的“种差”。将新闻之“属”界定为“传播”也需强调源于“事实”，将新闻界定为基于“事实”的传播。将新闻之“属”界定为“功用”，也是基于“事实”的功用。“事实”是新闻定义难以回避的关键词，一般来说，新闻定义要么以“事实”为“属”，要么以“事实”为“种差”。

从新闻定义的“属”到新闻定义的“种差”，大量使用“事实”这个词，可见“事实”是定义新闻最重要的关键词。与“事实”类似的词除了“事情”“现实”之外，还有“事物”“事件”等，其中，“事件”这个词非常重要。笔者认为，新闻之“属”应当是“事件”。“事实”也有“事件”的含义，但还有“客观真实”的含义，而“事件”的词义更加单一，用于表达新闻更加准确。另外，新闻的本质性存在就是事件，事实也有事件的含义，这也是很多新闻定义以“事实”为“种差”的原因。笔者将“事件”作为新闻之“属”，至于什么样的事件是新闻，还需加上“接受者未知”这样的“种差”，这在后文会做具体论述。

（四）以“发生”为“种差”的新闻定义

与“新近”相关并且常用的新闻定义“种差”是“发生”，很多新闻定义在言说“新近”时在后面加上中心词“发生”。比如，陆定一：“新闻是新近发生的事实的报道。”童兵：“新闻是新近发生的事实变动的信息。”黄旦：“新闻就是被及时、公开传播的新近发生的重要的事实信息。”胡正荣：“新闻是新近发生的事实的报道的信息。”美国的约斯特：“一件新近发生的事情本身不会成为新闻，而关于这起事件的报道就构成了新闻。”邵飘萍：“新闻者，最近时间内所发生，认识一切关系人生兴味、实益之事物现象也。”美国的布莱尔：“新闻是新近发生的，能引人兴味的事实。”法国的贝尔纳·瓦耶纳：“新闻即刚发生和刚发现的事物。”德国的波伊瑟：“新闻是世界各地近来发生的各种事情或者告知。”以上新闻定义都使用了“发生”这个词作为新闻定义的“种差”，还有使用“变动”这个类似“发生”的词作为新闻定义“种差”的。比如，王中：“新闻是新近变动的事实的传布。”李良荣：“新闻是一种信息，是传达事物变动最新状态的信息。”

用“发生”作为新闻定义的“种差”，与前述的“事实”“事件”有直接关系。“事实”“事件”都暗含“发生”，“发生”则暗含“变化”，没有变化就没有新闻。对具体新闻的言说一定会牵涉对“变化”的言说，而“发生”是对变化“起点”的描述。“变化”的因果链条具有无限性，而“发生”则是对“变化”的截取，是人为给“变化”设置了观察或言说的“起点”。“事实”和“事件”已经暗含了“发生”，很多新闻定义之所以还要用“发生”这个词，主要是为了呼应“新近”，强调新闻的“最新变动”。前文提及“新近”是模糊词汇，不具有精准性，“新近发生”是一个模糊词组，用它来界定新闻，必然导致新闻定义不严密。

三、新闻定义“种差”造成的分歧

不但新闻之“属”会给新闻定义制造分歧，不同的“种差”也会制造分歧。同样将新闻之“属”界定为“事实”，有人将新闻定义为“广大群众欲知、应知而未知的重要事实”，其“种差”是“广大群众欲知、应知而未知”“重要”；有人将新闻定义为“多数阅者所注意之最近事实”，“种差”是“多数阅者所注意”“最近”；有的新闻定义将“种差”描述为“新的、重要的”，于是有了“新闻是一种新的、重要的事实”这样的新闻定义。在以上三组“种差”中，有两组用了“最近”或“新”，而另一组没用；有两组用了“重要”做“种差”，而另一组没用。不同的“种差”界定，体现了对新闻的不同认知，也由此造成了新闻定义的分歧。

很多新闻定义在对事实进行界定时，加上了“重要”这个限定词，但什么才算“重要”，对哪些人来说“重要”，则是很难回答也难以统一的问题。实际上，“重要”和“不重要”之间存在巨大的灰色地带，并且不同接受者对重要与否会做出不同判断，那么用“重要”这样的模糊词汇定义新闻，就会导致判断新闻成立与否的模糊性，无法实现对新闻的准确定义。既然是定义，就应力求准确，避免出现灰色地带，否则定义的科学性、准确性、客观性都会大打折扣。

第三节　精准定义新闻的基本原则

定义是简练而准确地描述事物的一种方式，也是人们认知事物的基础。为实现这一点，定义新闻应遵循以下基本原则：新闻定义之“属”应当是切实而客观的，不应是模糊变动的；新闻定义的“种差”应当是精准的，不应是模糊的；界定新闻的“属”和“种差”不应是经验式的，而应是抽象且有概括力的。

一、“属＋种差”的定义原则

在定义当中，被定义的内容称被定义项，定义的内容称定义项。假如将新闻定义为“新近发生的事实的报道”，那么“新闻”是被定义项，“新近发生的事实的报道”则是定义项。定义项在表述上应当确切而简要。“确切”能保证被定义项与定义项充分一致，使定义科学合理；“简要”能保证定义没有冗余。

一个定义是否科学准确，可以从定义的内涵、外延、歧义和含糊度等方面进行验证。科学准确的定义应当有明确的内涵和外延，内涵能够准确恰当地描述被定义项，外延则恰好与被定义项完全一致。科学准确的定义不会引起歧义，并且含糊度低，即内涵清楚、外延明确。此外，定义项中不能直接或间接地包含被定义项，直接包含是同语反复，间接包含属于循环定义。比如,“新闻是客观发生的、具有新闻价值的事实的叙述”①。这个新闻定义试图用新闻价值来界定新闻，这在逻辑上和实际理解中都会造成很大问题。因为这个新闻定义项当中包含“新闻”，用是否有“新闻价值”来界定什么是“新闻”，必然会造成同语反复。只有先界定什么是“新闻”，才能界定什么是“新闻价值”，而在这个新闻定义里，却需要先明确什么是“新闻价值”，才能定义“新闻”是什么。在“新闻”的定义项里含有“新闻价值”，这与定义的一般原则相抵触。

定义的一般原则还包括对被定义项进行正确而明确的归类。如果对被定义项归类不恰当，或者没有做出明确归类，会影响定义的科学性和准确性。对被定义项进行恰当归类，也即前面所说的确定新闻定义之“属”。很多新闻定义经不住推敲的原因之一就是归类不恰当或归类混乱。比如：“新闻是世界各地近来发生的各种事情或者告知。”②在这个新闻定义里，新闻既可以是“事情”，也可以是“告知”，而“事情”指向客观世界，“告知”指向主观世界，那么新闻到底属于哪个世界？这样的两可归类必然造成理解上的混乱。新闻定义之“属”在归类上的游移不定，看似做到了“兼顾”，实则是因为对“被

① 陈力丹，张建中．新闻理论教程［M］．北京：中国人民大学出版社，2013：41.

② 陈力丹，张建中．新闻理论教程［M］．北京：中国人民大学出版社，2013：41.

定义项”的归属不明确，或者说不知道被定义的“本体”到底是什么。像“新闻是女人、金钱和罪恶”“凡是能让女人喊一声‘哎呀，我的天哪’的东西，就是新闻”这样的所谓新闻定义，都没有对新闻做出恰当归类，仅仅是借喻或举例，不但难称严密，甚至不能称作定义。

对被定义项做出过宽或过窄的界定，也会影响定义的科学性、准确性。比如，“新闻是新近发生的事实的报道”，这个新闻定义将新闻界定为“报道”，那么在“报道”出现之前的几千上万年没有新闻吗？新闻是伴随第一篇“报道”诞生而诞生的吗？在现代新闻业出现之前，各种奏呈、军情、布告，包括口耳相传，其实都是在传播新闻消息。那么将新闻定义为“报道”，很显然定义过窄。这里需要补充一点，上面的分析是基于将新闻的“属”界定为“信息”，由此认为这个定义窄化了新闻信息。笔者不但不认同对新闻信息的窄化，也不认同将新闻的“属”界定为“信息”，更不认同将新闻定义为“报道”。笔者认为，新闻的“属”是“事件”，这在后文会重点论述。

定义一般为肯定性陈述，如果使用否定性陈述，应当是非此即彼，否则否定性陈述无法准确描述被定义项。“狗咬人不是新闻，人咬狗才是新闻”，这个所谓新闻定义就是先用了否定判断，之后用了肯定判断，但如果不是非此即彼，就不能只用否定性判断。实际上，这个新闻定义的否定判断部分就不成立，“狗咬人”可以是新闻。当然，“狗咬人不是新闻”要表明的是平常事没有价值，所以不是新闻，而“人咬狗”是稀奇事，有价值，所以是新闻，但这也正是这个新闻定义的最大问题：用价值作为判断新闻是否成立的标准，而新闻成立与否不应是价值大小或有无的问题。一般来说，对事物的本质性判断往往不是依据价值大小做判断，而是依据事物的本质做判断。

比较简单的定义是列举定义和外延定义，它们通过举例对被定义项进行定义。其中，列举定义是举出有关被定义项的一部分例子，而外延定义则需要举出被定义项的所有例子。比如，通过列举定义的形式定义新闻：战争、地震、火灾、暴力、色情、黑幕等事件是新闻。通过外延定义新闻则很难做到，因为无法将所有新闻都列举出来。上面的列举定义虽然通俗易懂，但很显然不准确，缺少足够的概括力，而内涵定义可以解决这个问题。很多新闻定义都属于内涵定义。

二、新闻定义之“属”须切实

定义新闻，需要先确定新闻的“本体”，也即明确新闻定义之“属”。这里说的“本体”，是指实际的客观存在物。虽然“本体”也是人类认识的结果，但“本体”有其客观实在性。如果将新闻之“属”界定为“报道”，那么“报道”就是新闻的“本体”；如果将新闻之“属”界定为“事件”，那么“事件”就是新闻的“本体”；如果将新闻之“属”界定为“信息”，那么“信息”就是新闻的“本体”；如果将新闻之“属”界定为“传播”，那么“传播”就是新闻的“本体”。

新闻的“本体”是基于事件总结出来的“信息”，还是“事实本身”？从接受者的角度来说，新闻的“本体”应当指向“事实”，因为观众了解新闻是想通过信息了解“事实本身”，而不是仅仅停留于“信息本身”。这与文学艺术不一样，读者阅读小说仅止于小说本身，即使与生活联系起来，也不是一一对应的关系，而新闻的最终指向是“事实”。

只有将新闻“本体”确定为“事实”，接受者的了解才有最终的指向，才能与人为构建的“信息”区别开来。那么，基于“事实”构建的“信息”是什么？可以称作“新闻信息”或“新闻文本”。新闻文本不只是文字，也包括图片、音频、视频，还包括口耳相传的语言，以及相关的肢体语言。新闻文本不仅限于正规媒体的报道，也包括自媒体以及借助各种媒介呈现的新闻信息。关于新闻文本，后文会专门介绍，在此提出只是为了区分“事实”与“信息”，以便从“本体”层面加深对新闻的认识。

基于“事实”构建的“信息”是人为归纳，“信息”是对“事实”的描述、概括和评论，可以成为接受者了解“事实”的一种方式。除此之外，接受者还可以采用现场直击的方式了解新闻“信息”。但是很显然，人们不能事事都到新闻现场，无法也没有必要到新闻现场去了解新闻，于是就有了通过他人根据“事实”构筑的“信息”来了解新闻的需求。他人构筑的新闻“信息”不是“事实”本身，而是了解“事实”的工具。另外，基于同一“事实”可以归纳出多样的“信息”，并且这样的“信息”归纳因人而异、因媒体而异。但是，“事实”只有一个，接受者所要了解的新闻事实也只有一个真相，只是不同的“信息”可能给出不同的真相。

新闻应当是确定唯一的，这是由“事实”的客观唯一性决定的。接受者心中的新闻指向只能是唯一的“事实”，而非因人而异的各类“信息”。对新闻“信息”的构筑者来说，其构筑的“信息”有一个最终的信息源，而这个最终的信息源既不是目击者，也不是采访者、调查者，更不是编辑，而是“事实”本身。新闻“信息”的构筑者可以实地调查、观察、记录，还可以采访相关人员，在统合所有新闻信息的基础上，在人们认知范围内让新闻“信息”最大限度地接近“事实”，但无法反映全部“事实”，这是由人类构筑新闻“信息”的局限性决定的，更是由新闻“事实”本身无法完全复制决定的。

只有接受者和信息采制者有了共同、客观而又相同的指向，才能在传受上做好对接，才能判断新闻报道是否真实准确。因此，要想保证新闻是客观的、唯一的，就需要保证其本体是“事实”，而非其他。确认将“事实”作为新闻的“本体”之后，新闻定义就应当围绕“事实”做出限定，即通过严格、准确、简练的限定，明确什么样的“事实”才可以称作新闻。

诸多新闻定义存在“本体”差异，是造成新闻定义千奇百怪的根本原因，而比较常见的原因是将新闻与新闻文本混为一谈。将新闻和新闻文本混为一谈，就如同将历史事实与历史记载混为一谈。新闻理论应当严格区分新闻和新闻文本，毕竟这是两个完全不同的事物。虽然新闻与新闻文本之间有深度关联，但二者在本质上完全不同。新闻传播中的所谓新闻，准确地说，应该称作新闻文本。因为“事实”本身是不能被传播的，所能传播的只能是反映“事实”的“信息”。新闻文本是基于客观事实构建的信息集成，其表现形式有口头语言、肢体语言、文字、图画、声音、视频，而新闻是客观“事实”，并且是接受者未知的客观“事实”。

陆定一对新闻的定义其实是对报道当中的新闻文本所做的定义，将“新闻是新近发生的事实的报道”简化为主谓宾形式：新闻是报道。如果说新闻是报道，那么它就不是“事实”，而是“信息”。范长江则基于事实定义新闻：“新闻就是广大群众欲知、应知而未知的重要事实。”这个定义简化为主谓宾形式，即新闻是事实。范长江认为，新闻是“事实”，而非“信息”。

新闻定义之“属”应当切实，即是客观的、确定的，可以切实把握，而不是飘忽不定的。只有新闻定义之“属”切实，才能保证建基于新闻定义之上的新闻理论是切实的，才能保证整个新闻理论体系与客观世界有很好的关联。更重要的是，新闻理论体系只有形成理论与实际的直接对应，在基础理论层面减少人类主观性的干扰，才能保证新闻理论的客观性和科学性。只有新闻理论与客观实际形成良好的客观对应关系，才能在新闻理论界形成沟通的基础和讨论具体问题的大前提，从理论学界到实践业界才能形成一致的言说体系。

三、新闻定义之“种差”须准确

新闻定义的“种差”应当明确，不应模糊不清。如果用“新近”“近来”“新的”“重要”等模糊词汇界定事实，那么很难做到定性准确，因为模糊词汇本就是相对概念，存在模糊空间。客观事实已经在那里，至于是不是新闻，应做出准确定性。新闻定义是新闻领域最重要的理论基石，如果这块理论基石不稳定，自然难以形成严密系统的新闻理论，也难以形成统一认识。新闻学科要形成基础性、系统性的统一认识，才能构建学科体系。

新闻学科不应停留在经验层面，新闻定义也不应停留在经验层面，否则这门学科将缺乏科学性和严谨性。如果新闻的理论基石、理论起点、研究对象都是模糊不定的，自然会形成模糊不定的理论，应用到实践中也必然存在模糊空间。

新闻定义应当界定准确，该纳入新闻范围的应当没有缺失，不该纳入的也不应混入其中。多余的“种差”会造成界定不准确。比如，对事实做出“广大群众欲知、应知”这样的界定，“广大群众不想知道的事实”就不是新闻了吗？“广大群众不应知道”的事实就不是新闻了吗？新闻不一定是广大群众都想知道的，否则也就没有“分众传播”之说了。

并非“种差”用词越多、限定越多，界定越准确，不恰当的“种差”反而会使限定不准确，画蛇添足和先天不足都会影响定义的准确性。像“新近发生的事实”这样的“种差”界定，一方面界定模糊，另一方面会排除掉一些新闻。因为有很多事实发生了很久，完全不是人们认知的“新近发生”，但是真相一直没有被披露，一旦真相被披露出来，依然可以称为新闻。比如，2014 年发生的“3·8 马来西亚航班失踪事件”，虽然“事实”已经发生了很久，很难用“新近发生”来界定，但是有朝一日确定了此事发生的原因、过程和结果，此事依然是新闻。可见，“新近发生”这样的“种差”并不适合用来界定新闻。新闻成立与否不是由发生时间决定的，而是由接受者什么时候知晓决定——只要接受者不知晓，就是新闻。

有些新闻定义在“事实”或“信息”前面加上“重要”这样的“种差”，这同样存在非常大的模糊性。何谓“重要”？对谁“重要”？谁认为“重要”？这些都是非常主观的判断。“重要”与否，因时因地因人有很大不同，并没有统一标准。新闻定义的“种差”应当准确，尽量没有模糊空间，如果不能做出准确的定量界定，就应当做出定性界定，比如，使用“未知”“陌生”等定性词汇。

第四节　以事件为“属”的新闻定义

根据定义之“属”的不同，新闻定义可分为四类，即事实类、信息类、传播类和价值类。新闻定义纷繁混乱的根源可以归结为：对定义对象物的归属认识不一致，或者根本没有弄清归属，再或者根本没有想到要为新闻寻找归属。事实、信息、传播、功用等不同类属的事物都曾被作为新闻定义的“属”，归类之多，差异之大，势必造成新闻定义的多种多样。

新闻定义之“属”的多样与差异，造成新闻定义的多种多样，不同定义之间存在较大差异。新闻定义的“种差”则在“属”的基础上进一步制造多样与差异，就如同在不同的地基上盖不同的建筑，最终效果肯定差异很大。在新闻定义上形成的百家争鸣，并不能证明新闻理论的热度很高，而是从侧面反映了新闻理论的不成熟。当言说对象无法统一时，基于其上的新闻理论自然各言其是。要想定义新闻，须明确新闻的“本体”是什么，即新闻的“属”是什么。在明确新闻之“属”的基础上，明确“种差”，才能保证新闻定义的精准。

一、新闻之“属”：事件

对新闻做出定义，首先要确定被定义项的“属”，而新闻之“属”要么是客观“事实”，要么是反映客观“事实”的“信息”，至于从“传播”“价值”等角度定义新闻，应是新闻学的第二层理论。只有先定义了新闻，才能进一步定义什么是新闻传播，以及如何判断新闻价值。那么，新闻之“属”是客观“事实”，还是反映客观“事实”的“信息”？很显然，客观“事实”和反映客观“事实”的“信息”不是一回事，就像“历史事实”和“历史书”不是一回事。“历史事实”是已经发生的客观事实，“历史书”则是对已经发生的客观事实的记录、描述或评论。

就像界定历史需要明确对象物一样，定义新闻，也需明确所要定义的对象物是什么，具体来说就是要确定新闻的对象物是“事实”还是描述“事实”的“信息”。笔者认为，新闻的对象物是“事实”，而非基于“事实”形成的“信息”。基于新闻“事实”形成的“信息”不是新闻，而是新闻文本。新闻表征的应该是客观“事实”，就像历史表征的是曾经发生的“事实”。有些新闻定义将新闻界定为“信息”，其实是对新闻文本的定义，而非对新闻的定义。

将新闻之“属”界定为“事实”，新闻就有了客观实在性和唯一性。相反，如果将新闻之“属”界定为“信息”，虽然它来源于“事实”，但对“事实”的反映却具有多样性，而不具有唯一性和客观性。人们需要通过“信息”反映新闻，但首先需要确定反映对象的唯一性和客观性，这样才能保证新闻的“终极”真实性。将新闻之“属”界定为“事实”，然后基于客观、唯一的“事实”进一步界定新闻本质、新闻文本、新闻价值、新闻文本价值等一系列内容，才能保证新闻理论根基的坚实。

新闻的指向是“事实”，新闻定义之“属”也应是“事实”，同时新闻暗含“变化”和“因果”，用“事件”代替“事实”更能表征新闻所暗含的“变化”和“因果”。可将新闻之“属”进一步界定为“事件”，当然并非所有“事件”都是新闻，否则也就不必发明“新闻”这个词了。对“事件”做出进一步的界定，即加上“种差”，才能构成完整的新闻定义。

二、新闻“种差”：接受者未知

界定新闻定义需要引入接受者，还是只需界定“事件”即可？笔者认为，定义新闻不但要针对客观“事件”，还要引进接受者，因为任何一条新闻都是对具体的接受者来说的。比如，很多国家规定，历经五十年之后，可以解密国家档案，向全民乃至全世界公布曾经保守的国家秘密。对于不知晓这些国家秘密的人来说，即使事情发生在五十年前，它依然是新闻；而对于已经知晓这些国家秘密的人来说，则不是新闻，而是旧闻。国家秘密本身没有改变，为什么会有新闻、旧闻之分呢？就是因为接受者不同，对事件的“新旧”感觉不同，其深层逻辑是“知与不知”的区别。

下面再通过一个例子来分析新闻的成立条件：某银行遭到抢劫，这算不算新闻？我们凭直觉判断这是新闻，但对于遭到抢劫的银行职员来说，因其是事件的亲历者，这个事件已经不是新闻。通过以上例子，可以得出这样的结论：一个事件是不是新闻，并不是简单地由事件本身决定，还需搞清楚具体的接受者是否知晓。

无论是从“事件”角度，还是从“信息”角度，新闻都古已有之，对新闻的定义不应局限于现代传媒业的报道，而应回归本质，新闻的本质就是接受者未知的事件。新闻是否成立，需针对具体接受者进行言说，而非泛泛而谈。新闻是否成立，应当是定性判断，而非定量判断。时间上的“远近”是定量判断，无法确定时间过去多久是“新闻”、过去多久是“旧闻”，因而不应通过事件发生时间的“远近”来界定新闻。

时间是人发明的，是基于变化给出的标尺，没有变化就没有时间，而变化是连续的，表征变化的时间自然也是连续的。所谓时间节点，只是对变化的人为定格，但这样的定格只是出于认知的需要，与客观事实并不相符。变化的连续性使得时间切割在实际上是不可能的，人们认知的“粗糙”更是无法确认最为精准的时间节点，况且人类所制定的时间给出的“授时”只是相对概念，无论号称多么准确的授时，都会存在误差。既然这样，基于时间给出的任何判断都存在误差，这是由人类赋予时间的概念决定的。

既然无法通过事件发生的时间判定一件事是“新闻”还是“旧闻”，我们就要换个思路来界定新闻。新闻成立与否，终究是人的判断，而人判断的依据，从表面来看是事件发生时间距离现在的“远近”，似乎“近则新，远则旧”，但这只是经验判断，并不一定合乎接受的事实。事件发生时间的“远近”与感觉事件的“新旧”有一定相关性，但并不代表二者正相关，更不能保证二者正比例相关。事件从“新”到“旧”不是时间上的渐变过程，而是接受者从“未知”到“已知”的认知上的“突变”结果。时间是描述事物变化的刻度，但无法描述人们对一件事是否知晓——事件发生的时间久远，不意味着接受者就一定不知晓；事件发生的时间较近，也不意味着接受者一定知晓。

根据接受者是否已知界定新闻，自然会出现这样的问题：针对同一事件，有的接受者未知，有的接受者已知。那么这件事到底算不算新闻？对这个问题的回答是：同一事件，对于已知的接受者来说是“旧闻”，对于未知的接受者来说是“新闻”。也就是说，新闻成立与否不能一概而论，要结合具体接受者做出判断。

一个事件对具体接受者来说是新闻，简洁的表达公式就是：新闻=事件+接受者未知。对接受者来说，要想判断什么是新闻，首先要判断他对事件是否了解或者是否完全了解，如果不了解或者不完全了解，这个事件对他来说就是新闻，反之则不是新闻。总之，判断新闻是否成立，一定要针对具体接受者，这是定义新闻的关键。

在实际的新闻传播过程中，我们更是不能忽略接受者，否则新闻传播的意义就可能丧失。比如：某地出了车祸，对有的人来说是“新闻”，对目击者来说则是“旧闻”。事件本身没有变，为什么却有“新闻”与“旧闻”之分?如果忽略接受者，就无法回答这个问题。一个事件是不是新闻，并不是简单地由新闻事件本身决定，还取决于接受者是否知晓这个事件。通过以上分析可以得出以下结论：新闻不是一元的客观存在，而是二元的主客观共同构成。新闻之所以称为新闻，既缘于事件本身，又因为接受者未知。

三、新闻定义：接受者未知之事件

新闻之所以被称为新闻，是因为接受者对事件未知。那么，如何在新闻定义中引入接受者？范长江将“广大群众”作为“接受者”，于是给新闻做了以下定义：新闻就是广大群众欲知、应知而未知的重要事实。这个新闻定义可以简化为：新闻是群众未知的事实。范长江在这个简化表述基础上加了“欲知”“应知”“重要”等限定词，但是这些限定词有必要吗？其实，这个新闻定义并没有因为限定词的增多而变得严谨，相反，因为限定词的不当添加，这个新闻定义更加模糊。在这个新闻定义中，“欲知”“应知”“重要”等都是多余的限定：一定是重要的事实才能称作新闻，不重要的事实不能称作新闻吗？重要与否由谁来判断？判断的标准是什么？群众“不欲知”就不是新闻吗？“应知”的标准又是什么？谁来判断“应知”？难道某些事实因为群众不“应知”，就不是新闻了吗？

在定义新闻的时候，如果将事件分作“重要”和“不重要”，分作接受者“欲知”和“不欲知”、“应知”和“不应知”，或者分作“有价值”和“无价值”，这些看似严谨实则多余而又模糊的限定，会使新闻定义更加模糊，甚至偏离正确的方向。实际上，新闻成立与否与接受者是否“欲知”“应知”无关，也不取决于事件的“重要性”和“价值”，更不取决于接受者是否感兴趣，而是取决于接受者是否知晓。无论接受者认为一个事件是否重要、是否有价值，也无论事件发生的时间距离现在有多么久远，只要接受者未知，那么这个事件对这个接受者来说就是新闻。

我们回头来看范长江的新闻定义，“新闻就是广大群众欲知、应知而未知的重要事实”，这个新闻定义值得肯定的地方是，用“未知”对“事实”做了限定，但有三个缺陷：一是对事实做出了“欲知”“应知”“重要”这些多余并且偏离新闻本质的限定；二是新闻成立与否并非由“广大群众”来确认，应由具体的“接受者”来确认；三是将新闻界定为“事实”不够准确，应当将新闻界定为“事件”，并且是客观事件。

新闻必须是客观事件，不能是主观编造的事件，同时，新闻表征的是客观事物的变化，而非对事物的简单介绍。比如："春天来了，桃花开了。"对于未知此事的接受者来说，这件事是新闻。下面这句话就不是新闻："桃花春天开。"之所以这句话不是新闻，是因为这句话没有形成一个事件，桃花在这里是虚指的，不是现实当中具体的桃花，这句话是常识信息，而不是具体的事件。

新闻必须以"事件"为核心，至少要隐藏一个事件核心。进一步说，新闻是接受者未知的事件，而非未知的知识或事物。比如，某人发现一株陌生植物，那么"某人发现一株陌生植物"这件事是新闻，但那株陌生植物不是新闻，因为新闻是一件事，不是一个物。有的新闻理论将新闻分作事件类新闻和非事件类新闻，严格来说，这样的分法非常不科学。任何新闻都要有一个核心事件，至少要有一个能够让人领会的潜在的事件，否则就无所谓新闻。所谓非事件类新闻，只是事件体现得不是那么明显，或者说事件的时间、地点，甚至主体都不是最重要的，最重要的是与事件相关的衍生内容。比如会议新闻，召开会议这件事与会议中涉及的政策以及相关举措比起来似乎不那么重要，很多新闻报道也不是集中在会议事件的发生与发展，而是集中在事件所涵盖和衍生出的其他重要信息以及后续影响，但实际上，这些都是会议之因衍生出的会议之果，依然是因果清晰的事件。对新闻的认知，无论如何淡化事件，都不会彻底抹去事件的影子，因为事件才是新闻的"本体"。

新闻的核心是"事件"，暗含事件主体的行为和变化。"事件"的发生引来了诸多变动，并借此衍生出诸多新闻信息。新闻表征的不是静态的物，而是人或物在时间线上的变化。新闻因变化而生，没有人或事物的变化，就没有新闻。未知的物不是新闻，发现未知的物或未知的事发生才是新闻。

综上所述，可对新闻做出如下定义：新闻是接受者未知的事件。这是从"事实"角度定义新闻。如果从"信息"角度定义新闻，或者将新闻界定为"信息"，那么可以定义如下：新闻是用来反映接受者未知事件的信息。"信息类"的新闻定义应当是关于新闻文本的定义，这里的"新闻"其实是指"新闻文本"。

前面论述新闻之"属"应当是"事实"，新闻"本体"也应当是"事实"，并且给出了"事实类"的新闻定义，为什么还要给出"信息类"的新闻定义呢？这是因为无论在新闻学界、新闻业界，还是在生活中，"新闻"一词确实经常用来指"信息"，而非"事实"。"新闻"归属确实存在两种情况：一是将

"新闻"视作"客观事实";二是将"新闻"视作反映事件的"信息"。既然新闻经常被用作反映事件的"信息",那么就不能回避"新闻"一词所代表的"信息"词义,所以还需给出"信息"意义上的新闻定义。

无论是"事实"意义上的新闻,还是"信息"意义上的新闻,从新闻业界到新闻学界,再到生活中,都被广泛使用。"新闻现场""新闻人物""新闻发生""新闻原因""新闻结果"当中的"新闻"一般是指"事实"意义上的"新闻"。"新闻人""新闻稿""采写新闻""制作新闻""新闻平台""传统新闻""新媒体新闻""新闻传播""新闻理论""新闻价值"当中的"新闻"一般是指"信息"意义上的"新闻"。"新闻线索""时政新闻""娱乐新闻""爆炸性新闻"既可以指"事实"意义上的新闻,也可以指"信息"意义上的新闻。从新闻业界到新闻学界,不得不面对一个现实,"新闻"一词是多义的,有时指客观存在的事件,有时指反映事件的信息,这也造成新闻定义的"被定义项"不明确、"新闻"归属不明确、新闻之"属"不明确。

无论是将"新闻"归为"事实"还是"信息",新闻定义都应摒弃"新近""重要""价值"等模糊的"种差",而使用"未知"这种准确的定性词汇。归结起来,"事实类"的新闻定义为"新闻是接受者未知的事件","信息类"的新闻定义为"新闻是用来反映接受者未知事件的信息"。笔者认为,应当从"事件"角度,而非从反映事件的"信息"角度定义新闻,至于反映新闻事件的"信息",笔者将其定义为新闻文本,对此后文将展开论述。

新闻的内在规定性　第二章

我们可以从新闻要素、新闻本质、新闻机理、新闻构成四个方面来分析新闻的内在规定性。

第一节　新闻要素

传统新闻理论的新闻要素有五个：时间、地点、人物、原因、结果。这“五要素”提供了完整的事件信息，可以保证新闻文本的完整性。完整的新闻文本和新闻成立是两个概念。完整的新闻文本通过“五要素”构建对新闻的完整认知，新闻成立则是通过确认接受者未知而确定的。新闻是接受者未知的事件，新闻成立依托客观事件和接受者未知，所以新闻成立的要素有两个：一是事件要素，二是未知要素。

一、事件要素

新闻不是静态的，而是动态的，没有时间的流动或者说没有事物的演变就没有新闻。一个新闻就是一个事件，事件是新闻的要素之一。说事件是新闻的要素，首先是因为新闻是流动的事实，不是静止的物件。孤立的人或环境不能称为新闻，新闻是事件的发生与发展。

事件是物的变化。没有事件，也就没有变化，没有变化，也就没有新闻。新闻信息并不都是事件本身，比如新闻信息可以包括相关知识介绍，但知识介绍应当源自事件，是从事件延伸出来的，没有事件的知识介绍仅仅是知识，不是新闻。

新闻的本质是事件，事件的本质是变化，变化的本质是因果。“人物”“时间”“地点”都是言说因果不可或缺的要素，只有明确了“人物”“时间”“地点”，才能明确事件的因果。传统新闻理论的“新闻五要素”实际上是“事件完整五要素”，但是仅“事件完整”并不能保证新闻成立，新闻成立还需要“未知要素”。

二、未知要素

未知是使新闻成立的要素之一。“旧闻”不是因为时间久远而“旧”，而是因为接受者“已知”而“旧”。新闻之所以被称作新闻，是因为接受者对事件未知，或者说对事件感到陌生，而对接受者来说，事件失去了陌生性，也就失去了新闻性。如果接受者对事件已经有所耳闻，但了解得并不完全，那么包含未知信息的事件对接受者来说依然是新闻。认知总是有限的，任何人都不可能掌握一个事件的全部信息，“全息”掌握一个事件非人力所能及，从这个意义上说，任何一个事件都有成为新闻的巨大潜质，也因此任何事件对任何人都潜藏着“未知”的信息，新闻也因此有了意义。但是，新闻文本的局限性，使接受者可以完全了解新闻文本，对新闻文本不再感到陌生，不再有“未知”信息，但接受者已经知晓其中的信息并不能改变新闻文本继续存在的事实。新闻会因为接受者知晓而变成“旧闻”，新闻文本却不会因为接受者知晓而变成“旧闻文本”。

对于接受者知晓的事件，要想继续采制和发布新闻信息，需要在接受者已经知晓的基础上，提供尽可能多的未知信息。在新闻事件已经发生了一段时间的情况下，对于事件的报道不应停留在接受者已经知晓的时间、地点、人物、原因、结果等表层信息上，而应提供更多深层的未知信息，否则对接受者来说，新闻就难以成立。

很多时候，与一个事件有关的时间、地点、人物、原因、结果等信息并不是唯一的。任何事件中都蕴含着大量信息，因果链条是无限延长又极为复杂的，事件当中的“人物”是永远描述不完的。在新闻报道当中，所谓追求“第二落点”，就是希望从“第二落点”中获得接受者未知的信息。对任何事件的报道，都应提供尽可能多的接受者未知的信息，毕竟“未知”才是新闻成立的要素。只有“事件要素”与“未知要素”相结合，才能构成真正意义上的新闻。

第二节 新闻本质

关于新闻本质的说法很多，有人说新闻本质是信息，有人说新闻本质是事实，还有人说新闻本质是新近性。那么，到底什么才是新闻本质？笔者认为，新闻的本质有两个，一是客观事件，二是接受者未知，二者缺一不可，即新闻本质是未知事件。“事件”是新闻客观存在的形式，“未知”则是新闻成立的主观判断。新闻是基于客观所形成的主观认知，“事件”构成客观事实，“未知”界定事件性质。

一、客观事件

客观事件是指客观事物发生的变化。人类对客观事物变化的认知是客观事物在时间线上发生的行为、结构或空间上的变化。传统新闻理论中的新闻“五要素”就是对客观事件的完整描述，即基于时间和空间，对某一事物所发生的变化的描述。新闻不是想象出来的故事，而是客观发生的事件，新闻与小说以及各类编造出来的故事的本质不同就在于其客观实在性。

客观与主观、事实与意识是描述外在世界与内心世界的二元分类方式。新闻作为客观事件，独立于主观世界之外。只有确立了新闻作为客观事件的本质性存在，才能区分新闻与主观意识的不同，进而区分新闻与艺术世界的不同。

二、接受者未知

新闻是对事件未知，而不是对静态之物未知。

（一）新闻因接受者未知而存在

从“新闻”的词义来看，“新”指“刚刚”，“闻”则是听说，合在一起就是“刚刚听说”。对新闻的界定如果仅仅停留于“刚刚听说”这个层面，则无法透视其本质。“刚刚听说”只能表明一种状态，从传播学角度来说，也仅仅是“刚刚接受”，对传播的内容并未做出限定。如果接受者刚刚接受知识，那么知识的内容不能称为新闻。比如，接受者听说“水在 1 标准大气压下 100 摄氏度沸腾”，即使接受者是刚刚听说这个知识点，也不能称其为接受了新闻。

基于“新闻”词义本身推导出的新闻含义之所以过于宽泛，是因为“新闻”这个词在构词上不完整，或者说是省略了中心词。那么省略了哪个中心词呢？笔者认为，省略了“事件”，还省略了一个潜在的限定词——未知。组词当然不能如此复杂，否则“新闻”就成了一个长长的偏正词组：刚听说的未知事件。虽然构词无须如此复杂，但更切近内里的组词也不应当是“新闻”，而应当是“新事”。

无论构词是否合理，一旦约定俗成，就会被固化为特定的指称。那么，“新闻”到底指称什么？其本质又是什么？无论是“新闻”还是“新事”，其中的“新”都会被理解成时间上的“刚刚”，而“刚刚”从表面上看规定了“新闻”的本质。但何谓“刚刚”？1分钟、1小时还是1天？似乎超过1天就超出了人们理解的“刚刚”，但超过1天的新闻事件又层出不穷，那么事件发生超过3天、10天、100天呢？这样的新闻同样存在。那么一件事发生超过1000天还算不算新闻？凭直觉好像已经不是新闻，但这样的新闻也并不鲜见。比如，在外多年的游子回乡后听乡亲们说其离乡期间家乡发生的事，即使那些事已经过去很多年，对游子来说依然是新闻。又如，一桩凶杀案发生100天之后才被人们发现，凶杀案本身对并不知晓的人们来说依然是新闻。那么凶杀案超过1年才被发现是不是新闻呢？也应该是。超过10年呢？也应该是。超过100年呢？凭直觉好像不是，因为那已经成为历史，但对于之前不知晓此事的人来说依然是新闻，只要承认案发1年的事件是新闻，就无法否认案发100年的事件也是新闻，因为无法在1年和100年之间划出一个“新闻”变成“旧闻”的时间节点，无法判定从哪一刻开始新闻不再是新闻。

为什么找不出“新闻”变成“旧闻”的时间节点？根本的原因是，时间不能作为界定新闻的精确标尺，因为“新闻”的“新”在时间表述上只是一个模糊词汇，无法对其做出准确度量。在时间意义上，“新”和“旧”之间也没有明确的界限。若想做到准确而非模糊的判断，就需要用一个准确词汇来替换模糊词汇“新”。笔者选定的准确词汇是“未知”，也可以称作“陌生”，因为“未知”或“陌生”是明确的，是定性的。新闻的“新”需要结合具体的接受者来判断，而接受者判断“新旧”的真正标准不是事件发生了多久，而是接受者是否知晓，不知晓就是“新”，知晓就是“旧”。可见，“未知”这把标尺更能凸显新闻本质。

（二）"新近"暗指接受者"未知"

传统新闻理论在谈及新闻本质时都强调新闻发生的新近性。确实，新近性似乎意味着新闻非常"新鲜"，而"新鲜"的言外之意，就是接受者不知晓，或者说暗指接受者未知。

1. "新近"应从接受者角度做判断

"新近"并不是一个精准的概念，而是一个模糊词汇，诸如冷热、胖瘦、新旧、快慢，在词汇学上都叫模糊词汇。什么叫"新近"？无法做出精准而能获得普遍认可的描述或界定：有的事件过了一天对很多人来说就不再是"新近"了；但有的事件尘封了很久，对有的接受者来说依然是"新近"的，这种"新近"是因为对事件"未知"。那么如何判断事件是否具有"新近性"呢？只能从定性角度而非定量角度做出判断。

新闻是接受者未知的事件，新闻学界和新闻业界对新闻所定义的"新近"应当是"接受者接受时间"的"新近"，不应是"事件发生时间"的"新近"。如果将《桃花源记》中的武陵人误入桃花源作为一个真实事件来看：桃花源里的人"不知有汉，无论魏晋"，朝代更迭了五百多年却不知晓，朝代更迭已非"新近"一词所能界定，但是当武陵人向桃花源中的人"具言所闻"之后，桃花源中人"皆叹惋"，"叹惋"是对未知事件的感慨。虽然武陵人所言事件发生了很久，武陵人认为那已经是历史，但对桃花源中的人来说，那依然是新闻。所以，新闻的"新近"不应着眼于事件发生的时间，而应着眼于接受者接受的时间。《桃花源记》虽然是虚构的故事，但类似事件在现实生活中比比皆是。比如，玛丽莲·梦露已经去世60多年，但她的死因一直是个谜，现在如果将谜底彻底揭开，那么毫无疑问，这件事是新闻。

新闻能够被尘封，但无论尘封多久，对于不知晓的接受者来说都是新闻。当然，在实际的新闻信息传播中，往往事件的发生时间和接受者的接受时间都是"新近"的，这种双重"新近"常会被传播者乃至接受者习惯性地理解为新闻发生时间的"新近"。事实上，新闻传播者在判断事件是否"新近"时，潜在的判断就是接受者是否知晓，只有推想多数接受者都对某一事件"未知"，才能判定该事件是新闻。

2. 新闻抢“时效”的实质是抢“未知”

新闻工作者为什么要抢“时效”？为什么很多媒体都希望在最短的时间内将新闻发布出去？因为等到很多接受者已经知晓的时候再发布，事件的陌生性就会丧失，事件的新闻性也就消失了。新闻人抢“时效”的实质是抢接受者对事件的“未知”，新闻传播者要抢在接受者对事件知晓之前将新闻播发出去。一旦事件的“时效”丧失，要想继续播发，就要在原有事件基础上，为接受者提供“未知”信息。

从以上分析可以得出这样的结论：“新近”的潜在指向是接受者“未知”，并非事件发生时间的“新近”；“新近”只是接受者“未知”的表象；关于新闻本质，应当用接受者“未知”置换时间上的“新近”。

第三节　新闻机理

新闻是接受者未知的事件，此种界定既明确了新闻是客观事件，又表明新闻属于主观认知，或者说，新闻是人们认识未知客观事件的一种描述方式。如果从主客观两个角度分析新闻的构成机理，那么从客观角度说，新闻因变而生，而从主观认知角度说，新闻内含因果。

一、新闻因变而生

新闻因变而生，静止的物不是新闻，变化或发现变化才是新闻。当然，所谓静止的物，只限于人类的认知层面，是相对描述。世间并无绝对静止之物，所谓静止，只是相对静止。新闻是对变化的描述，而所谓变化，既包括物的结构变化，也包括物的时空变化，还包括人们对物的认知变化。任何物都可以成为新闻事件的载体，类似新闻“五要素”中的“人物”，可以统称为新闻载体或新闻对象物。新闻对象物是对新闻载体的泛指，不仅指人物，还包括新闻事件的各种载体，如在一起车祸中，车主、交警是新闻对象物，车也是新闻对象物，车灯、道路等一切承载新闻事件的载体都是新闻对象物。传统新闻“五要素”中的“人物”，也不仅指人物，天气、火山、洪水的变化都是新闻，其中的“人物”就是天气、火山、洪水。这里所说的“新闻对象物”比泛指的“人物”宽泛，一切发生变化的事物都可以称作新闻对象物，也可以称作新闻载体。

在确定新闻对象物之后，需要进一步描述新闻对象物的变化，这里主要提出三种变化，即新闻对象物的结构变化、时空变化和认知变化。新闻对象物的结构变化是指新闻事件中的对象物出现了顺序、构成等方面的变化；新闻对象物的时空变化是指新闻事件中的对象物出现了时间、空间方面的变化；新闻对象物的认知变化是指人们对新闻事件中的对象物的认知发生了变化。新闻对象物的结构变化、时空变化和认知变化，构成了接受者对新闻的基本认知。

万事万物时刻都在变化之中，如果不能发现新闻对象物的变化，也就无法发现新闻。新闻因变而生，这是新闻形成的重要机理。

二、新闻内含因果

新闻的核心是事件，事件的核心是因果，因而我们说新闻内含因果，人们对新闻的核心认知就是对因果的认知。前有因、后有果，从前到后构成了时间线，也即事件“完整五要素”的“时间”，时间是为了描述因果。对客观事件的认知，总是要基于一定的时空坐标，就像构成案件的要素必须既有作案时间，又有作案地点。虽然生活中人们对事件的描述有时忽略了时间或地点，但其背后必然有基于客观实在性的时间和地点。对客观事件发生的时间和地点，一般基于人们普遍使用的时间参照体系和地点命名体系进行描述和界定。虽然对客观事件发生的时间和地点的描述基于人类的主观认知，但这样的描述依然具有普遍认可的客观性，这样才能保证新闻传播的有效性，同时这也是新闻得以成立的基石。时间与地点为事件的因果变化提供了客观场景，从某种意义上说，时间和地点也是为描述因果而存在的。

新闻对象物发生变化，也即新闻事件“完整五要素”的“人物”发生变化，新闻才能成立，而新闻对象物的变化，必然既有前因又有后果。新闻事件完整“五要素”的“原因”“结果”直接指向因果；“时间”“地点”“人物”虽然间接指向因果，但同样是为了描述因果而设置。在描述客观世界变化时，思维的底层逻辑就是讲述因果。也正因如此，虽然对新闻有很多种描述方式，但所有描述方式都内含因果。认知总会关联因果，有其然，必有其所以然，对新闻的完整讲述，就是要描述一个事件的“然”和“所以然”。新闻因变而生，变必有因，变必有果，这是对世界变化的一般认知，也是对新闻的基本认知。

第四节　新闻构成

“新闻是接受者未知的事件。”这个新闻定义简化为主谓宾结构就是：新闻是事件。这是从新闻的实际存在样态角度给出的定义，不是从新闻文本角度给出的定义。因为新闻是接受者未知的事件，所以判断新闻成立与否还需引入接受者的判断。

一、新闻具有客观实在性

新闻是客观事件，客观事件自然具有客观实在性。事件是人们基于因果逻辑对客观事实的认知。谈及事件，总是会涉及载体、载体发生变化的时间、载体发生变化的空间、载体发生变化的原因、载体发生变化的结果等，这几个方面都具有客观实在性。新闻必须具有客观实在性，否则与小说、戏剧、电影、电视剧等艺术作品中的故事就无法区分。这里所说的新闻，与一些新闻定义中所指的新闻事件相同，新闻的客观实在性由客观事件本身决定。新闻本身是客观存在的，也是真实的，但新闻文本却可能失真。“真实是新闻的生命”中的“新闻”其实是新闻文本，而“真实”之所以是新闻文本的生命，是因为新闻文本只有正确反映新闻的客观实在性，才拥有生命。

“新闻”一词从表面上看不含有“事件”之意，其表面意思是“新听到的”，那么可以将“新闻”这个词看作“的”字结构，即省略了主语词的偏正词组，而省略的主语词即“事件”，完整表达就是“新听到的事件”，简单表达就是“新听到的事”。无论是“新闻”还是“新听到的事”，所用的“新”字都是模糊词汇，要想准确表述“新”，就需要做出定性表述，将“新”这个时间词汇转换为“未知”这样的定性词汇。那么，新闻就变成了“未曾听闻的事件”，其中，“事件”表征了客观实在性，而“未曾听闻”则是接受者做出的判断。

二、新闻需经过主观判断

对新闻来说，“事件”与“接受者未知”二者缺一不可。新闻是事件，表明了新闻的客观实在性，而“接受者未知”则表明新闻包含主观判断。新闻成立既要依托客观事件，也要依托接受者未知。接受者对事件未知，才可以将这一事件称作“新闻”，如果已知，则是“旧闻”。虽然“事件”是客观的，但概括与描述却是主观行为，而接受者对“事件”是否已知是认知问题。“事件”是新闻存在的客观前提，“接受者是否已知”则是“新闻”与“旧闻”的根本区别。从本质上说，新闻就是接受者对未知事件的认知指称，或者说新闻本身暗含接受者的主观判断。

新闻会变成“旧闻”，“旧闻”就不再是新闻，而新闻会变成“旧闻”，从严格意义上说，不是因为事件过去了很久，也不是因为时间让其变旧，而是因为“接受者已知”。接受者是已知还是未知，当然要基于接受者自己的判断。“未知”不等于对事件“完全未知”，如果对事件知晓一部分，比如只知晓某栋楼失火，但具体时间不明、原因不明、结果不明，那么“不明”的部分就是“未知”部分，对“事件”就存在“未知”。对接受者来说，一个事件当中只要有其“不明”或者“未知”的部分，新闻的概念就成立，也正因如此，新闻行业有连续报道和跟踪报道。

接受者对一个事件无论是“全部未知”还是“部分未知”，都可以保证新闻的成立，而一个事件必须有接受者“未知”的成分，否则新闻就不成立。从严格意义上说，事件只是人们对客观事实的主观归纳，由于归纳角度不同，引入的载体不同，截取的时间节点、空间位置不同，以及在事件发生原因、造成结果方面获取的信息不同，会造成表面相同的事件形成不同的样貌，那么对接受者来说，看似“已知”一件事，换个角度，换一种观察、归纳、表述的方式，就可能变成“未知”，此时新闻依然成立。比如，私家车在学校门口附近追尾校车这样一件事，可以将事件归纳为私家车如何追尾校车而引发交通事故，也可以将事件归纳为校车被追尾后学生的安全事件，还可以将事件归纳为学校门口如何保障交通安全，甚至可以将事件归纳为应当采购什么样的校车来保障学生安全。表面相同的新闻，因采写者、描述者不同，可以制造出形式不同、内容不同的新闻文本。所有事件都是人们的主观描述，由于关注点不同，表面相同的事件可以归纳出无数个系列事件，同时由于人的认知有限，而归纳事件的角度、层面是无限的，对接受者来说，很多事件的背后蕴藏着大量新闻。新闻成立与否的判断标准就是接受者对事件是否完全知晓，只要事件存在接受者未知的部分，新闻就成立。

笔者认为，将新闻界定为文本，可以不因为接受者知晓而失去其文本属性。但是，笔者更倾向于将新闻界定为客观事件，而非一种文本。新闻理论应当先界定新闻的本质性存在——客观事件。如果将新闻界定为客观事件，就需要加入接受者的主观判断——接受者未知，否则就不是新闻，而是“旧闻”。接受者未知是新闻的生命，一旦接受者已知，新闻就失去了存在的意义。但是，对于未知此事件的接受者来说，新闻的生命依然存在。也就是说，新闻是否活着，需要结合具体的接受者进行判断。

新闻事件组与事件集合　第三章

新闻因事件而存在，事件因万物关联而无限延伸，任何事件背后都有漫长的因果链条。事件是新闻的核心，但任何新闻的背后都不是单一事件，而是由众多事件构成的事件组。任何新闻事件都可以细分为很多事件，任何新闻背后都有一个庞大的事件组，新闻文本就是基于事件组中的部分事件构筑而成的。任何新闻文本都只能反映新闻事件的一部分，是对事件组的“断章取义”。对新闻做出从“事件”到“事件组”的认知，既具有理论意义，又具有实践意义。

第一节　事件的无限因果

对事件的核心认知是对因果关系的认知，时间、地点、人物都围绕事件的因果关系展开，甚至时间、地点、人物就是为确证事件的因果关系而存在的。事件背后的因果并不像新闻文本描述的那样简单，因为任何事件都不是孤立的存在，而是普遍联系的复杂存在。事件背后的因果是人们对世界认知的呈现，也是人们对世界认知的简化。

一、事件是基于认知的表述

事件涉及时间、空间和载体，最终归结为原因和结果，时间、空间和载体是归纳事件原因和结果的必要描述。由于认知的局限，也为了描述的方便，人们将不断变化的世界分割成无数个事件，所谓“事件”，实际上是基于认知的表述。

无论是事件，还是事件背后的因果，都只是基于有限认知的表述，事件所牵涉的因果关系无疑是极为复杂的，但人类却能从中梳理出数量有限的因果，同时基于有限因果关系概括出一些相对独立的事件。

认知的有限性使“事件认知”得以出现，“事件”是认知的“模块”，并非客观世界的“模块”，客观世界并非以“事件模块”的形式存在，而是以广泛联系的无限的整体形式存在。感官、思维、逻辑，以及既有的认知水平和认知需求，共同构筑了对各种事件的认知取向、认知模式和认知结果，并形成了对事件的基本认知，但是事件只是基于认知的有限表述，并非世界的本相。

二、事件是认知的简化

时间、空间、载体、原因、结果，具备这五个方面似乎就可以讲述一个完整的事件。但是，时间是人为设定的刻度，并且无法做到完全准确，最多只能表明先后次序。空间是人为给定的坐标，并且暗含相对静止的参照物，同样无法做到完全准确，最多表明一个相对位置。至于事件的载体，仅仅是在无数载体当中选出的极少数——任何事件都关联甚广、载体无数，但事件的概念却将载体数量大为简化，从而使事件表现为认知的简化。

任何事件的发生都不会只有单一原因和单一结果，但是在描述事件时却经常归结为少数原因，也只描述少数结果。对事件的本质认知是因果认知，但是，对一个事件来说，无论是原因链条，还是结果链条，都无限长，只是或有意简短截说，或无意间将事件简化。

任何事件都是认知简化后的描述，常见表现就是将引发事件的更多原因尤其是更多前因省略，同时将事件导致的更多结果省略。即使对事件做出非常精细的描述，也是认知的简化，因为从世界变化的角度来说，所谓事件，仅仅是世界的一个微小片段，并且是人为截取的微小片段，远非世界的本来面貌和整体面貌。任何事件都牵扯庞杂的前因后果，并且超过了人类现有的认知极限，但人们往往并没有意识到这一点，甚至以为已经了解了事件的全部信息。人类出于生存的需要或囿于规则，有时不需要或不能对事件做出极为复杂的追溯或描述，只需或只能对事件做出相对简化的认知。

三、事件背后是无限因果

事件变化的实质是因果变化，任何新诞生的“果”都会变成新的“因”，没有静止不变的“果”，这就使事件变化陷入无穷无尽的状态。人们将事件的发生归纳为有限的几个原因，或者归纳出几个有限的结果，但实际上，事件背后有无限的原因和结果。世界是普遍联系的，没有绝对孤立的事件，事件皆有因果，因果皆有无限长的链条，并且非常复杂。事件是人对变化世界的一种描述模式，这种描述模式从本质上说，是对不断变化的世界的“断章取义”，即使是“最全面”的概括与描述，也会流于简单归纳与简单认知，因为事件背后有无限因果。

由于现实需要，人们在描述事件时往往会忽略其他原因，而直接截断事件的因果链条，这样更复杂更久远的原因就会被有意无意地忽略。比如，一起汽车追尾事件，只追溯造成追尾的责任原因，以及造成的直接后果，但实际上，其原因可以追溯到车辆的购买、制造、研发，以及汽车发明、电路发明、汽油提炼……沿着这样的因果链条，还可以追溯到铁矿的形成与开采、石油的生成与开采，乃至地球的形成、太阳系的形成、银河系的形成、宇宙的形成。可以说，任何事件都可以追溯到宇宙的形成，都会追溯到宇宙的原始因。如果说宇宙是无始无终的，那么任何事件的因果也将无始无终；如果说宇宙是有始有终的，那么任何事件的因果也将伴随宇宙的始终。

面对各类事件，由于眼前的需要、现实的需要和规则的需要，更多原因会被忽略，但事件背后的原因链条却真实存在，事件所造成的后续结果也会不断延伸。比如，车祸发生后，破损的零件会被抛弃，无论零件多么细微，都会持续地对环境或者说对这个世界造成影响，也即不断产生后续结果。人们可以不去关注这个结果，但结果链条却一直在延伸，并且是极为复杂又极为多向地无限延伸。事件背后并非简单因果，更非独立因果，而是无限因果——向上无限关联复杂漫长的因，向下无限延伸出复杂而漫长的果。

第二节　事件的无限细分

“载体”和“位置”两个变量当中任何一个发生任何变化，都有事件随之发生。“载体”的“位置”时刻都在变化，“载体”自身也时刻都在变化，任何载体都可以无限细分。由于存在无限多的变量，也就有无限的事件时刻在发生。

一、事件载体可无限细分

事件载体是指事件原因与结果的承载物。我们所能想到的世间任何事物，都可以成为事件载体，一个人、一群人、一条河、一个星球、一个星系，或者一滴水、一个细胞、一个分子、一个原子、一个电子，都可以作为我们认知事件的载体。事件载体是认知的产物。当人们概括和描述事件的时候，自然会引出事件载体，所以事件载体是由于描述的需要而被强行命名的事物。

由于对事件描述的指向不同，对事件载体的引入方式也会有所不同，而事件载体是人为描述，其本身可无限细分。

基于万物普遍联系，事件载体会无限关联。物质间普遍存在万有引力，这能很好地说明万物普遍联系。虽然微小物质之间的万有引力极小，对某些事件的影响可以忽略不计，但是影响却真实存在。人与事件之间的关系，既是人与客观物之间的关系，也是人与认知之间的关系。事件是认知的产物，事件所指向的载体既是客观存在，也是认知对客观承载物的概括。人们所概括出来的载体只是表面的认知与人为的概括与命名。

二、事件变化可无限细分

事件载体可无限细分，事件变化同样可无限细分。每个被细分的事件载体都有其变化，变化是常态，只有变化是永恒的。事件、事件载体、事件变化都只是人为描述，基于被描述的事件、事件载体、事件变化的基本逻辑，事件、事件载体、事件变化可以无限细分。

所谓事件变化，就是事件载体在时间线上不同节点表现出的不同状态。事件载体和时间节点都可以无限细分，基于事件载体和时间节点的变化同样可以无限细分。比如，千里之堤溃于蚁穴，在溃堤发生之前，堤坝的状态就一直在变化，与之相关的蚂蚁的状态也在变化，而诸多变化可以无限细分，甚至每一只蚂蚁的新陈代谢都与溃堤存在无限关联，即使影响非常之小，也是真实存在的。

事件变化可无限细分是理论认知的结果，在实践中无法全部验证。人们对事件变化的认知是有限的，但事件背后的变化是无限的，正是基于这样的客观事实，才可以说事件变化可以无限细分。事件变化可以无限细分，首先是因为事件载体可以无限细分，而事件载体不能处于绝对静止状态，那么事件载体就暗含可以无限细分的变化，也因此事件变化可无限细分。事件的因果是人们的粗浅认识，因果内部有更多变化被有意无意地忽略了，所以从因果可以细分的角度说，事件变化也可以无限细分。

三、具体事件可无限细分

事件载体、事件变化可以无限细分，具体事件自然也可以无限细分，即一个具体事件可以无限细分为更多事件。事件就是事物在时间线上发生的变化，具体事件就是具体事物在时间线上发生的变化，也可以说是事件载体在时间线上的变化。

具体事件是人们对客观世界的描述，也是人们对客观事件的认知模式。无论是描述还是认知模式，都是对客观世界的主观界定和简单概括。在主观界定和简单概括的背后，是可以无限细分的更多具体事件。大载体包含小载体，大事件包含小事件，随着认知的细化，人们可以对具体事件做出无限细分。

任何一个具体事件，都可以分离出无限多的更加具体的事件；任何具体事件都不是单一事件，而是由无限多事件构成的事件组。比如，桥梁倒塌这一具体事件，包含设计、施工、维护、使用等一系列更具体的事件，而设计、施工、维护、使用等具体事件还包含更具体的事件。比如，设计阶段包含设计思想形成、设计能力形成、设计师选择等更具体的事件，推展开来，设计师选择同样包含一系列事件……

对于任何一个具体事件来说，如果沿着因果链条无限追溯下去，都可以分离出无限多的事件。具体到新闻层面，则可以说任何新闻都可以无限细分为更多事件。由此也可以说，新闻的本质性存在并不是单一事件，而是可以无限细分的更多事件。

第三节　新闻背后的事件组

任何新闻都暗含一个事件，或者说，新闻的本质指向就是事件，没有事件就没有新闻，但事件只是对客观存在进行切割后做出的描述，所有对事件的描述都是有意无意的“断章取义”。一个事件背后必然有其他事件，不存在完全孤立的事件。一个事件也可以细分为无数个事件，不存在无法再分的事件。任何新闻的背后都有一个庞大的事件组，并且事件组中的各个事件存在特定的关联，这种存在特定关联的事件也可以称为“事件集合”。无论是事件组还是事件集合，所要表达的都是对新闻的客观认知：任何新闻都不是单一事件，而是成组的多事件的集合。

一、事件是新闻成立的核心

在论述“事件组”的概念之前，需要先确定一个基本理论前提：事件是新闻成立的核心，没有事件就没有新闻。事件是事件载体在时间线上的变化，事件载体的变化包括性质状态、基本构成、空间位置等方面的变化，新闻报道就是在反映以上变化。任何事物的任何变化都可以称为事件，只是新闻报道会选择所谓重要的有价值的事件。“新闻五要素”理论就是对事件构成的强调：“时间”“地点”是对事件做出时空定位，“人物”是对事件载体做出定位，“原因”“结果”是对事件因果进行定位。时间、地点、人物、原因、结果之所以被称作“新闻五要素”，是因为一个新闻文本只有具备这五个要素，对事件的描述和理解才是完整的。“新闻五要素”并非新闻成立的“五要素”，而是新闻完整的“五要素”，因为缺某个“要素”，新闻依然成立，并非所有新闻都能做到“五要素”同时具备。新闻文本只有同时具备“五要素”，对新闻事件的描述才是完整的，而强调事件的完整性，从根本上说，就是强调事件之于新闻的重要性。

新闻“五要素”的实质是新闻事件完整“五要素”，而事件完整的前提是必须有一个事件，从这个角度来看，事件是新闻的核心，也是新闻成立的根本。无论如何定义新闻，两大要素不可或缺：一是存在客观发生的事件，二是接受者未知。客观事件保证了新闻的客观实在性，接受者未知保证了新闻不是“旧闻”。人们对新闻的描述就是对接受者未知事件的描述，有了接受者未知的事件，就有了新闻。

二、新闻是事件组的一部分

新闻是事件，但不是单一事件，任何所谓的单一事件都可以拆分成很多小事件，因为事件主体可以无限细分，与之相关的无限多变化就可以细分为无限多事件。新闻人习惯用单一事件概括新闻，尤其是新闻消息，更是被看作单一事件，但稍加分析我们就会发现，所谓单一事件，只是对事件组的粗略认知。另外，世界上根本不存在完全孤立的事件，一个事件背后总是有无数个存在因果关联的其他事件。从客观上说，新闻由无数个存在因果关联的事件构成，只是新闻人经常用单一事件来概括。单一事件的提法是人为简化的结果。

人们在认识和描述客观世界时，总是人为地设定事件主体和核心事件，但实际上任何新闻事件都是多主体、多核心的，只是因为观察角度和关注重心不同，才有了所谓事件主体和核心事件。从客观事实来说，所谓事件主体可以无限细分，即事件主体的每一个微观粒子都可以成为另一个意义上的主体。不但事件主体可以无限细分，而且细分之后的各个部分有不同的变化。事件主体的微观变化很难观察和测定，接受者也很少关心，比如在交通肇事新闻当中，人和车被广泛关注，而构成车和人的微观粒子发生了什么样的变化，则会被彻底忽略。

不关注微小部分的变化，不等于新闻事实不存在，新闻成立与否并非取决于接受者是否感兴趣，而是取决于接受者是否知晓。接受者不知晓的事件太多，新闻事件的数量无穷无尽。每一个被概括的新闻事件后面都有无限多的小事件，无限多的小事件构成了事件组。所谓事件的大与小、重要与不重要，只是人的主观认定。

将新闻事件主体分解到微观粒子层面似乎跳跃太大，但即使停留在宏观层面，依然会有无限细分。比如，交通肇事可以细分到风挡玻璃、倒车镜、地面的刹车痕迹等部分，各个细微部分都可以成为相对独立的新闻事件主体，每一个细微部分的变化都是相对独立的事件。新闻正是由无数个事件组成的，只是很多时候新闻报道忽略了这些小事件。

任何新闻报道都是人的主观判断和主观描述，都是对复杂客观世界的主观截取。基于人的认知水平，事件太过宏观则难以看清楚，太过微观又难以看全面，人们只能接受感知范围之内的少数事件。新闻人已经习惯用个别事件概括复杂世界，但从理性认知上应当明确，任何新闻事件的背后都是复杂的事件组，而非单一事件。

新闻人对新闻事件的描述和反映就像历史学家对历史事件的处理，历史学家经常用单一事件命名庞杂的历史事件，比如王莽篡汉、草船借箭、“九一八”事变、十月革命，这些历史事件包含无数事件，却被概括成一个事件。无论是从事件的复杂性来说，还是从事件的因果链条来看，单一事件的命名都只是人为的概括，和客观事实相去甚远，事件组的概念更加符合客观事实。

三、新闻本身暗含事件组

新闻不但是事件组的一部分，其本身还暗含事件组。虽然新闻报道不能穷尽事件所有因果链条，不能报道所有相关事件，但新闻本身确实是由无数个事件组成的。任何新闻报道都是“人设主体事件”，都是对事件组的有限截取。无数个相关事件形成事件组，因而事件组也可以称作“事件集合”，新闻只是事件集合里的一个子集。

正是因为事件组的存在，要想讲清一个概括性事件，必须讲清与之相关的成组事件。假设三国演义是真实的事件，那么讲清三国演义需要讲清桃园三结义、三顾茅庐、火烧赤壁、三气周瑜等一系列事件。讲清以上事件还需分别讲清各个事件下面更小的事件，比如讲清火烧赤壁需要讲清周瑜打黄盖、草船借箭、诸葛亮借东风，讲清周瑜打黄盖需要细化到黄盖受伤。从客观事实角度来说，关于黄盖受伤还可以无限细分下去，比如黄盖受伤部位的细胞发生了什么变化，虽然无法真正关注其变化，但在事实上却一定存在不为人知的变化。

如果将新闻事件不断细化下去，必然会延伸到极为细微的地步，并且没有尽头，但这正是新闻所凭依的哲学尽头，也即新闻的哲学基础。至于新闻报道应当细化到哪一步，在实践中应结合具体情况来决定。无论如何，一定要知晓新闻背后的事件组概念，对新闻事件的无限延展心存敬畏，知晓自身主观认知的局限。

新闻事件组的概念与传统的“新闻五要素”提法不同。“新闻五要素”给新闻业界留下的印象是各个要素既是必要的又是唯一的，但在实际的新闻报道中，一个新闻事件往往涉及多个时间、地点、人物、原因和结果，调查类新闻尤其如此。当然，无论是从理论上还是从逻辑上，“新闻五要素”都只是强调了“五要素”的必要性，并没有强调唯一性，但“五要素”给人的印象和人们长期以来形成的认知却凸显了其唯一性，否则事件组的概念不至于被忽略。

一条简短的新闻仅用一组“新闻五要素”就可以表述清楚，但一个大型新闻专题仅用一组“新闻五要素”显然无法完成。比如，2012 年央视播出的新闻专题《车祸疑云》，围绕南京一辆宝马车肇事事件展开，先是车主被怀疑吸食毒品，后是被怀疑顶包，再后来车主被诊断为患有“急性短暂性精神障碍”，还有宝马车肇事前已经被查封为什么还能上路，肇事者在派出所为什么戴头盔以致看不清脸，宝马车肇事时车速是多少……这样的新闻事件用一组“新闻五要素”不可能说清，只有通过事件组才能做出相对全面的呈现。

从会议新闻当中，也可以看出事件组的构成，比如谁主持、谁讲话、谁参会，他们都说了什么、做了什么，每个参会人员的不同表现，这些小事件共同构成了会议新闻大事件。至于突发新闻事件，就更是要从多个新闻载体的不同变化进行报道。比如，对于一起车祸，新闻报道者可能会根据不同新闻载体进行报道：后车司机开车超速，后车刹车不及追尾，前车尾灯被撞碎，后车前脸变形，后车安全气囊打开，后车司机受伤，前车司机打电话报警……看似一个车祸事件，其实由很多小事件组成，小事件里面还包含更小事件，如果不厌其烦，可以将无数微小事件无限罗列下去。新闻报道者总是会有意无意地忽略自己认为不重要的事件，而选取少量自己认为重要的事件，概括出一个核心事件，并按照“新闻五要素”和相应的逻辑关系对其进行反映，这就是新闻报道的普遍操作模式。

同样一个事件，可以形成不同的事件组，从而呈现出不同的新闻面貌。一起车祸可能踝死一只蚂蚁，新闻报道却不会关注那只蚂蚁，只会报道车祸发生的原因和后果，因为新闻报道者认为这才是大事，但对蚂蚁来说，蚂蚁死亡才是大事，车祸当中有人受伤却是可以忽略的小事。新闻报道只是人为选择的结果，并且是在事件组当中选择的结果。

事件组的概念在新闻实践中被有意无意地运用，其中就包括多个主体的选取、多个因果关系的阐释，以及对新闻背景的追溯，所有这些操作必然形成由多个事件组成的事件组。新闻报道者会选取少数事件，在合乎因果关系的基础上做出描述和逻辑阐释。在新闻报道中，只有找到足够多的小事件，并形成有机关联的事件组，才能形成一则完整的接近事实本身的报道。

新闻事件组的概念既符合理论推演，也利于实践操作。新闻事件组的概念既是对新闻事件的客观认知，也是对新闻报道的实践总结。“新闻五要素”理论强调事件完整，“新闻组”的概念强调事件成组。新闻理论应当形成从事件完整到事件成组的理论认知，新闻人应当在新闻实践中通过运用事件组的概念更好地还原新闻事实。

第四节　新闻与事件集合

新闻背后是事件组，事件组构成事件集合，那么新闻就属于事件组的子集。这里的“集合”概念源自数学，简称“集”，是指由确定而又相互不重复的元素构成的整体。虽然集合的概念源自现代数学，但已经广泛应用于各个学科领域，本书将集合的概念引入对新闻与事件的描述当中。

一、新闻事件组构成事件集合

为更加准确地描述事件组构成事件集合，需要明确集合的三个基本特性。一是一个元素是否归属一个集合具有确定性，即一个元素是否属于一个集合，要么“是”，要么“非”，不存在中间状态。二是一个集合内各个元素之间具有互异性，即一个集合当中的任何两个元素都是不同的。三是一个集合内的元素具有无序性，即一个集合当中所有元素的地位是相同的，不需要通过顺序来界定某个元素的重要性。

新闻属于相关事件组的一部分，相关事件组构成事件集合。比如，2001 年 9 月 11 日，美国纽约世贸中心发生恐怖袭击事件，如果接受者未知这个事件，那么对接受者来说“9・11”事件是新闻，并且属于“9・11”事件组的一部分，而“9・11”事件组构成事件集合。可以将这个事件集合描述为“2001 年 9 月 11 日发生在美国的系列恐怖袭击事件”。“9・11”事件组构成“9・11”事件集合，而构成“9・11”事件集合的元素包括但不限于以下事件：

事件一：2001 年 9 月 11 日，美国航空公司第 11 次航班于 7 时 59 分从波士顿洛根国际机场飞往洛杉矶。8 时 14 分，劫机者展开劫机行动。8 时 28 分，劫机者刺伤了两名乘务员。

事件二：2001 年 9 月 11 日 8 时 46 分，两架美国空军 F-15 鹰式战斗机从马萨诸塞州空军基地紧急升空前往拦截美国航空公司第 11 次航班。

事件三：2001 年 9 月 11 日 8 时 46 分 40 秒，美国航空公司第 11 次航班撞向世贸中心一号楼，导致机上所有人员及楼内未知数量人员立即死亡。

事件六：2001 年 9 月 11 日 9 时 3 分 11 秒，美国联合航空公司第 175 次航班撞向世贸中心二号楼，导致所有机上人员以及楼内未知数量的人员立即死亡。

以上事件是“9・11”事件的一部分，而“9・11”事件的真实内涵应当是“9・11”事件组。“9・11”事件不是单一事件，而是由非常多的子事件构成的事件组，这样的事件组符合集合概念。事件组可以构成事件集合，新闻则是相关事件组的一部分，也可以说新闻是事件组的子事件，是事件集合的一个元素。

二、新闻的事件集合是无限集

集合中元素的数目称为集合基数，集合基数有限大时称为有限集，集合基数无限大时称为无限集。无限集也称无限集合，从元素角度说，无限集是含有无限个元素的集合。无限集的元素无法全部列出，自然数集、偶数集、整数集等都是无限集，虽然可以列出这些集合的一些元素，但无法列出其全部元素。与无限集相对的是有限集，有限集也称有限集合，从元素角度说，有限集是包含有限个元素的集合。

如果用描述法表示集合，那么描述法的形式为 { 代表元素 | 满足的性质 }。设集合 S 是由具有某种性质 P 的元素全体构成的，则可以采用描述集合中元素公共属性的方法来表示集合：S={*x*|P（*x*）}。比如，由大于 0 的数字组成的集合 S 可表示为 S={*x*|*x*>0}，每个大于 0 的数字都是集合 S 的元素，由大于 0 的整数构成的集合则是集合 S 的子集。新闻同样可以基于事件设定相关集合。以“9·11”事件为例，设“9·11”事件为集合 S，与“9·11”事件形成因果关系的事件为 *x*，那么，S={*x*|*x* 为与“9·11”事件形成因果关系的事件 }。

新闻所属的事件集合可以描述，但是难以完全列出所有事件。如本章前两节所分析的，事件载体可无限细分，事件变化可无限细分，具体事件可无限细分，归根到底，事件背后是无限因果，无限因果暗含无限事件，所以新闻所属的事件集合一定是无限集。比如，之前所列“9·11”事件集合的诸多子事件，只是“9·11”事件集合的一部分，除此之外还可以列出更多子事件。另外，各子事件还可以进一步细化、延展，即子事件下面还有下一级子事件，以至无穷。因为“9·11”事件集合暗含无穷个事件，或者说有无穷个元素，所以“9·11”事件集合是无限集。

所有新闻所属的事件集合都是无限集，原因就是事件是一种人为的描述和概括，而在描述与概括的逻辑中，事件载体、事件变化、具体事件可以细分至无穷，因果链条也可以推演至无穷，由此形成无限多的事件。

三、新闻是相关事件集合的子集

新闻背后是事件组，新闻属于相关事件组的一部分，相关事件组构成相关事件集合，新闻是事件集合里的一个元素，由新闻构成的集合是相关事件集合的子集。子集作为数学概念，是指如果集合 A 的任意一个元素都是集合 B 的元素，那么集合 A 为集合 B 的子集。

能够成为新闻相关事件集合子集的事件非常多，事件因果链条无限延展，使得新闻相关事件集合的元素事件非常多。如果将元素事件设定为集合，那么这样的集合则是新闻相关事件集合的子集。比如，将“9·11”事件的因果链条向下延展，以下事件构成的集合都可以作为“9·11”事件集合的子集：

事件一：“9·11”事件后美国机场加强了保卫工作。

事件二：“9·11”事件中，美国航空公司和联合航空公司各自损失两架飞机，整个空运停了3天。恢复飞行以后，由于受到该事件的惊吓，美国航空乘客人数短期内剧烈收缩，甚至出现了一班飞机只有一位乘客的情况。

事件三：2002年9月11日，美国国防部公布“9·11”事件遇难者和失踪者的最终统计数字为2996人。

事件四：“9·11”事件给美国民众造成严重心理伤害，特别是那些遇难者的家属。

新闻是相关事件集合的子集，可以运用“冰山理论”进行描述：新闻只是冰山（相关事件集合）露出的一角（子集）。

任何新闻的相关事件集合都只能描述或举例，但无法列出全部元素。事件拥有无限因果，可以无限细分，新闻只是相关事件组的一部分，所以新闻只是相关事件集合的一个子集。基于这样的逻辑，新闻文本只是人们对客观事件的部分归纳，新闻文本传播则是对客观事件的描述和有意无意的“断章取义”。

第四章 新闻文本

新闻文本的定义是新闻理论中重要的定义之一，但在很多新闻理论中，用新闻代替了新闻文本，这会带来理论上的混乱：时而将新闻说成事实，时而将新闻说成报道。新闻是接受者未知的事件，而新闻文本则是基于新闻做出的信息构筑，是新闻事实的反映形式。如果用历史事件和历史书籍做类比，那么新闻就相当于客观的历史事件，而新闻文本则相当于基于历史事件写成的历史书籍。

第一节　新闻文本定义

如果新闻已经成立，就表明某个事件对接受者来说是陌生的，那么如何让接受者知晓这个陌生事件呢？这就涉及如何反映新闻这一问题。新闻文本就是为了反映新闻而生的。

一、文本的基本概念

文本原指书面语言的表现形式，随着应用日益广泛，其概念已经不再局限于书面语言，而是扩展到图片、音频、视频等多种语言表达形式。文本不同于自然出现的客观世界，包含人所赋予的信息，并且自成表达或表意系统。一部历史、一部小说、一篇散文、一篇报道、一段讲述都可以称为文本，一幅图片、一段音频、一段视频也可以称为文本，历史著作是历史文本，小说是文学文本，报道是新闻文本。

不同的传播媒介会产生不同的文学文本或新闻文本。在文学上，有口头文学文本、纸质文学文本、广播文学文本、电视文学文本、网络文学文本。新闻文本同样形式丰富。口头传播的新闻信息是口头新闻文本，报纸新闻报道是报纸新闻文本，广播新闻节目是广播新闻文本，电视新闻节目是电视新闻文本，互联网传播的新闻信息是网络新闻文本。文学文本能涉足的媒介，新闻文本也能涉足，两者完全可以并驾齐驱。

新闻文本与文学文本不但在传播媒介上有着共同的领地，而且在文本的内在构成上也有诸多相似之处。文学的消遣和新闻的猎奇、文学的悬念构思和新闻的悬念设置、文学的结构技巧和新闻的行文风格，所有这些，都有异曲同工之处。在叙述事件、讲述故事方面，新闻文本和文学文本更为接近，不同之处在于，文学可以虚构和想象，新闻却需要依据事实说话。

将新闻事件转化为信息，并且形成一个相对完整的信息系统，用来反映新闻事实，这一信息系统就可以称为新闻文本。新闻文本由声音、文字、图片、视频等元素构成。新闻报道就是新闻文本。人们通常所说的报纸新闻、广播新闻、电视新闻和网络新闻都是新闻文本，古代通过各种媒介形式传播的新闻信息，以及自古至今口头传播的新闻信息，都是新闻文本。

二、新闻文本的构建

新闻记者平时做的主要工作就是采制新闻文本。新闻文本采制是新闻理论中的实践部分，其关注重点就是如何记录和反映新闻事件信息，并在记录基础上形成特定的信息集成，即新闻文本。虽然很多新闻理论没有言及新闻文本采制，但并非没有涉及，只是以另一种语言模式表达出来，那就是新闻采制。新闻采制只是约定俗成的说法，其表述并不准确，因为如果新闻是事实，那么事实是无法采制的。就像一个车祸现场，不能将肇事车辆采制过来，记者所能采制的只是事件的信息，并且是通过文字、声音、图片、视频等形式来呈现的，而这样的呈现其实是新闻文本采制，而非新闻采制。

新闻文本采制涉及采访理论、写作理论、编辑理论、制作理论，这些理论本应依托新闻事实和文本构筑来实现，但诸多新闻理论并未将新闻事实与新闻文本严格区分开来，导致新闻文本采制经常被称作新闻采制，听起来就像要将新闻事实采集制作出来一样，但很显然事实并非如此。出现以上矛盾的原因是将新闻视作信息，而非将新闻视作事实，从根本上说，是将新闻与新闻文本混为一谈。

对新闻的定义和表述已经形成两个重要分支，并且近乎约定俗成，难以改变，那就是有人将新闻看作客观事实，有人将新闻界定为基于事实构筑的信息。如果将新闻视作事实，那么反映事实的信息就是新闻文本，如果将基于事实构筑的信息视作新闻，那么新闻的源头就是客观事实。无论如何界定和表述，言说新闻都需要兼顾两方面：一是事实，二是文本。

有了新闻文本，才能在人与人之间传播新闻事件相关信息，新闻传播不是将客观事实搬到接受者眼前，而是将客观事实转化成新闻文本，再将新闻文本信息传播给接受者。因此，报纸新闻、广播新闻、电视新闻、网络新闻，严格来说是报纸新闻文本、广播新闻文本、电视新闻文本、网络新闻文本。

新闻事件的发生有固定的时空，新闻文本只能描述客观时空当中事物的变化，却不能将客观事物连同客观时空一同搬到接受者面前。所以，新闻文本是新闻采制者将新闻事件信息化之后的信息构成，绝非事件本身。新闻采制者要做的就是将新闻事件信息化，信息化之后的成果就是新闻文本。

三、新闻文本的界定

新闻定义没有定论，表面上看是因为不同的人对新闻的理解不同，但深入分析会发现，新闻定义之所以言人人殊，关键是言说对象没有界定清楚。无论是新闻业界还是新闻学界，在给新闻下定义时，都没有明确所要定义的对象是什么，结果造成“被定义项”不一致。有人将新闻定义的目标确定为信息，有人将新闻定义的目标确定为事件。将新闻定义的目标确定为信息的，就说新闻是新近的报道，或类似的表达；而将新闻定义的目标确定为事实的，则说新闻是新近发生的事实，或类似的表达。报道和事实在客观属性上完全不同，报道是信息符号，事实是客观实在，基于两者给出的新闻定义自然差别极大。在对“被定义项”是什么都没有达成一致的情况下，新闻业界和新闻学界就开始给新闻下定义，结果自然是各说各话。

没有明确的新闻定义的目标，加上新闻文本的缺位，导致有的新闻定义其实是新闻文本的定义。比如，“新闻是对新近事实的报道”，这个定义其实不是新闻的定义，而是新闻报道的定义，也就是新闻文本的定义。这个定义不但是新闻文本的定义，而且是狭隘的新闻文本的定义，是仅仅针对现代传媒业中的新闻文本所给出的定义。有的新闻文本并不是记者的报道，而是简单的口耳相传，口耳相传的新闻文本虽然不是规范的新闻报道，但并不能因此否定其新闻文本的属性。当然，分析这个定义的目的不是指出其狭隘性，而是要指出它没有将新闻与新闻文本区分开来。

既然新闻和新闻文本并不相同，那么只有对两者进行区分，给出各自的界定范围，才能对两者做出清晰的定义。从理论学界到实践业界，再到普通接受者，都经常将两者混为一谈，并且绝大多数人没有新闻文本的概念，很多新闻理论也没有引入新闻文本的概念。考虑到理论的严密性，必须对新闻与新闻文本做出严格的区分和清晰的界定，就像人们不应该将历史事件和历史书混为一谈。只有明晰了新闻和新闻文本的概念，才能对新闻和新闻文本做出准确并且能得到普遍认同的定义。因此，如果给新闻下定义，就不应该错误地对新闻文本进行界定，而应针对新闻的本质进行界定。同样，给新闻文本下定义，尤其是给现代传媒业的新闻报道下定义，就要明确定义对象是反映事件的信息构成，而非事件本身。

所谓新闻文本，就是“新闻的文本”，是源于新闻事件并能够反映新闻事件的信息。结合新闻的定义，可以将新闻文本定义如下：新闻文本是源自接受者未知的事件并反映此事件的信息。之所以对新闻文本给出两个定义，是因为按照一般逻辑，应该先定义新闻，然后在新闻定义基础上定义新闻文本。在新闻文本定义中使用“新闻”非常正常，但新闻理论界对新闻定义的分歧非常大，如果在新闻文本定义中直接使用“新闻”，会造成基础理论不清，从而造成新闻文本定义无法被准确认知。另外，有的理论研究者甚至在比较普遍的认知中，已经将新闻视作信息，那么新闻文本就成了信息的信息，会造成理解上的混乱，以致无法理解新闻文本的定义。如果对新闻文本中的新闻同时做出界定，即将“新闻”表述为“接受者未知的事件”，再基于这样的表述将新闻的“文本”含义表述出来，完整而简洁的新闻文本定义就是：新闻文本是反映接受者未知的事件的信息。当然，如果已经明确新闻的定义是“接受者未知的事件”，那么新闻文本的定义可以简化为：新闻文本是反映新闻的信息。

在新闻理论界还没有普遍接受“新闻是接受者未知的事件”这个定义的情况下，在定义新闻文本时，需要将新闻的定义植入其中。多个新闻文本定义只是理论上的适应，在本质表达上完全一致。

第二节　新闻文本生成

新闻文本既有源自客观事件的客观性并受客观事件制约，又有源自制作者的主观性并受制作者主观性制约。新闻文本更古老还是文学文本更古老？从传播角度来说，无疑新闻文本的传播早于文学文本的传播，因为首先是生存需求，其次才是精神需求。新闻文本的传播在人类生存早期就已出现，但早期的新闻文本是通过口语和肢体语言构筑的。新闻文本绝非仅指由文字构筑的新闻信息，还包括由口语、肢体语言构筑的新闻信息，至于图画、图片、音频、视频构筑的新闻信息，更是如今新闻文本常见的表现形式。新闻文本的生成是人为的结果，新闻事件发生后，如果获取了新闻信息，并对新闻事件进行了描述或评论，从而能够反映新闻事件，那么新闻文本也就生成了。

一、发生客观事件

发生客观事件是新闻文本生成的前提和基础，客观事件是新闻文本生成的客观依据。发生客观事件不等于一定诞生新闻文本，但如果有新闻文本诞生，则一定有客观事件发生。客观事件也是判断新闻文本真实性的客观依据。所谓新闻文本真实性，主要是指文本所反映的信息与发生的客观事件在时空、载体、因果等基本信息方面保持一致。

如果客观事件发生之初只有少数人知晓，那么对未知者来说，这个客观事件就是新闻，基于这样的客观事件采集信息并构筑的文本就是新闻文本。客观事件发生有过去时和现在进行时，从新闻文本生成角度来说，所有新闻文本生成都滞后于客观事件，即使直播正在发生的客观事件，其所采集和传播的信息也滞后于客观事件，因为音视频采集合成需要时间，传到接受者感官的信息不可能与客观事件同步。即使现场目击客观事件，接受者接收信息的时间也会迟于客观事件发生的时间，因为光和声音的传播都需要时间。因此，新闻文本的传播一定晚于客观事件的发生。

如果说新闻是接受者未知的事件，那么在宇宙诞生的刹那，客观事件就已经发生，如果说宇宙无始无终，那么在人未进化为人之前，这个世界就已经有无数客观事件发生了。毫无疑问，客观事件的发生时间远远早于文学的诞生时间，新闻文本的诞生时间也远远早于文学文本的诞生时间，因为人类在有了复杂语言之后才开始有口头文学创作。但在有语言之前，人类已经开始相互传递警戒信息和其他互助合作信息了，其中就包括新闻信息，这些信息都可以称作新闻文本。

要使新闻信息进入传播渠道，需要先基于客观事件构筑能够反映客观事件的信息。构筑能够反映客观事件的信息，可以通过口头、文字、图画、音频、视频等形式来实现，而能够反映客观事件的信息集成，可以称为新闻文本。基于此，现代传媒业制造出来的新闻报道都可以称为新闻文本。新闻文本脱胎于客观事件，又不同于客观事件，它无法完全反映客观事件，只能部分反映客观事件。如果把拍照对象比作客观事件本身，那么照片就是新闻文本。最好的摄影师用最好的照相机拍下的照片，和实际拍照对象也有很大差异，照片永远不能拥有实际景物的全部信息。

新闻文本的本质性存在是信息，并且是基于客观事件反映客观事件的信息。由于新闻文本体裁、新闻文本传播媒介和新闻文本传播角度不同，同一个客观事件会形成多种不同的新闻文本。同一个客观事件，同样的新闻文本表达媒介，也会因为新闻文本体裁的不同，形成不同的新闻文本。同一个客观事件，同样的新闻文本表达媒介，同样的新闻文本体裁，选取的报道角度不同，也会形成不同的新闻文本。这里所说的客观事件，就是新闻的潜在表达，新闻本身的客观唯一性与新闻文本的主观多样性形成了鲜明对比，这也充分表明新闻和新闻文本绝不是一回事。

新闻文本不是新闻事件本身，只是在新闻事件基础上构筑的信息集成。新闻文本永远不能复原全部事实，只能记录部分事实。对很多接受者来说，一个新闻事件并不需要构筑能够反映全部事件信息的新闻文本，事实上也做不到这一点。事件信息极为丰富，从表面到内里可以达至无穷，因果链条同样可以无限延长，但是基于人们的有限认知和有限需要，新闻文本只需反映新闻事件的一部分。人们可以基于新闻事件发生的时空、载体、因果等信息，判定新闻文本是否真实。所谓新闻文本真实，就是在一定层面反映了新闻事实，但是无论新闻文本多么真实，都无法反映新闻事件的全部。新闻真实只在一般认知和理论层面成立，只要新闻文本能够反映客观事件发生的时空、载体和因果，就能满足人们的一般需求。

新闻文本一定是对客观事件的反映，不能是对主观编排事件的反映，否则，新闻文本与小说、传说、话剧、影视剧之类的文本就没有了本质区别。新闻文本与其他文本的重要区别就是它是基于客观事件构筑而成的。需要进一步说明的是，反映主观编排出来的事件（如谣言、故事、小说当中的事件）的信息文本不能称为新闻文本。

新闻文本源自客观事件信息采集者或客观事件信息综合者对客观事件的认识、描述和评价。构筑新闻文本的信息有四个来源：一是客观事件；二是新闻文本采制者；三是客观事件的知情人；四是其他相关信息材料。客观事件提供的新闻文本构筑材料需要进行转化或部分转化，比如为了构筑一起车祸的新闻文本，可以对车祸现场进行音视频录制，使之成为视频新闻文本的一部分，也可以将撞毁车辆摆在接受者面前，使之成为实物的新闻文本。客观事件本身可以为新闻文本提供图像和实物资料，因此，客观事件是新闻文本的来源之一。新闻文本采制者可以根据自己的所见所感，用声音语言、文字语言，同时添加自己的评判，为新闻文本的构筑提供最基本的素材，所以，新闻文本采制者是新闻文本的另一个来源。客观事件的知情人包括新闻事件的当事人、目击者，或通过其他渠道了解到新闻事件的人，也可以成为新闻文本素材的来源。当然，对新闻文本来说，最根本的信息来源是新闻事件，采制者、知情人和其他相关信息材料都是基于新闻事件才能提供相应信息。

二、获取事件信息

客观事件发生后，需要有人获取事件信息，然后才能获得构筑新闻文本的素材。事件信息获取者与获取行为是新闻文本生成的前提。新闻信息获取可以是主动为之，也可能是在无意间进行的。新闻信息包括过时获取和即时获取。过时获取是指在客观事件发生后获取事件信息，即时获取是指在客观事件发生时获取信息。事件信息的存储方式多种多样，包括头脑记忆、文字记录、声音记录、图片记录、视频记录等。

现代新闻业经常将专业化、职业化的新闻信息采集、新闻文本制作、新闻文本传播视作新闻采制和传播行为，却忽略了最为原始又延续至今的业余新闻信息采集、业余新闻文本编辑与制作，尤其忽略了口头新闻文本从采集到编辑再到传播的过程。对新闻信息的业余获取是新闻传播不可忽略的重要组成部分，在新媒体平台甚至会成为新闻文本的主要来源。在生活中广泛传播的口头新闻文本同样不应被忽略，在特定情况下，口头新闻文本从信息获取到内容传播都有其存在的必要性和必然性。

虽然现代新闻业基于报刊、电台、电视台等，以及现代科技进行新闻信息采集、新闻文本编辑、新闻文本传播，但是不能因此将人类的新闻信息获取历史、新闻文本编辑历史、新闻文本传播历史限定于从报刊业兴起到现在这段历史。出于生存需要，乃至精神需要，人类必然会进行实时的信息沟通与交流，已知事件者向未知者传递事件信息，其中就包含对新闻信息的获取、编辑、传播。如今，在事件信息方面互通有无已经是人们日常生活、工作的一部分。对事件信息互通有无的过程就是新闻信息传播的过程，而完成新闻信息传播必然要经历事件信息获取的过程，对此不应将新闻文本的制造者只局限于专业人士或职业工作者，因为无论是过去还是现在，新闻人都不能垄断所有新闻信息，私下里的新闻信息获取与传播一直都存在。

三、述评客观事件

获取新闻信息的人如果能在获取事件信息的基础上对客观事件进行述评，那么其述评内容就是新闻文本。新闻文本是人为加工的产物，事件信息的获取者和讲述者是新闻文本生成过程中最为重要的人的因素，新闻中难以避免的主观因素也主要来自事件信息的获取者和讲述者。新闻信息的获取者和讲述者可以是同一个人，也可以是不同的人，新闻文本可以是多个人共同完成的。同时，对客观事件进行述评之后形成的文本可以是口头语言，也可以是文字，还可以是图片或音视频，以及其他表达方式。

客观事件述评既包括描述，也包括推理和评论，只要是围绕客观事件展开的信息集成，都可以称为新闻文本。对新闻的“述”，是基于主观认知对客观事件的描述。对新闻的“评”，则是基于对客观事件的认知，结合个人的价值判断和逻辑推理，对新闻事件做出的评判。新闻消息、新闻专题更多集中于述，新闻评论则更多集中于评。对新闻的“述”，更多集中于对事件的讲述，而评论和立场寓于对事件的描述当中，即借客观事件或新闻人物表达新闻文本制造者的认知与观点。对新闻的“评”，更多是从立场出发，通过客观事件或其他佐证来表明新闻文本制造者对客观事件的概括认知，以及更多评论或观点延伸。

从客观事件发生到新闻信息获取，再到客观事件述评，新闻文本得以生成。并非只有专业人士或职业者才能制造新闻文本，任何人完成这样的流程都会生成新闻文本，或者说生成新闻文本的行为涉及生活与工作各个方面。新闻的发生自古有之，新闻文本的生成也是自古有之，新闻职业化、专业化只是近代以来出现的现象，但此种现象只是将自古有之规范化，在社会层面更加凸显，尤其在技术层面更加丰富、更加先进，但无论是新闻的本义，还是新闻文本的本义都没有发生根本性变化——新闻是接受者未知的事件，新闻文本则是反映接受者未知事件的信息。

第三节　新闻文本形式

新闻文本的构成载体非常多样，所有能承载信息的载体，都能成为新闻文本的载体。从传播媒介来说，新闻文本包括口头语言、报刊文字、广播声音、电视音画、网络信息等多种类型。随着科技发展与新的传播媒介的出现，新闻文本类型也在增多，其中，口头新闻文本是比较古老的新闻文本类型。随着报刊业的兴起，报刊新闻文本成为现代新闻传媒业的鼻祖。随着广播、电视的出现，广播新闻文本、电视新闻文本相继出现。进入新媒体时代，出现了网络新闻文本和手机新闻文本。下面对各类新闻文本进行简单介绍。

一、口头新闻文本

口头新闻文本主要由新闻信息获得者兼新闻信息整理者和传播者的声音信息构成，同时包括新闻信息获得者兼新闻信息整理者和传播者的面部表情信息，以及其他肢体语言信息。口头新闻文本主要靠口耳相传，辅以眼睛对肢体语言信息的捕捉。口头新闻文本往往是一对一或者一对多，由一个新闻文本制造者向一个或多个新闻接受者进行新闻文本传播。

口头新闻文本的形成历史非常悠久，在人类还没有系统而成形的语言的时候，就开始了口头新闻文本的制造和传播。比如，早期人类发现周围出现危险情况，即使没有成形的语言，也会以特定的声音传播新闻信息，向群体发出警示。人类要想传播新闻信息就得制造新闻文本，警示的声音就是新闻文本。如果做更广泛的延伸，很多动物也能制造口头新闻文本。

口头新闻文本的特点是制造容易、传播直接、因人而异、消逝迅速。如果不做专门的声画记录，口头新闻文本制造出来之后就会立即消逝。口头新闻文本是最不稳定的新闻文本，但这种新闻文本古老而普遍，如今的人们还依靠大量的口头新闻文本来了解周围环境的变化。

二、书面新闻文本

书面新闻文本以报刊新闻文本为代表。报刊新闻文本一般以文字信息为主，有的还会辅以图片信息，也有的报刊新闻文本以图片信息为主、文字信息为辅。报刊新闻文本表现为平面而静态，主要依靠文字信息或图片信息来呈现新闻信息。人类有了文字、纸张、印刷业，有了新闻采集者和编辑者，就可以制造报刊新闻文本。报刊新闻文本利用印在纸面上的文字和图片反映新闻事件和相关信息，因而需要依托纸张而存在。

报刊新闻文本也可通过电子形式呈现在电子媒介上，电视、网络、手机都可以呈现报刊新闻文本。虽然很多电子产品能够呈现报刊新闻文本，但电子产品与真正的报刊差别很大，接受者获得文本信息的方式和感觉也会有所不同。电子产品做得再逼真，呈现出来的报刊新闻文本也无法让接受者真正获得翻阅报刊的感觉。

三、电子新闻文本

1. 广播新闻文本

广播新闻文本由声音信息构成，通过广播电波进行声音信号传播。口头新闻文本可以转化为广播新闻文本，但广播新闻文本不是对口头新闻文本的简单转化。更多的广播新闻文本是记者在新闻采访之后，对新闻事件信息进行删减梳理，然后利用解说词和同期声对新闻信息素材进行整合串联，构筑成以声音信息为主的新闻文本系统。

广播新闻文本一般用较短篇幅，清晰简练地反映新闻信息。广播新闻文本的信息一般有三大部分：一是采访到的同期声；二是新闻现场声；三是主持解说声。有些广播新闻文本还会根据新闻内容，在适当位置添加一些音乐或相关音效。

2. 电视新闻文本

电视新闻文本一般声画俱全。画面信息和声音信息是电视新闻文本的主要构成元素，同时会辅以文字或图表信息。电视新闻文本在反映新闻现场和新闻人物方面，比报刊新闻文本和广播新闻文本更接近新闻事件的真实样貌，因为构成电视新闻文本的相关素材对新闻现场和新闻人物的记录在图像层面和声音层面都更为逼真。

虽然电视新闻文本在某些方面更接近真实感觉，但并不意味着电视新闻文本在记录和反映新闻事件方面更准确。实际上，由文字构成的报刊新闻文本，更能清晰、准确而完整地反映新闻的发生与发展。文字信息对客观事件的概括、固定和传达是电视画面替代不了的，电视新闻文本既要强化画面的表现力，又要在语言上做出深刻的提炼。随着现代媒体在技术上的进步，电视新闻文本的呈现方式越发多样。

3. 网络新闻文本

网络新闻文本可以集合报刊新闻文本、广播新闻文本、电视新闻文本的优势，获得多种类型新闻文本的综合呈现效果。网络新闻文本形式多样，但主要表现形式为两大类：一是类似于报刊新闻文本的文字类网络新闻文本；

二是类似于电视新闻文本的视频类网络新闻文本。网络新闻文本分为原创的新闻文本和转自其他类型媒体的新闻文本。转自其他类型媒体的新闻文本在网络上传播，具备了网络新闻文本的特质，因而可以称作网络新闻文本。

网络新闻文本更像是对报刊新闻文本和电视新闻文本的高度模仿，其中文字类网络新闻文本和视频类网络新闻文本最为典型。论坛、博客、微博、微信等平台的新闻文本可以算作比较具有原创特色的网络新闻文本，当然，其中也包括转载和加入其他媒体的新闻文本，但从平台的表现形式上看，更具网络新闻文本的特点。

虽然视频类新闻文本反映新闻现场和新闻人物样貌在感觉上更接近真实，但接受者要想快速准确地了解主要新闻信息，依然需要依靠文字类新闻文本。新闻文本类型不同，对新闻信息的复制还原能力也有所不同。一般来说，文字信息表达得更准确，即使声画俱全的视频类新闻文本，也需要口语或文字信息将新闻信息固定下来，并且很多时候只有通过文字信息的贯串才能保证视频类新闻文本对新闻信息的准确传达。

不同类型的新闻文本各有各的优点和不足。目前来看，还没有哪一种新闻文本能取代其他所有类型的新闻文本，也没有哪一种新闻文本有退出人类生活的迹象。口头新闻文本是人们传播和接收新闻信息的一个重要渠道，即使在信息发达的现代社会，口头述评新闻信息这一古老的新闻文本形式依然不可或缺。至于报刊、广播新闻文本，虽然其生存空间不断被数字媒体挤占，但并没有销声匿迹的迹象，因为每一种新闻文本样态都有其优点，都有乐于接受的人群。

第四节　新闻文本特质

新闻文本源自客观事件，这与历史文本一致，同时新闻文本暗含主观因素，这也与历史文本一致。新闻文本言说的是接受者未知的事件，历史言说的是接受者已知或未知的所有事件，从这个意义上说，历史文本包含新闻文本。历史是过去时，新闻也是过去时，因为未发生的事件不是新闻，新闻一定是已经发生的事件，而一切已经发生的事件都可以称为历史。基于已经发生的事件并能反映此事件的信息可以称为新闻文本，也可以称为历史文本。新闻文本与历史文本的不同，主要是构筑文本的目的、形式、风格方面的不同，两者的形成与存在并没有本质的不同。

从字面上看，历史是“旧”的，新闻是“新”的；但从本质上说，只要是已经发生的事，都可以称为历史。新闻虽然从字面上看是“新”的，但即使是直播新闻的“新”，到达接受者那里时也已经是历史了。因为无论是看到的还是听到的，都是过去时，没有真正的现在进行时。事件只有在发生之后才能被知晓，而将要发生还未发生的事件不能被定义为新闻，只能算作预测。真正接受和知晓的一切事件信息都是在事件发生之后，即都是历史，所谓新闻，从严格意义上说，也是历史。但是，并非所有的历史都是新闻，当接受者对某事件已知时，对这个接受者来说，该事件就不是新闻，而是“旧闻”，这样的“旧闻”也可以称作历史。

从接受者角度来说，如果是接受未知事件的信息，可以视作接受新闻文本，对于过去事件的接受，则可以视作接受历史文本。按照人们的惯常思维，是时间把新闻和历史区分开来，只有切近的事件被视作新闻，而距离现在较远的事件被视作历史。但是，稍作检视就会发现，用时间来划分新闻与历史是相当困难的，因为难以在新闻和历史之间划出一条时间分界线。不能说事情刚刚发生 1 天就是新闻，也不能说只有 100 年前发生的事件才算历史。仅仅拉长事件发生的时间距离无法对历史做出准确的界定，因为在 1 天和 100 年之间无法找到从新闻变为历史的时间节点。

从具体操作层面来说，无法确切地说在哪个时间节点之前发生的事情是历史，也无法确切地说在哪个时间节点之后发生的事情是新闻，只能说过去发生的事是历史，还未知晓的事是新闻。之所以无法用时间节点来区分新闻与历史，是因为新闻与历史的划分标准不应当是时间，而应当是接受者是否知晓。如果接受者对一个事件未知，那么无论这个事件已经发生多久，对这个接受者来说它都是新闻；如果接受者对这个事件已经知晓，那么无论这个事件发生的时间距离现在多么近，对这个接受者来说，它都是“旧闻”。

任何已经发生的事件都是历史，无论距离现在多么近；而对接受者来说，任何未知的事件都是新闻，无论距离现在多么远。凡是用来反映已经发生事件的文字、声音、图片、视频等信息都可以叫作历史文本，历史文本成立与否并不取决于时间过去了多久，凡是过去皆是历史，那么新闻文本也就都是历史文本。

将已经发生的事件判定为历史，并不意味着这些事件就不再是新闻，只要是接受者未知的历史事件，就可以视作新闻，而任何新闻事件都是历史。所有的新闻文本都是历史文本，而所有接受者未知的历史文本也都可以视作新闻文本。新闻文本一旦形成，就立刻变成了历史文本。对接受者来说，未知事件的信息集成都可以称作新闻文本，即使文本构筑的目的和风格都符合历史文本的构筑原则，它属于历史文本，依然可以发挥新闻文本的作用。

在文本书写原则上，新闻文本和历史文本最为接近。书写历史文本要“其文直，其事核，不虚美，不隐恶”，新闻文本也应如此。所以，新闻文本和历史文本的制造者都要有秉笔直书的精神，有尊重事实的书写原则，有记录客观事实的行文规范。从文本体裁来看，历史文本与新闻文本有相通之处，都涉及时空、载体、因果等，都要讲述相对完整的事件。从文本形式来看，历史著作《春秋》所记述的历史，就像现在的新闻标题或新闻提要，而如今的新闻标题结集起来，多年以后就是另一本《春秋》。

历史文本不同于历史事实，无论是历史文字还是历史图像，都无法全部还原历史事实。历史文本是对历史事实的人为反映，其中有太多的简省、偏颇，甚至失实。新闻文本同样会有很多的简省、偏颇，甚至失实。新闻文本肯定要变成历史文本，甚至可以说，新闻文本从被塑成的那一刻起就已经化为历史文本，区别只在于哪些新闻文本会被后世的史书收录。虽然很多新闻文本不能被人们像对待历史文本那样去仔细研读，但这并不影响新闻文本从形成的那一刻起就成为历史文本的事实。虽然新闻文本会变成历史文本的一部分，但其形成目的和样式却会更多地体现新闻文本的特性，而非历史文本的特性。

第五章 新闻与新闻文本的比较

新闻理论界和新闻采制传播领域对新闻的定义有很多种，很少有一门学科连自身定义都没有定论。要想给新闻一个明确的定义，首先必须明确所要定义的对象是什么。如果将新闻视作客观事实，那么接受者未知的事件可以称作新闻，而描述接受者未知事件的信息可以称作新闻文本。那么新闻与新闻文本到底有什么关系呢？明确新闻的定义，为什么要强调新闻文本这个概念？要回答上述问题，就要搞清楚新闻与新闻文本之间的差异。只有对新闻与新闻文本进行全面而深刻的比较，才能确定新闻领域两个最基本的概念：新闻与新闻文本。

第一节 新闻与新闻文本的本质差异

新闻与新闻文本有不同的指向。新闻指向的是接受者未知的事件，新闻文本指向的是反映新闻事件的信息。基于不同的概念指向，新闻和新闻文本有诸多不同。从数量上看，针对同一事件，新闻具有唯一性，即具体的新闻事件只有一个，而反映这个具体新闻事件的新闻文本却可以有无数个。从存在的主观性和客观性来看，新闻因接受者的指称性判断而存在，也就是说，事件只有在确认接受者未知之后，才能被指称为新闻，新闻文本则不依赖于接受者的判断而存在，新闻文本一旦形成，就具有了客观实在性。从整体数量上看，新闻具有无限性，因为世界时刻在变，新闻时刻都在发生，而人们基于新闻事件创制出来的新闻文本则相对有限。

一、新闻的唯一性与新闻文本的多样性

新闻是客观事件，具有客观唯一性，而新闻文本具有多样性。同一个新

闻事件，不同的人说出来会形成不同的版本，不同媒体对同一个新闻事件的报道更是会形成不同的版本。也正因如此，接受者可以通过各种途径知晓新闻事件，并借助各种新闻文本获取新闻信息。

新闻文本的表现形式包括口头语言、肢体语言、图画、文字、音频、视频等，不同的表现形式会对同一新闻事件做出不同的反映。同一个新闻事件，即使采用同样的文本形式进行呈现，也会因为制作者的不同而有不同的样态。比如，同样是口头讲述形成的新闻文本，由于不同人的讲述，在内容和风格上会有所不同。报刊、广播、电视、网络媒体制作的新闻文本，同样会因为采制者不同而有差异，甚至同一个人针对同一个新闻事件，也会因为记忆、看法、语言组织的变化，形成前后不同的新闻文本。总之，同一个新闻事件会因为媒体、采制者、传播者、时间等因素的不同，有不同版本的新闻文本。从理论上讲，一个新闻事件可以有无数个新闻文本。从新闻的唯一性和新闻文本的多样性这个角度，可以更加清楚地看出新闻与新闻文本的区别。

二、新闻的指称性与新闻文本的客观性

事件在接受者做出了未知的判断之后，才被指称为新闻，并且新闻只相对于具体接受者才成立，所以新闻是一种指称性存在。新闻文本则不是一种指称性存在，而是一种客观性存在。

为了进一步分析新闻的指称性与新闻文本的客观性，需要引入"事件"这个概念。新闻的核心是事件，新闻文本来源于事件，新闻与新闻文本都离不开事件。无论是对新闻的言说，还是对新闻文本的构筑，都要围绕特定的事件展开。事件表征的是事物的客观存在状态，包括事物产生了哪些变化、造成了什么样的影响、现在处于什么样的状态。如果说事件表征的是事物的存在状态，那么新闻表征的则是接受者对事件的未知。新闻既是对事件的言说，又是对接受者的言说。如果事件对接受者来说不再未知，新闻就不再有意义。新闻之所以称为新闻，正是因为对接受者来说它是未知信息，失去未知信息的新闻事件对接受者来说就不再是新闻，但其信息集成可以称作新闻文本。

如果新闻已经成立，就是说某个事件对接受者来说是未知的，那么如何让接受者全面知晓这个未知事件呢？这就涉及新闻文本的构筑问题，也就是要形成一个能够反映新闻事件的信息系统。新闻文本既源于客观事件，又反

映客观事件。新闻文本的成立与否不受接受者是否知晓的限制，即使接受者对新闻事件已经知晓，也不会改变新闻文本的既成事实。新闻文本的成立与否只取决于其是否源于客观事实，以及能否反映客观事实，这也正是新闻文本客观实在性的表现。

需要进一步强调的是，新闻是针对客观事件的主观化指称，这种主观化的指称就是：新闻是接受者未知的事件。新闻应当是一种判断性指称，因为“新”这个字本身就是一个判断性指称——“新闻”的“新”，潜在的指向是“未知”。如果接受者对事件不再未知，那么“新”就不再成立，就会成为“旧”，所指事件也就不再是“新闻”，而是“旧闻”。一个事件是“新”还是“旧”，必须由接受者来判断，不同接受者会对“新”和“旧”做出不同的判断，判断“新”与“旧”的标准不是事件已经发生了多久，而是接受者是否知晓。接受者既可以通过目击新闻现场将“新闻”变成“旧闻”，也可以通过新闻文本将“新闻”变成“旧闻”。

即使接受者对某一事件不再陌生，也只能说那个事件对他来说不再是新闻，但基于此事件形成的新闻文本依然成立，因为新闻文本作为一种信息，已经是一种客观性存在了。不论接受者对新闻文本所述及的事件是否熟悉，新闻文本一旦形成，就会成为一个客观存在物，它作为新闻文本的性质就不会改变。也正因如此，报纸刊登出来的新闻文本不会因为接受者已经了解或者时间久远而改变新闻文本的性质。比如，第一次和第二次世界大战对很多现代人来说已经成为历史，不是新闻，但当时报纸刊登的新闻文字依然是新闻文本，这是不可否认的客观存在。

所有新闻文本都是客观存在，只是有的流传了下来，有的则没有。口头传播的新闻信息也会形成新闻文本，并且毫无疑问是一种客观存在，只是这样的新闻文本在传播者说完之后就消失在了空气中，但这并不会改变新闻文本曾经存在的事实。报纸新闻文本、广播新闻文本、电视新闻文本、网络新闻文本则是更为明显的客观存在。

三、新闻的无限性与新闻文本的有限性

新闻只是一种指称，是确认接受者对事件未知后的一种指称，这样的指称有很多，甚至多得数不胜数。世界广博，事件太多，人们不了解的事件同样太多，新闻也就自然多到无限。绝大多数新闻湮没在了时间的海洋里，因为新闻时刻都在发生，其发生的领域远远超出了人类的认知。虽然新闻的数

量是无限的，但新闻文本却是有限的。新闻文本源于事件，但并非所有的事件都会形成新闻文本，绝大多数事件都随着时间湮没了。

生活中有无限多的新闻被湮没了，比如某某今天吃饭吃到了头发，某某今天穿了新衣，某某今天乔迁新居，某某今天去旅游，某某最近陷入相思……所有这些对于不知晓此事的接受者来说都是新闻，但像这样的新闻绝大多数被湮没了，没有人会为其制作新闻文本。这样的新闻时时都在发生，但发生之后就没有人再提起了。至于隐藏在世界各个角落的新闻就更是多得数不胜数，因为只要事物有变动，并且人类还未知晓这样的变动，这些事件就是新闻。世界有多少变动，就有多少事件，人类有多少未曾知晓的事件，就会有多少新闻。

评价新闻成立与否的关键不是事件的重要性和影响力，而是事件的接受者是否知晓。从这个意义上说，新闻是无限的。从微观角度来说，事物时刻都在变化，从分子层面到原子层面，从原子层面到电子层面，微观世界的变动不比宏观世界少，而对微观世界中的绝大多数变化，人类并不掌握、并不知晓。微观世界的无数事件并不因为人们不想了解或认为不重要就不是新闻，这无数的事件依然符合新闻的定义，依然符合新闻的本质。绝大多数新闻事件发生后，没有人为其采制新闻文本，更没有人会去传播与这些事件相关的新闻文本。虽然一个新闻事件可以制作无数个新闻文本，甚至新闻文本的数量在理论上具有无限性，但在实际生活中，新闻文本是有限的。新闻文本的无限性只能停留在理论层面。

世界时时都在变化，新闻也时时都在发生，人类的认知有限，每个人所能关注的新闻更加有限。为了最大限度地实现新闻传播的有效性，需要传播所谓重要的、有价值的、有影响力的、接受者感兴趣的新闻，这种传播意向会在诸多新闻文本当中体现出来，同时也会限制新闻文本的数量。人类只能针对有限的新闻事件制作有限的新闻文本，然后将有限的新闻文本传播给有限的接受者。世界的无限性导致新闻的无限性，而人类认知和行为的有限性，决定了人类制作新闻文本的有限性。

第二节　新闻与新闻文本的内在关联

新闻是接受者未知的事件，而新闻文本是根据接受者未知的事件构筑的信息，两者之间存在内在关联。新闻是客观事实，新闻文本是信息编码。新闻是客观事件，新闻文本是主观认知。新闻文本是对新闻的反映，也是对新闻信息的简省，新闻文本的制作者将新闻与新闻文本联系起来。

一、新闻与新闻文本的认知一致性

新闻是客观事实，新闻文本源自客观事实也反映客观事实，这使得新闻与新闻文本之间存在认知的一致性。对新闻真实性的要求，其实就是要求对新闻文本的认知与对新闻的认知保持一致。为此，对新闻文本反映的时空认知，要与对新闻事件发生的时空认知保持一致，对新闻文本评述的认知要与对新闻事件的认知保持一致。当然，认知的一致性仅仅是一般化的表达，对于具体的新闻与新闻文本，会因为新闻文本采制者的不同和接受者的不同而做出不同判断，于是有人轻信虚假的新闻文本，有人却能识别出虚假的新闻文本。

新闻源自客观事实，客观事实虽称客观，但所有的客观都是主观认知基础上的客观，基于客观事实制作的新闻文本自然也只能是基于主观认知的客观。新闻与新闻文本的一致性基于大众认知的一致性，这包括对事件认知模式的一致性，以及对世界理解的一致性。从时空、载体、因果等维度认知事件，就是要保持对事件认知模式的一致性。对世界理解的一致性则主要体现在对事件因果的概括上，具体体现在对事实逻辑认知的一致性，以及对事实进行认知推演的一致性上。

二、新闻文本反映新闻的认知局限性

新闻文本在一定层面上反映新闻，也反映人们对新闻认知的局限性。每个时代有每个时代的认知局限，后面时代推翻前面时代的“定论”即明证，人类文明也正是在这样的逻辑下不断发展。文明发展的阶段性和相对落后，使得认知的局限成为必然，这包括对各个领域的认知，自然也包括对新闻事件的认知，并且会反映在新闻文本上。

新闻文本反映新闻的认知局限性既有文明发展局限性的原因，也有历史原因、环境原因、文化原因、现实原因，更有个体原因。认知局限性在多方面影响人的认知，在新闻层面也是如此。新闻的本质是事件，事件的本质是因果，对新闻的认知在本质上是对因果的认知，而无论是对事件进行溯因，还是对事件结果进行判断，都会受到认知的局限，并且最终会体现在新闻文本上。

三、新闻与新闻文本的信息差异性

如果将新闻视作接受者未知事件，新闻文本则通过信息编码反映未知事件。新闻的本质是全息的新闻事件，但是任何新闻文本都做不到“全息”反映，这就必然造成新闻与新闻文本之间存在信息差异。

与新闻事件相关的所有信息构成新闻全息，新闻文本是对新闻信息的简省，也是对新闻全息的部分反映。新闻的背后是事件组，成组的存在因果关联的事件，构成了复杂的“新闻网络”，新闻文本只是对事件组的“断章取义”。如何“断章”，如何“取义”，既取决于文本采制者的认知，也取决于文本采制者的立场，而这些会造成“全息的新闻”与“断章取义的新闻文本”之间存在巨大的信息差异。

四、新闻与新闻文本的本质差异性

新闻理论界很少谈及新闻与新闻文本的差异性，反而经常将新闻与新闻文本混为一谈。时而将新闻视为文本，时而将新闻视为事件，如同时而将历史视作人类的书写，时而将历史视作客观的事件，但是新闻是事件，新闻文本是反映新闻事件的信息，这二者有着本质的不同。

新闻与新闻文本的本质差异性，将二者严格区分开来，而认知的关联性，又将二者深刻联系起来，并且需要通过新闻来验证新闻文本的真实性。新闻文本的真实性需要依赖新闻的客观支撑，新闻文本的主观性也需要依托新闻的客观性。新闻与新闻文本的内在关联，是客观世界与主观认知的关联，新闻文本是人与人之间沟通对客观世界认知的重要手段。

第三节 新闻对新闻文本构筑的制约

新闻是客观事件，新闻文本则是对客观事件的主观反映，新闻的客观实在性对新闻文本构筑具有客观制约作用。事件载体、事件时空、事件因果都对新闻文本的构筑起决定性作用。

一、新闻事件载体对新闻文本的制约

新闻事件载体决定了新闻文本选择什么样的“人物”，新闻“五要素”中的“人物”无法超越新闻事件载体。新闻事件载体是与新闻事件相关并能够承载新闻事件的所有承载物。一般情况下，新闻文本只选择少数承载物，将其列为新闻“五要素”的“人物”。由于新闻文本采制角度不同，选定或涉及的新闻事件承载物也会有所不同，但无论有何种不同，新闻文本中的“人物”都只是新闻事件载体的一部分，而新闻事件载体对新闻文本采制起决定性的制约作用。

新闻事件的因果联系是事件组，事件组构成无限集，与新闻事件形成因果联系的有无数个相关事件。新闻文本创造者需要从无限的新闻事件载体中选择有限事件载体作为其新闻文本的“人物”，而无限事件载体对新闻文本起制约作用，决定新闻文本选择哪些事件作为载体。对新闻真实性的要求，使新闻事件载体对新闻文本起根本性的制约作用，新闻文本一旦脱离新闻事件载体的制约，也就失去了真实性的基本保障。

二、新闻事件时空对新闻文本的制约

新闻事件发生都有其特定时空，这是由其客观实在性决定的，而时空的客观实在性对新闻文本起直接决定作用。时间维度与空间位置是认知客观事件的基本思维模式，事件的本质是因果，而所谓因果一定是在时间线上的变化，也一定是在一定空间范围内的变化。

从一般感知角度来说，人们如果没有感知到任何变化，就感受不到时间的流逝，之所以能感受到时间的流逝，是因为感受到了变化。所谓感知到事物的变化，一定暗含了事件，新闻则在其中。从新闻中可以看到事件，从事件中可以看到因果，从因果中可以看到先后，所谓先后即时间概念，仔细衡量则有了时间刻度。对时间的定义源自对因果的认知，先有因后有果，因果的先后顺序暗含了时间。

空间是人们对客观实在物的经验认知，而按照一般经验认知，客观实在物必然占据一定空间，事件载体作为客观实在物也必然占据一定空间，并且与时间维度一起，构成了客观实在物的变化。新闻的本质就是描述未知的变化和解释变化，而变化必然是在一定空间内沿着时间轴发生的。新闻事件时空具有唯一规定性，也由此制约了新闻文本。新闻文本需要交代事件发生的时空，而事件发生的时空则制约了新闻文本的表达。新闻文本反映的时空是否符合新闻事件发生的真实时空，是判断新闻文本是否真实的重要依据。

三、新闻事件因果对新闻文本的制约

新闻事件表征的是事物在时间线上的变化，而变化必然涉及因果。因果是人们对世界变化的基本描述，虽然任何因果推断都有简化之嫌，但人们对世界的重要认知就是因果认知，对新闻事件的核心认知更是因果认知。时空、载体都能为因果提供客观证明，或者说时空、载体就是因果的言说对象，也是言说因果必不可少的基本要素。

新闻事件因果作为客观现实，对新闻文本起制约作用，新闻文本的真实性主要就是指新闻文本反映的因果与新闻事件的因果一致。新闻事件的因果是人的主观认知，但是，如果人们对新闻事件的因果推论始终符合人们的认知，那么就可以在人类认知层面确认其客观性，这种客观性直接决定着新闻文本的构筑。虽然新闻事件因果也是主观认知，但基于普遍的主观认知则可以将其认定为客观存在，新闻文本需要客观参照，否则无从判断其真假，或者说无从判断新闻是否成立。

因果链条既可以纵向无限延展，也可以横向无限延展，即多因多果。世界普遍联系，这就必然形成普遍因果，既然这样，即使面对看似独立的事件，也无法完全描述其所有因果，只能截取片段，忽略其他普遍联系。新闻文本正是对新闻事件因果的有限描述，并受到新闻事件无限因果的制约。

新闻文本是对客观世界的描述，必然受到客观世界的制约。新闻作为客观存在，必然对主观构成的新闻文本起制约作用。新闻是新闻文本的生成源头，新闻文本是对新闻的有限反映。新闻事件对应的时空、载体、因果都对新闻文本起最为直接的制约作用。

第四节　新闻文本对新闻的主观反映

新闻文本是对新闻的主观反映。从真实性角度来说，新闻文本对新闻的反映需要与客观实际一致。从新闻文本的主观性以及主观的有限性和目的性来说，新闻文本对新闻的反映会表现出简省、添加、扭曲和模糊等效果。

一、一致

新闻文本呈现的信息需要与客观事实一致，即新闻文本须与新闻一致。新闻文本是人们主观上对客观事件的描述、推论和评价，它与新闻是否一致，最终也必然归结于主观的判断。

从日常经验角度说，判断新闻文本与新闻是否一致相对比较简单，一般是从时空、载体、因果等维度衡量，但是，仅有这样的一致性还不够，在保证“现象真实”的同时，还需符合“本质真实”。即使新闻文本在某个层面能保证时空、载体、因果与事实一致，能反映现象真实，也不能保证本质真实。比如，张三打李四这个新闻文本反映的时空、载体、因果都与客观事实一致，但如果只反映“张三打李四”这个现象，却没有反映“李四打张三”这个现象，就会掩盖“张三李四互殴”这个本质真实。所谓议程设置、舆论引导，在实际操作中，都不排除通过现象真实来掩盖本质真实的情况，也就是说，破坏了新闻文本与新闻的一致性。

新闻文本与新闻一致，是对新闻文本的最低要求，但这也并非一件简单的事。新闻文本对新闻事件的原因与结果的反映都可能是删繁就简的结果，而删繁就简很可能导致新闻文本与新闻事件本身不一致。新闻调查对新闻事件因果的还原、追溯、推论和评价，都有其局限性，有些认知很可能是此一时彼一时，以致有意或无意地导致新闻文本与新闻无法保持一致。

新闻文本与新闻保持一致，只是对新闻文本的一般要求，这二者之间的模糊空间很大。时空、载体、因果似乎都有明确所指，但在实际操作中，时空难以做到非常精准，也无法穷尽所有新闻载体，对新闻事件因果的推演也未见得与客观事件一致。新闻文本与新闻一致，只是人们的愿望，能否真正实现，始终存在疑问。认知的局限性，以及决定认知因素的变化，都可能破坏新闻文本与新闻的一致性。

新闻文本对新闻只能做到相对一致的反映，甚至是模糊反映。新闻发生的时空都是相对于特定的时空坐标，无法做到完全精确，甚至有些新闻文本给出的时间本身就是一个时间段，而非时间点，所谓发生在某日，并不是某日的零时零分零秒，而只是这一天当中无法完全确定的时间点，或者是模糊的时间段。即使有意将时间精确，也只能是大约，有时甚至不能精确到分钟，更不要说精确到秒、微秒。空间坐标也无法做到非常精确，即使想做到非常精确，也一定存在误差。新闻文本对新闻发生的时空的反映，只能做出“大约”处理，或者说做出模糊化处理，所谓新闻文本与新闻一致，也只能是大约一致。

二、简省

新闻背后是事件组，事件组构成无限集，新闻只是无限集的子集。新闻文本对新闻的反映只能是对事件无限集的有限反映，或者说是对事件无限集的简省反映。虽然新闻文本对新闻的反映是简省的，但很多新闻文本营造的效果是已经信息完全，至少是所谓重要信息已经完全，尤其是在时空、载体、因果这几个方面都齐全之后，似乎新闻文本已经完全地将新闻反映出来，但事实并非如此。

无论是一件事，还是事件的承载物，其信息量都是非常大的，只是因为新闻文本采制者关注的点比较单一，才使新闻文本看似反映得很完全。新闻事件的全部因果链条很复杂，任何新闻文本都难以穷尽，即使再深入、再全面的报道，新闻文本与新闻本身相比都显得太过简陋，任何新闻文本都不及其所反映新闻的九牛一毛，任何新闻文本对新闻的反映都是极为简省的。

三、添加

新闻文本是基于新闻的描述、推论和评价，其中不可避免地混有主观因素，所以新闻文本由新闻事件客观信息添加主观信息而成。新闻事件客观信息也是人为搜集、提炼并反映出来的，其中就有主观意志的添加。基于新闻事件的客观信息，文本制作者还会添加情绪、观点、立场和价值观等诸多主观表述，这种添加会在有意无意间完成，并且难以避免。

新闻文本在结构搭建、信息串联过程中，也需要添加必要信息，比如电视新闻文本中的主播播报、记者出镜，以及解说词的串联。口头新闻更是会添加个体表达内容，如口语表达加上肢体语言会为口头新闻文本额外添加很多信息。新闻文本会在原有新闻事件基础上，生发出新的信息，连接相关的人、事、物。新闻文本终究是人为产物，必然添加主观因素。这个世界上没有纯客观的新闻文本。

四、扭曲

除“一致”“简省”“添加”外，新闻文本有时还会扭曲新闻事件，扭曲到一定程度就会导致新闻文本失真。在新闻行业，新闻文本失真会被判定为“假新闻”，其实准确地说应当是“假新闻文本”。正是因为新闻文本与新闻一致只能是一般描述，无法做到确定无疑的完全一致，才使新闻文本与新闻总是处于游离状态。影像永远无法完全映照实体，甚至总是会对实体做出或多或少的扭曲。比如，对视频新闻文本来说，像素、色彩还原、每秒摄制的帧数都会使摄制的影像存在一定程度的失真，也可以说是对新闻造成一定扭曲。声音、文字、口头语言都会对新闻造成一定的扭曲，甚至非常大的扭曲。

新闻文本对新闻的扭曲是绝对的，新闻文本真实度也只是根据扭曲程度做出的相对判断。对于新闻文本对新闻的扭曲，我们无法做出定量判断。新闻实践领域有一个一般的衡量标准，那就是通过时空、载体、因果等来衡量新闻文本对新闻的扭曲程度。

五、模糊

新闻文本无法准确反映新闻发生的时空、载体、因果，其反映只能是模糊的。很多新闻文本无法将新闻发生的时间精确到分或秒，甚至无法精确到时或天，即使精确到秒，也无法达到真正的精确，因为还有更小的时间单位。新闻发生时，很少有人会拿着计时器确定准确时间，并且人类也无法制造出没有误差的计时工具。这也就意味着，说某件事发生在某一天，在理论上可以是某一天当中的任何一个时间点。不但新闻发生的时间无法做到完全精确，发生地点也同样无法做到完全精确，即使给出经纬度也依然存在模糊空间。人们无法完全准确地描述新闻载体，也无法穷尽新闻发生的原因，同样无法穷尽新闻造成的结果。新闻文本对新闻只能是近乎粗陋的反映，粗陋反映的本身就是一种模糊。

新闻文本可以在新闻事件基础上进行简省、添加，但总体应当与新闻事件保持一致，而所谓简省、添加、一致，都只是趋向描述，无法定量描述。新闻文本对新闻的扭曲和模糊具有绝对性，新闻真实只是相对描述——基于人们的现有认知、有限认知和现实需要而做出的描述。新闻文本对新闻事件的简省表述、添加处理、一致追求、扭曲反映、模糊表达，是人类把握、描述客观世界的一种实践行为，这种行为必然受到科技条件、时代环境、认知水平、表达水平和现实需求等诸多因素的制约。

第六章 新闻价值

何谓新闻价值，如何评价新闻价值，言人人殊。导致新闻价值评价不一致的重要原因是，在探讨何谓新闻时就已经出现分歧。有的新闻理论将新闻认定为报道或信息，那么自然要基于信息或报道的价值来谈新闻价值，也就是谈新闻文本的价值；有的新闻理论将新闻认定为事实，那么谈新闻价值就是谈新闻事实的价值。即使对新闻的认定一致，对新闻价值的认定也会有所不同，宣传者会用宣教标准判定新闻价值，但接受者却可能用娱乐标准衡量新闻价值。不区分新闻与新闻文本的新闻理论，很容易将新闻文本价值与新闻事实价值混为一谈。为提高理论的严密性，新闻价值理论应当严格区分新闻价值和新闻文本价值。本章主要谈新闻价值，也可以说是新闻事件的价值，而不是新闻文本的价值。

第一节　新闻价值的概念界定

何谓新闻价值？新闻价值判断的对象是什么？新闻价值的判断主体是什么？新闻价值的判断依据是什么？要想对新闻价值做出切实的评判，就需要回答这些问题。在判断新闻价值时，应当明确新闻价值的相对性和绝对性，了解新闻价值判断的主观性和客观性，充分考虑时代特点与环境影响——一个时代的社会价值观，会极大地影响一个时代的接受者对新闻价值的判断。

一、新闻价值论争

新闻价值的表面论争源自新闻传播效果的论争，表现为商业价值、社会价值、宣传价值、政治价值等方面的论争。不同接受者、不同传播者基于不同立场、不同角度会有不同的新闻价值判断，进而形成各种各样的新闻价值论争。

最深层的新闻价值论争源自对新闻本体的不同认识。当新闻是什么都没有确定，被评价的目标物没有统一认定时，对价值的评判自然说法各异。简单来说，将新闻认定为报道与将新闻认定为事实不可能有相同的新闻价值认定。其实，新闻价值论争中掺杂了大量的新闻文本论争。

新闻价值论争要想做到明晰，需要在不同层面做出判断：一是区分新闻事件价值和新闻文本价值；二是基于新闻事件价值和新闻文本价值，从接受者、采制者、传播者、管理者的不同立场做出价值判断；三是基于不同接受者、采制者、传播者、管理者做出价值判断。

二、新闻价值判断

在判断新闻价值之前，需要先确定新闻价值的判断主体，因为主体不同，价值观就会有所不同，判断的标准也会不同。判断新闻价值需要有依据。新闻种类繁多，在判断其价值时应给出一个普遍适用的依据，这样才能确立相对恒定的标准，不至于出现游离或矛盾的情况。

每个人都可以成为新闻价值判断的主体，每个人判断新闻价值的标准也会有所不同。如果要对新闻价值判断的主体做出简单的分类，从新闻传播角度说，可以分为接受者和传播者。接受者可以分为普通接受者、研究者和管理者，传播者可以分为自然人、团体、媒体、传播平台。不同主体基于各自不同的立场、认知和标准，会对新闻价值做出不同的判断。

不同的人对新闻价值做判断的依据会有所不同，即使是同一个人，面对不同的新闻，做价值判断时也会有不同标准。同样的新闻，不同的判断者会采用不同的判断依据，有的侧重实用性，有的侧重精神性，有的兼而有之，只是比重可能会有所不同。

在实际的新闻价值判断中，不同的判断主体会从自身认识、现实需要和利益关系等方面，对新闻的实用性和精神性做出不同甚至相反的判断。新闻价值的判断主体可以按照自己的价值观对新闻做出价值判断，也可以从其他接受者的角度对新闻价值做出想象性判断，还可以从对社会影响的角度对新闻价值做出判断。当然，新闻价值的判断主体也可以从自身、他人和社会三方面对新闻价值做出综合判断。

三、新闻价值定义

在判断新闻价值过程中，需要明确何谓新闻价值，以及新闻价值如何体现。新闻价值判断主要涉及两个方面的问题：一是新闻价值判断主体；二是新闻价值判断依据。不同新闻价值判断主体会给出不同的价值判断，也会有不同的判断依据。但是，无论新闻价值判断主体在做新闻价值判断时依据什么，内容有怎样的不同，概括起来无非两点：一是认知层面的实用性；二是精神层面的娱乐性。

新闻的实用性，是指新闻信息能够为接受者提供认知层面的参考或指导，体现新闻的认知价值。例如，天气、经济、环境、健康方面的新闻具有指导意义和警示意义。实用性是接受者从生活、生存层面对新闻做出的价值判断，具体体现在知识的积累和对生活的指导意义上。

新闻的精神性，是指新闻信息能够为接受者带来精神上的刺激，并且接受者喜欢这样的精神刺激。新闻的精神性能够体现新闻的娱乐价值或精神境界的丰富与提升。例如，新闻可以满足接受者的好奇心，使他们获得心理上的平衡，还可以帮助他们打发时间。从精神性角度对新闻价值做判断的本质是从娱乐消遣角度对新闻价值做出判断，娱乐消遣并不都是低层次的，精神上放松同样可以通过娱乐消遣来实现。当然，新闻作为现实世界的一部分，更多是快消品、浅层次的，更多体现为原生态，其精神性价值也体现在浅层次上，除非对新闻做出深刻解读，才有可能上升到更高的精神层面。

基于对新闻价值判断主体多样性和新闻价值判断依据的分析，可对新闻价值做出如下定义：新闻价值是从认知层面或娱乐层面对新闻做出的价值判断。

第二节 新闻价值二元性构成

新闻价值界定受到历史与现实的双重影响。从新闻的客观性角度可以对新闻做出绝对价值判断；从接受者的主观性角度可以对新闻做出相对价值判断。新闻价值既有绝对性，也有相对性，既有客观性，也有主观性，既有历史性，也有现实性。无论是新闻价值构成，还是对新闻价值做出具体判断，都表现出二元对立的基本特性。

一、绝对新闻价值和相对新闻价值

（一）绝对新闻价值

绝对新闻价值是从新闻客观性角度对新闻价值做出的判断。新闻本身的实用性和精神性是绝对新闻价值的基础。当然，新闻客观性的绝对价值，归根到底还是人的主观判断。虽然绝对新闻价值是基于新闻客观性做出的判断，但新闻价值判断总体来说是相对的，这种相对性既体现在新闻与新闻之间，也体现在不同的判断主体之间，但不能因为新闻数量繁多，新闻判断主体繁多，就说新闻的一切价值都是相对的，以致无法对新闻价值做出绝对判断。之所以能对绝对新闻价值做出判断，是基于多数人能达成的某种共识，即多数人会对某些新闻事件感兴趣，认为这样的新闻有价值。

绝对新闻价值判断是对新闻价值判断相对性的一个必要修正，是对多数人能够接受的价值的理性判断。正是因为绝对新闻价值在理论和实践层面确实存在，所以如果对多数接受者关于实用性价值标准进行分析，以及对多数人关于精神性价值标准进行分析，就可以做出基于客观的绝对价值判断。绝对新闻价值的准确表述应当是基于新闻的客观性和一定的接受群体所得出的绝对价值公约数。

（二）相对新闻价值

相对新闻价值是从新闻接受者的主观性角度对新闻价值做出的判断。不同新闻判断主体对新闻价值的判断会有所不同，由此体现出新闻价值的相对性。例如，关于某部门的负面新闻，部门负责人从自身利益角度出发来判断会认为该新闻具有负价值，而急于了解内幕的人则会认为该新闻具有正价值。另外，同一个新闻判断主体由于选择的判断角度不同，也会有不同的新闻价值判断，这也体现出新闻价值判断的相对性。例如，某个部门负责人可能会认为关于自己部门的某个负面新闻仅仅对自己具有正向价值，但从可能造成的不利舆论环境角度，又可能会认为这个新闻对其有负向价值。

相对新闻价值的判断依据依然是实用性和精神性，但是由于判断主体不同，具体衡量标准也会有所不同，对此“推荐算法”这个词可以做出例证式的说明。相对新闻价值的判断因人而异、因标准而异。

二、新闻价值的主观性与客观性

严格来说，不存在纯粹客观条件下的新闻价值判断，因为任何价值判断都是人做出来的，也就自然地具有主观性。之所以要提新闻价值判断的客观性，是因为新闻价值确实有共同的客观要素，比如时代环境、事件影响、题材类型、预期反响等。在对新闻做主观判断时，必然要考量诸多客观因素，对客观因素的考量，就是客观条件下的新闻价值判断。只有将新闻事件本身和判断者的身份结合起来，才能对新闻做出相对准确的价值判断。

（一）新闻价值判断的主观性

价值本身就意味着主观性的衡量，对价值的衡量不可能离开主观判断。新闻价值判断的主观性体现在判断者对新闻价值判断的高低和正负上，具体评判依据有两个：一是实用性，二是精神性。

新闻价值判断因人而异。每个人出于喜好和利益的考量，会对新闻价值做出主观性的判断。当然，新闻价值判断的主观性并不排斥客观性，只有兼顾新闻的主观性和客观性，才能对新闻价值做出合理的判断。

（二）新闻价值判断的客观性

新闻本身包含时效、重要程度、影响力等方面的客观因素，这些客观因素需要主观判断才能得出，判断会因人而异，并且存在模糊性。从普遍性角度可以对新闻价值做出模糊判断，具体可以从发生的时间是否切近、事件是否重大、影响是否深远等方面判断新闻价值的大小。判断新闻是否成立的条件是明确的，应使用定性词汇，避免使用模糊词汇，但是判断新闻价值却不得不采用模糊词汇，这是由价值本身的模糊性决定的。很多时候，人们不能对新闻价值做出定量判断，最多做出正或负的定性判断，但正负判断难免攻其一点，不及其余。新闻事件本身具有的价值就如商品本身具有的价值，虽然商品对不同的人来说价值会有所不同，但商品本身依然有其能够被普遍认定的客观价值，否则就不能称为商品。

新闻价值的客观性不可否认，虽然无论多么重大的新闻在某些人眼里都可能一文不值，但新闻的客观价值依然存在，至少对一部分人来说有价值。从人类文明这个角度来说，每一条新闻都有其特定的信息价值。在实际的新闻传播过程中，新闻人一般会从新闻的时效性、重要性、趣味性、贴近性、衍生性等方面对其价值做出判断。

三、新闻价值的历史性与现实性

新闻价值既体现历史性，又体现现实性。人们通过拉长时间距离来感知新闻的历史性价值，通过融入现实世界来感知新闻的现实性价值。

（一）新闻价值判断的历史性

新闻价值的历史性通过历史的镜鉴作用得以体现。历史是过去的事件，而“过去”一词无法量化，只能定性，所以，凡是过去之事皆为历史。只是，在一般认知当中，历史往往指向较为久远的事件，而所谓“久远”是个模糊词汇，无法量化。历史也可以用来指向并不久远之事，昨天之事即历史，甚至转瞬之事，即成历史。

历史就是既成之事，既成之事是对“结果”的片段认知。由于世界变动不居，世界并没有“定果”，没有一成不变之“果”。任何事件之“果”都在变化之中。因果链条无限绵延，以至无法切分，但人们却用粗糙的主观认知将世间之事切分出所谓因果。对于因果的认知，既无法切近到最微观的部分，也无法遍及全部链条。所谓因果，只是人类对客观世界所做的断章取义的主观描述。即便如此，人们依然能从对世界粗糙的认知当中总结出适合人类生存的因果之链，历史即对因果之链的描述。通过对因果之链的描述，人们获得因果认知，进而历史价值得以体现。

新闻就是未知的历史，因为知晓总在事件发生之后，而已经发生的事件从定性角度来说就是历史。新闻就是未知的历史，这并不奇怪，只是很多新闻会显得与现在非常切近，但即使再切近，也已经是过去，所以对其定性是历史。既然新闻的本质存在是历史，那么对新闻价值的判断自然包括历史性。

价值判断往往具有一定的历史性。这种历史性体现在以下两方面：一方面，回望过去才能见其价值，并且时间线拉得越长，越能看清其价值；另一方面，是因为时代性，即不同时代的价值判断会有所不同。无论从哪一方面看，新闻价值的历史性都会彰显，而最根本的原因，是新闻作为客观事实之“果”，必有“果”后之因，任何“因”都有其历史性，也自然有其历史价值。

任何历史都有认知价值，只是不同人对不同事件会有不同判断，在不同场景不同时代同样会有不同判断，但认知价值是确定无疑的。每个时代的每个人对新闻价值的历史性判断都会有所拘囿，但新闻作为客观事实的属性，自有其客观存在的历史价值。

（二）新闻价值的现实性

现实因素会极大地影响接受者对新闻价值的判断，尤其是新闻采制环境与新闻传播环境。新闻价值判断有鲜明的现实性，接受者会因为现实需要和精神需要，赋予新闻一定的价值，也会因为时代的变迁而对类似的新闻事件做出不同的价值判断。

有些新闻会因为不断重复而使价值降低，有些新闻却不会因为重复出现而降低价值。比如地震、火灾、矿难、交通事故等，虽然类似新闻发生过无数次，但是当这样的新闻再一次发生时，依然有其特定的价值。有些事件的价值则会随着时代的发展而降低。比如，第一辆汽车上路，第一颗人造卫星上天，很多发明、创造或应用的第一次出现会有很高的新闻价值，但随着此类新闻事件的重复出现，其新闻价值会逐渐降低。

新闻传播环境会影响新闻判断主体对新闻价值的判断。在提倡批评监督的舆论环境里，负面新闻文本的价值会得到新闻制造者、传播者、管理者和接受者的肯定，颂扬式新闻文本则会遭到质疑。在限制批评报道、鼓励正面报道的舆论环境里，相关利益人会认为正面新闻更有价值，颂扬和肯定的新闻文本会得到肯定。在这样的环境里，多数负面新闻文本会被否定，新闻价值判断自然倾向于负面。对接受者来说，很多负面新闻的价值都能得到肯定，毕竟很多接受者都对“幕后”或“黑幕”比较好奇。接受者的好奇心理，尤其是对负面新闻的好奇心理，可以说既强烈又普遍，这是无法回避的传播现实。

接受者的文化层次、思想水平、认知水平都会影响其对新闻价值的判断，进而影响新闻工作者的新闻价值判断。新闻传播的目标人群是不可忽略的新闻传播环境的重要组成部分，尤其是依靠收视率、市场占有率生存的新闻机构，更是要心中有接受者，传播的新闻要符合接受者的喜好。新闻工作者需要通过调查研究来了解目标人群的新闻价值判断，从而在新闻传播过程中依靠对接受者的了解，从接受者角度做出新闻价值判断。

第三节　新闻的认知价值和娱乐价值

什么是有价值的新闻？这个问题可谓一言难尽。新闻价值不是新闻理论家所独断的，新闻理论家只能描述和概括不同接受者对新闻价值的判断，如果可能，再做出综合概括。不同人基于不同立场和不同认知会给出不同的新闻价值判断。新闻既是客观事件，又是接受者未知的事件，客观事件与接受者未知共同构成了新闻的价值。新闻价值呈现出多样性：具有实用意义的认知价值，具有精神意义的娱乐价值，具有客观意义的现实价值，而现实价值反馈到接受者身上则是认知价值和娱乐价值。

一、接受者的接受取向

新闻价值判断是非常主观化的，但常规的回答却显得很客观——从新闻题材、新闻时效、事件影响力上判断新闻价值。新闻价值的存在本质上当然是客观化的，因为新闻来自客观事实，但对新闻做价值判断的时候，必然加入主观因素。对新闻价值做判断，应当区分接受者、传播者或利益相关方，如果不加区分地做出统一判断，那么即使勉强做出新闻价值判断，也未见得契合不同接受者的不同接受取向。

接受者关注新闻主要出于两大心理：一是实用，二是消遣。所谓实用，是指新闻能够为接受者提供有实用价值的信息，包括工作、生活、学习方面的，以及各种可以提高认知的信息。新闻的实用价值在资讯介绍和生活提醒类的新闻文本中体现得更加明显，很多生活服务类新闻文本正是利用新闻的实用性来吸引接受者。比如，交通出行、天气变化、食品安全等方面的新闻文本，很多接受者会基于“实用”这一心理动机而关注。

新闻的娱乐价值体现在新闻能够满足接受者的看客心理。生活中有看客，媒体上同样有大量看客，很多趣味新闻，乃至很多突发事件满足的都是接受者的看客心理。接受者愿意在媒体前成为围观的看客，这种接受期待源自好奇心理和窥探心理。满足接受者的好奇心，甚至窥探心理，其实质就是满足接受者从新闻中获得“消遣”的心理。

基于实用和消遣两个心理需求，接受者对新闻价值的判断主要集中于两个指标：一是实用价值；二是消遣价值。虽然很多新闻接受者没有意识到这两个判断指标的存在，甚至不认为自己是按照这两个指标去判断新闻价值的，但无论是从接受新闻的心理角度分析，还是从新闻传播角度分析，都不难得出这样的结论：新闻实用价值的大小和消遣价值的大小，是接受者判断新闻价值的两个重要依据。

二、新闻的认知价值

作为客观事件，新闻是新闻文本的源头，所传达出的信息具有重要的认知价值。新闻表征了世界的变化，暗含了世界变化的因果，变化与因果都体现出新闻的认知价值。经济、军事、政治、文化、科学、教育等方面的新闻都有非常鲜明的认知价值，通过了解这些方面的新闻事件，可以增加新的认知，新的认知可以转化为现实价值。

出于兴趣或现实的需要，对新闻认知价值的判断因人而异，针对具体新闻，有的接受者认为有认知价值，有的接受者则认为没有认知价值或者认知价值不大。新闻的认知价值有其客观实在性，但判断主体会给出不同判断，并且由于时代不同和人类认知水平的差异，判断主体对新闻的认知价值会有不同判断。价值本身是主观的、历史的产物，同时受到现实环境、文化氛围的影响，新闻价值及认知价值同样是主观的、历史的产物，同样受到现实环境、文化氛围的影响。新闻可以通过新闻文本呈现其认知价值，当然，新闻文本对新闻价值的反映往往经过人为选择、过滤，甚至具有功利性。

人们往往习惯于对世界变化规律进行总结，从中获得镜鉴，而新闻可以为人们提供镜鉴，人们可以从中获得对世界的认知。典型新闻事件往往意味着对现实的浓缩，而所谓浓缩，是指为认知提供鲜明例证，这种鲜明例证类似于对普遍规律的呈现。通过新闻与现实的对照，人们可以获得新的认知。新闻暗含变化、暗含因果，人们对世界规律的认知主要源于对变化与因果的总结。

三、新闻的娱乐价值

新闻有认知价值，也有娱乐价值。娱乐并非只是“乐”，兴奋、新奇、惊悚、纾解都可以产生娱乐效果，很多新闻暗含娱乐价值。新闻并不都是严肃事件，即使是严肃事件，也无法限制接受者以娱乐态度观之。从接受者角度说，新闻无疑具有娱乐价值，即新闻可以满足接受者的好奇心，可以发挥娱乐消遣作用，甚至帮人们纾解心理压力。新闻的娱乐价值并不需要新闻文本的娱乐化，新闻事件本身就具有娱乐价值。

艺术表演具有娱乐价值，现实世界的变化也具有娱乐价值。现实世界的变化所形成的娱乐价值更具震撼力。喜新厌旧，希望看到变化，属于人的正常心理，新闻恰好可以满足这种心理。有些新闻事件中的当事人或许是不幸的，但对他人来说这些事件很可能只是提供了“围观”价值，使他们获得了娱乐消遣，甚至帮他们纾解了自身的紧张心理。这是人性使然。人们经常在比较中体验幸福与痛苦，新闻事件往往能给接受者提供比较的样本，由此也就体现出新闻对接受者心理的影响，新闻的娱乐价值也由此体现。

四、新闻的现实价值

新闻的认知价值和娱乐价值主要体现在精神层面，新闻作为客观事件，自然也有现实价值，而其现实价值的突出体现就是能够干预现实、影响未来。新闻的现实价值是由其客观实在性决定的。新闻是客观世界的变化，而客观世界的任何一种变化最终都会对现实产生影响，甚至是深远影响。一件小事的影响从表面来看微乎其微，如果无限延长其影响链条，追溯其形成的因果链条，那么其蝴蝶效应带来的影响则非常深远。

新闻只是人们对客观事件的命名，并且是“简短截说”的命名，客观事件本身的因果之网是无限复杂的。任何能够命名的客观事件都是不完整的，与客观世界本身的无限关联性、无限复杂性存在巨大差距。新闻本身的现实价值由其客观实在性决定，客观实在性使得新闻参与到茫无涯际的现实世界中，参与到整个宇宙中。干预现实、影响未来使新闻拥有不以人的意志为转移的现实价值。无论何种新闻价值，都是基于客观事件做出的主观判断，并最终表现为认知价值或娱乐价值。

第四节　新闻价值的媒体实践

对于新闻价值的有无和多少，不同人、不同媒体做出的判断并不相同。新闻工作者因其个人经历以及相关认知，会形成不同的新闻价值观。新闻工作者要想长期稳定地在一个新闻媒体工作，需要将自身的新闻价值观与其所供职的新闻媒体相协调，至少其所制作的新闻文本需要符合其所供职的新闻媒体的定位以及对新闻价值观的认定。

一、接受者影响下的新闻价值判断

在新闻传播实践中，需要考虑接受者对新闻价值的判断，从而形成接受者影响下的新闻价值判断。当然，传播机构会有自己的新闻价值判断，这种价值判断源自体制和管理者。不同的传播机构由于代表的利益集团和管理者不同，对新闻价值也会有不同的认定。对于把新闻当作喉舌的传播者来说，新闻价值体现在能够主导舆论导向，达到特定的宣传目的。商业化的媒体平台往往把能否吸引更多接受者作为判断新闻价值大小的标准。在商业化媒体的管理者眼中，越是能够吸引接受者，越是能使传播者的利益最大化的新闻，其价值越大。

接受者有接受者的新闻价值判断，这是最基本的传播现实，媒体人需要了解不同接受者的新闻价值判断。一条鱼对猫来说是有价值的，对牛来说是没有价值的；股市相关新闻对股民来说是有价值的，对农民来说是没有价值的。由于兴趣和需求不同，接受者对新闻会有不同的价值判断。接受者衡量新闻价值的标准是，未知信息越多，越符合其接受兴趣，越能提供更多的有效信息，新闻价值就越大。

虽然接受者有新闻价值判断标准，但新闻从业者并非要迎合所有接受者，实际上也做不到。新闻从业者要有自己的新闻价值判断。新闻从业者在判断新闻价值的时候，要兼顾传播平台和假想的接受者，在综合考虑各方价值立场的基础上做出职业判断。当然，在具体的综合判断上，新闻从业者有很大的自由发挥空间。一个事件发生后，新闻从业者对事件的突发性、陌生性和可能产生的轰动性会有自己的判断和推测。新闻从业者的采访经验、新闻敏感性、知识结构和价值观等都会对其最终判断产生影响。

二、新闻媒体定位下的新闻价值判断

新闻媒体为实现自身价值，会通过具体新闻强化其对新闻价值观的认定。新闻媒体都有自身定位，而其定位将影响甚至决定媒体自身的新闻价值观。所谓新闻媒体定位下的新闻价值，是指媒体为实现新闻传播目的而确立的新闻价值观。

首先，媒体定位影响新闻价值观。时政新闻、民生新闻、体育新闻、财经新闻、法治新闻，每一种类的新闻都会成为特定媒体平台的主要关注对象。在这种情况下，不同的媒体平台对新闻价值就有了不同的判断。关注体育新闻的媒体面对即使是非常重要的财经新闻，也不会报道，因为对体育栏目来说，财经新闻是没有价值的。

其次，报道风格决定新闻价值判断。是以正面宣传歌颂为主，还是以反面批评揭露为主？不同的报道风格必将决定媒体对新闻价值的判断。有些国家的媒体以报道负面新闻为荣，认为这样的新闻最有价值。有些国家的新闻报道则以正面宣传为主——本着积极鼓劲和帮忙不添乱的原则进行新闻报道，这就决定了其媒体平台的新闻价值取向以正面宣传歌颂为主。

最后，报道内容决定新闻价值判断。什么样的新闻更有价值，什么样的新闻缺少价值，媒体在做出判断后，其结果有时候会有天壤之别。有些国家的媒体不将政府会议列为主要新闻，甚至不列为新闻，而有些国家却将会议新闻作为主要的时政新闻，并且多列为头条。这种对新闻价值判断的强烈反差建立在对新闻内容的选择上，并且会影响到对新闻细节的选取。有些国家的媒体即使关注会议，也只是关注会议的主要内容以及延伸影响。有些国家的新闻报道还关注那些并未发言的参会人员，甚至列出很长的名单，参会人员名单也被视为新闻的重要组成部分，因为除会议新闻本身外，出席人员还有政治含义。选择什么样的新闻，新闻关注点在哪里，决定了新闻内容的取舍，也充分体现出对新闻价值的判断。

三、新闻从业者的新闻价值判断

新闻从业者应当有自己的新闻价值判断，并且要尽量实现自己的新闻理想，或者以自己的新闻理想为目标，不断地去努力。由于价值观的不同，新闻从业者对新闻价值的判断也会有所不同。新闻报道如同文学创作，有歌功颂德之作，也有针砭时弊之作，有虚假蒙骗之作，也有真诚坦率之作，有经得住历史检验的经典之作，也有获得一时荣光的伪经典之作。

新闻从业者应当知晓“今天的新闻就是明天的历史”，应当具有对历史负责的精神，自觉如实地报道新闻。新闻从业者应该让自己传播的新闻有历史进步意义，不应让其成为阻碍历史前进的绊脚石。新闻从业者报道的新闻应当能够帮助接受者认清这个世界，使之变得更明智，而不应该用自己的新闻报道去愚弄接受者，以致让接受者误解这个世界。

四、新闻价值判断的整合与协调

在新闻实践领域，新闻从业者需要对新闻价值判断做出整合——既要适应媒体定位，又要适应环境要求，还要兼顾个人新闻理想的实现。

（一）了解舆论环境，熟悉媒体定位

舆论环境决定了新闻工作者的新闻理想能否实现，以及可以实现的程度。舆论环境对新闻内容、新闻形式和新闻风格有整体规约和具体调整作用，新闻从业者很难突破舆论环境的限制。舆论环境对新闻传播的限制一方面体现在官方，另一方面体现在民间。官方对新闻的规约力度最大，有时具有强制性。民间对新闻的影响主要体现在接受者的喜好上。无论是官方还是民间，作为舆论环境的重要组成部分，都会极大地影响新闻从业者对新闻价值的判断，关键是什么样的新闻能传播出去，以及什么样的新闻能取得比较好的传播效果。

了解舆论环境，主要是了解两方面内容：一方面，要了解什么样的新闻可以进入传播领域，什么样的新闻不能进入传播领域，进而知晓什么样的新闻价值会被肯定，什么样的新闻价值会遭否定；另一方面，要了解接受者对新闻的接受习惯和接受期待，尽量采制和传播接受者喜爱的新闻。

在了解舆论环境的基础上，熟悉媒体定位。不同新闻平台会有不同的定位，从而对新闻做出不同的选择。只有符合新闻平台定位的新闻，其新闻价值才能被肯定，否则很难被新闻平台采纳。

新闻从业者既要了解舆论环境，又要熟悉媒体定位，在二者兼顾的前提下，可以结合自己的新闻理想采制和传播新闻，对接受者的接受习惯和接受爱好进行引导，但这种引导要注意分寸，否则会曲高和寡，被视为另类，甚至被新闻传播领域淘汰。

（二）新闻从业者新闻价值判断与环境新闻价值判断的协调

新闻从业者对新闻价值的判断可能与所处环境的新闻价值判断不一致。环境新闻价值判断既包括官方的，也包括民间的，无论是官方对新闻价值的判断和提倡，还是接受者对新闻的接受喜好，都可能与新闻从业者对新闻价值的判断不同。各方的新闻价值判断甚至完全相反，难以调和，这时新闻从业者就要努力找到各方新闻价值取向的平衡点，进而采制和传播合适的新闻

文本。

在平衡各方新闻价值喜好的时候，难免会倾向于某一方，这既可能是受到新闻从业者自身新闻价值判断的影响，也可能是由于外在的压力，但一般应遵循的原则是，在尊重新闻事实的基础上，新闻文本传播既有所为，又有所不为。有所为，是指能够在整合自身新闻价值与官方、民间新闻价值判断的基础上，寻找各方都能接受的新闻。有所不为，是指不能违背新闻事实和职业道德制造虚假新闻，愚弄或欺骗接受者，也不能渲染不良的新闻信息，误导接受者。

新闻从业者既要尊重接受者的辨别能力和独立思考能力，又要传播现代理念，传播尊重生命、尊重个体、以人为本的思想。作为文化领域的传播者，新闻从业者承担着塑造民族文化精神的使命，虽不见得“一言兴邦，一言丧邦”，但恰恰是在天长日久的点滴影响中，形成了最终的民众思想和思维习惯，在现代社会尤其如此。

新闻从业者的新闻价值观应当是现代的，不应是落后的。新闻从业者自身对新闻价值的判断，在与环境新闻价值判断的协调过程中，即使做出妥协，表现出贴近性和通俗性，也不应缺失基本的现代人文理念，否则，不但新闻本身经不起推敲，新闻工作也很难做得长久。新闻从业者应当成为时代航船上的瞭望者，而不应是历史前进的绊脚石。

第七章 新闻文本价值

新闻文本既具有现实意义，又具有历史价值。新闻从业者应当有历史意识，用历史的眼光看待今天的新闻，用历史的眼光采写、传播今天的新闻信息，为此要构筑有价值的新闻文本。新闻从业者既可以用现实的眼光判断新闻文本价值，也可以用历史的眼光衡量新闻文本价值。历史是一条时间线，不是一个时间点，新闻文本要在时间线上体现自身的价值。很多事物的价值都是在历史长河的淘洗中显现出来的，新闻文本价值也应坐落在过去、现在和未来的时间之维上，因为新闻文本能够追溯过去，也能干预现实，还能影响未来。

第一节　新闻文本价值的时间基点

新闻文本在过去、现在和未来三个时间基点上，建立起自己的价值坐标。从时间线上看，新闻文本价值有三个基点：历史基点、当下基点、未来基点。

一、历史基点：追溯过去

新闻必然有一个过去的基点，任何新闻都有它的过去，或者称新闻背景。任何新闻事件都有它的历史，即使是突发新闻，也有它的发生历史，凭空而生的新闻是不存在的——即使追溯到宇宙的起始，也难免要追溯宇宙诞生的动因。正是因为人类认识的新闻事件都有历史之根，新闻价值才有立足之地，新闻文本的价值也应立足其中。

记者的采访很多时候是对过去的追溯、对历史的还原，如新闻调查就是对事件发生的因果进行追溯和还原。新闻文本是否成立、能否称为优秀，在很大程度上取决于记者对新闻事件的追溯能力和还原能力，或者可以说取决于对过去的“调查取证”是否充分。很多事件如果没有记者的记录和挖掘，就会被彻底尘封。记者对过去事件的调查与采访，可以说是对新闻事件的拯救性挖掘。

新闻事件涉及的元素有很多，哪些是需要追溯、还原、调查的，在实践当中又能调查出哪些元素，决定着新闻文本的最终价值。对于调查类报道，新闻能否成立、新闻文本是否真实，取决于对新闻信息的采集，视频新闻尤其要拍摄到关键画面，还应采访到新闻事件当中重要人物的关键同期声。所有这些，都是对新闻事件的历史追溯。对于有些新闻，尤其是曝光类新闻事件，即使记者听说或推想出事实的真相，如果没有足够的证据，也不能遽下断语。对于有争议的新闻报道，如果缺少对历史的追溯和还原，没有足够的证据做支撑，不但会让接受者难以信服，还可能引来纠纷。要做好调查类报道，对关键问题的描述和分析一定要证据充分，有几分证据说几分话，就像司法人员办案，没有证据做支撑，只凭间接的口头信息和联想不足以定案。

新闻记者对有些新闻事件进行追溯的难度要大于公安人员办案的难度，因为公安人员可以对当事人采取强制措施进行讯问，但记者没有这样的权力。对于调查类报道，记者要追溯过去、还原历史、寻找证据，而要想获得足够的证据，只能采取更为曲折的调查采访手段。对过去事件的追溯是给新闻一个历史的立足点，新闻文本不可能复制新闻事件，因而对过去的追溯必然有限。要增加新闻报道的深度，必须扩大新闻采写广度，只有向历史更深处延伸，才能搜集到更全面的信息。

二、当下基点：干预现实

很多新闻评奖会对参选作品提出这样一个问题：社会影响如何。所谓社会影响，就是新闻报道之后干预现实的效果。新闻干预现实，并不是像行政命令那样以强制手段，而是通过影响大众的思想和行为发挥作用。文艺作品可以超越时空，新闻却要立足于特定的时间才能成立。新闻是时代的产物，须以特定的时代环境为背景树立自己的价值。

新闻干预现实的意义和文艺作品的审美意义不一样。文学作品可以在当代没有什么反响，但只要后代读者认可也是可以的，比如司汤达的名作《红与黑》就是在发表了几十年之后才被认为是伟大作品的。采制新闻文本不能保持这样的自信和清高。新闻文本应当得到当代人的认可，否则即使后代人认可了，也基本失去了新闻文本传播的意义，体现出来的只能是历史意义。采制新闻文本应当有历史意识，但对更多的新闻报道来说，要有干预现实的意识。今年被评为优秀的新闻文本，放到下一年度去参评，很多都不能获奖，原因不仅仅在于新闻文本本身的时效性没有了，还在于新闻发生的社会环境变了。新闻文本要有现实意义，能够及时典型地反映重大社会问题，这样才有可能获得好评。

有价值的新闻文本之所以能起到干预现实的作用，是因为新闻文本契合了时代的需要，新闻事件本身能引起更多人的关注，并使接受者针对新闻文本传播做出现实反应。时代环境、社会情绪都决定了新闻文本的价值，新闻文本是需要衬景的，新闻文本的价值往往在时代需求、时代情绪的合力作用下才能显现出来。新闻人要把握时代脉搏，思考时代的深层问题，并对重大社会问题做出敏锐的反应。新闻人只有做出典型而深刻的报道，才能使新闻文本传播起到干预现实的作用。

三、未来基点：影响未来

新闻文本可以影响未来，在信息时代，尤其如此。既然“新闻人是时代航船上的瞭望者”，就应当对未来有一定的敏锐性，并通过新闻文本影响未来。很多新闻文本是快餐式的，但即使是快餐，也并不意味着是一次性的。新闻文本会沉淀成历史，最终会具有历史的厚重感。新闻文本终究要成为历史文本，但只有少数新闻文本能进入史家书写的历史文本当中。如果新闻文本能够成为供后人阅读的历史文本的一部分，那么它对未来就有了借鉴的意义，就可以更长久地影响未来。

新闻文本能影响未来，有非常鲜明的例子：在“水门事件”中，《华盛顿邮报》记者的持续跟踪报道使竞选丑闻大白于天下，最终导致尼克松总统辞职。一个最具世界影响力的大国总统的辞职当然会影响未来。另外，针对“水门事件”采制的系列新闻文本是对不公平竞争的有力打击，具有积极的历史意义。

后人会从众多新闻文本当中筛选出有价值的新闻信息，将其作为历史文本的参考材料。今天新闻文本里的人物服装、语言表达、思维方式，以及新闻场景等都将成为珍贵的历史资料，至于对重大新闻事件的记录，更是毫无疑问地会载入历史文本。当然，多数新闻文本会消失得无影无踪，包括那些获得各种奖项的，但也正因如此，可以得出这样的结论：后人阅读的历史文本当中的新闻文本，一定是优秀的新闻文本。新闻人应当具有历史意识，新闻文本的一个重要价值就是经受得住历史的检验。

第二节　新闻文本的传媒价值

概括来讲，新闻文本的传媒价值体现在两个方面：一是能够反映社会，为大众提供现实认知；二是能够影响社会，甚至干预社会进程。具体来说，新闻文本具有宣传价值、商业价值和文化价值。

一、宣传价值

新闻文本通过对客观事件的描述、评论，反映一定的价值立场，达到一定的宣传目的，进而体现宣传价值。新闻文本的宣传价值有更宽泛的含义，甚至与传播的含义有很大重叠，只是宣传价值更侧重于对接受者进行有明确目的的影响。新闻文本的商业价值、文化价值，以及其他很多方面的价值都需要通过宣传价值来体现。当然，新闻文本的宣传价值与一般宣传品的价值有所不同，毕竟新闻文本要基于一定的客观事实才能构建。

一般来说，新闻在先，宣传在后。如果还没有发现新闻，但有相关宣传需求，就需要有目的地去寻找相关新闻。社会团体、企事业单位、政府部门都可能有意识地去挖掘新闻文本的宣传价值，宣传价值在不同社会条件和不同管制条件下会有不同的实现形式。新闻文本采制者基于管理机构的要求、媒体机构的定位，以及自身认知，对新闻文本价值做出判断，进而明确新闻文本的宣传价值。所谓正向的作用，就是鼓舞作用、宣教作用和引导舆论的作用。新闻文本的宣传价值会被滥用、误用甚至恶意使用，也正因如此，有人反对将新闻文本变成宣传品，但新闻文本在传播中会不可避免地变成宣传品。

二、商业价值

商业化媒体出于商业利益方面的考虑，会对新闻文本价值进行判断。商业化媒体的新闻传播，往往会考虑浏览量、影响力，需要照顾更多接受者的接受需求。新闻报道要与更多接受者的新闻文本价值判断保持一致，这也是商业化媒体的必然选择。由此，商业化媒体对新闻文本价值的判断，主要基于接受者的新闻文本价值判断，之后再做出适合媒体的新闻文本价值判断。

商业化媒体要揣摩接受者的新闻文本价值观，结果就是出现迎合接受者的倾向。接受者是商业化媒体的客户，商业化媒体只有对接受者的新闻文本价值做出合乎事实的判断，新闻文本传播才能见到成效，否则接受者将会因为接受期待未获满足而流失。

管理机构对新闻媒体的要求一般是社会效益第一、经济效益第二，但如果有经济效益掺杂其中，对新闻文本价值的判断就必然有商业化的考虑。管理机构的商业化运作手段体现在对新闻文本价值的判断上，一般会导致媒体向接受者的新闻文本价值观妥协，当然，其中不乏必要的修正和约束。如果新闻文本过分娱乐化，以致侵蚀了其本质属性，那么最终会损害新闻媒体的长远商业价值。

三、文化价值

作为文化产品，新闻文本具有鲜明的文化价值和时代特点。新闻文本是时代的产物，也是经济的产物、政治的产物、文化的产物。新闻文本是对客观世界的反映，是文化记录的一种模式。新闻文本的文化价值体现在对客观世界的认知、描述和评判上。文化都是历史遗存，而所谓历史，则是指过去发生的事。无论过去的时间长短，只要是已经发生的事，都是历史，历史没有绝对的时间量度，更无法设定时间节点。基于这样的历史定义，任何文化的构成都是历史的遗存——即使是刚刚构筑的新闻文本。

作为文化遗存，新闻文本的文化价值表现在记录客观事实、反映客观事实和评判客观现实三个方面。新闻文本对客观事实的记录不只包括文字和音视频，还包括口头传播，乃至头脑记忆。新闻文本不只存在于媒体上，凡是能够反映新闻事实的各种表现形式，都可以称为新闻文本，其中就包括口头新闻文本。新闻文本的概念也不仅仅停留于媒体层面，尤其不仅仅停留于传统媒体层面，自人类社会出现，甚至更早时候，新闻以及新闻文本就已经出现。口头新闻文本既是古老的新闻文本，也是沿用至今并且应用广泛的新闻文本形式。回到新闻文本的文化价值层面，口头新闻文本易于消逝，但其价值并不会随之消失。人类通过口头新闻文本传播了大量新闻信息，新闻文本成为生产生活中不可或缺的存在。无论何种形式的新闻文本，都记录、反映、评判了客观事实，都体现了一定的文化价值。

第三节　新闻文本的现实价值

新闻学是人学，新闻文本通过对人的影响体现其现实价值。新闻文本作为由人类生成的信息，从现实价值层面来说，可以反映主观认知、影响接受认知、影响社会进程。

一、反映主观认知

新闻文本是对客观事件的描述或评说，会在一定程度上反映现实，这是其最表面的价值。新闻文本的生成受到制作者的主观影响。一个人对客观事实的认知总是存在一定的客观局限，那么其所制作的新闻文本对客观世界的反映必然存在一定的局限。新闻文本有“真”有“假”，有“半真半假”，但是“真”与“假”都是人的主观判断，是反映现实还是歪曲现实，甚至是无中生有，都是人的主观判断。虽然对新闻文本“真假”以及是否反映现实的评价是主观判断，但却是基于新闻事实与新闻文本这些客观存在做出的主观判断。

对客观世界的认知都是主观判断，认知的局限决定了主观判断只能在一定层面上具有“真实性”。新闻文本的真实性只能局限在一定层面，对现实的反映也只能局限在一定层面。时空、载体、因果是对新闻事件的基本描述，而这样的基本描述是人们基于四维时空对客观世界的因果认知，新闻文本也正是基于这种普遍的习惯认知反映现实。

新闻文本对现实的反映，一方面是基于四维时空反映客观事实的变化，另一方面是通过新闻文本创造者的主观认知反映客观事实背后的因果。新闻文本反映现实的形式包括口头表达、肢体语言、文字、图片、音频、视频。所有反映形式都可以触达人的接受感官，所以新闻文本对现实的反映都可以视为对人的接受感官的适应。无论是出于接受感官的原因，还是出于文本表现形式的原因，接受者对新闻文本的接受都存在局限。在人的接受感官之外，新闻文本即使能反映现实，也无法被接受者感知，比如电子新闻文本可以反映很多新闻信息，但是人类对电子文本的信息接受存在局限，无法感知所有电子信号。在传受层面，人类感官接受的有限性使新闻文本对现实的反映表现出有限性，至于理解上的局限性更是无法避免，对新闻文本的误读也会因之发生。

新闻文本制作的技术条件也决定了新闻文本对现实反映的有限性，即使看似连续的音视频录制，也不过是间隔大约 0.03 秒拍摄一张照片。所谓视频，不过是在 1 秒钟内拍摄 24 张照片，甚至更少，播放时由于视觉暂留使接受者误以为画面是连续的。1 秒钟内的新闻事件信息绝非 24 张照片能够"全息"记录，虽然能够满足人类的基本认知，但从反映现实这个角度来说，只是做到了简省的、模拟的反映。画面的录制边界、录制角度都使新闻文本无法做到"全息"。

虽然新闻文本在反映现实方面既有主观性又有局限性，但作为人们认知现实世界的一种重要方式，它在反映现实方面依然具有重要价值。无论是在科技落后的时代还是在科技发达的时代，人们都需要认知周围世界，无论是以何种形式呈现的新闻文本，都会在人们的生产生活以及人类社会的诸多方面体现出重要价值。新闻文本是对客观世界的记录和反映，这既是人类生存的需要，也是人类社会得以存在的重要保障，如果没有新闻文本的生产和传播，那么人类文明将难以发展，甚至会倒退或毁灭。人类文明的进步，在很大程度上依赖信息的构建和传播，而在诸多信息中，新闻文本信息对现实世界的记录和反映尤其不可或缺。

二、影响接受者认知

新闻文本反映制作者的主观认知，并将这种认知传达给接受者，从而影响接受者认知。一般来说，新闻文本既反映现实又切近现实，容易引起接受者的注意。接受者可以借助新闻文本了解现实、反思现实，并且会通过具体言行影响现实。作为一种信息表达方式，新闻文本既源自现实，又描述和评论现实，可以起到影响人心的作用。

新闻文本既影响人的理智判断，也影响人的主观情绪，甚至影响人的立场和价值观。新闻文本对接受者认知的影响，如果忽略量的大小，只界定有无，并且将任何影响都考虑在内，那么任何新闻文本都会对接受者产生影响。

新闻文本对接受者的影响既有直接的也有间接的，还有对接受者造成的间接影响延伸到现实当中的扩散影响。一般来说，新闻文本对现实的影响是指通过对接受者的影响而产生的对现实世界的影响。

新闻文本具有影响人心的力量，会影响人的认知、情绪，甚至价值观，所有这些最终都会反映在现实层面。议程设置、舆论引导等方面的研究正是通过新闻文本的传播来影响接受者，进而影响现实。

三、影响社会进程

新闻文本能够影响接受者，最终也会影响社会进程。所谓新闻文本影响社会进程，是指新闻文本对现状造成了可见的或者说可以直接归因的影响。新闻文本对社会进程的影响无法量化，只能做一般性的描述，毕竟影响社会进程的因果链条太过复杂。将影响社会进程列为新闻文本的现实价值之一，是因为新闻文本作为人类的精神产品，可以在一定程度上改变人的判断，最终通过人改变社会进程。例如,《华盛顿邮报》刊发了一系列关于“水门事件”的新闻文本，最终导致美国时任总统尼克松下台。“水门事件”对美国历史以及新闻界都影响深远，“某某门”因此成为丑闻的标志性提法。

新闻文本影响社会进程的力量会因为文本、传播途径、接受者、时势等因素的不同而有很大不同。新闻文本影响社会进程需要综合运用新闻文本传播的一系列手段才能达到更显著的效果，这就涉及整个新闻传播理论方面的问题。另外，历史背景、时代环境、社会文化、接受心理等都是决定新闻文本对社会进程影响程度的重要因素。

新闻文本影响社会进程的正确指向应当是新闻事件本身发挥的作用，而非人为夸大的作用，但传播发挥着巨大的变量作用。也就是说，接受者在一定时段能接受到的信息是有限的，这就会造成新闻文本之间展开传播效果竞争，如果提高某一新闻文本的曝光度，势必提高其影响力，直至增强其干预力量。

如果不去刻意提高某一新闻文本的曝光度，而是按照新闻事件的实际影响力相对客观均衡地传播新闻文本，那么新闻文本影响社会进程力量的根本来源就是新闻事件本身。实际情况却是，“信息战”“心理战”“舆论战”都指向了对接受者认知乃至情绪的争夺，新闻文本对社会进程的影响往往带有太多的主观主导因素。总的来说，新闻文本对社会进程的影响，一方面取决于新闻文本所依托的新闻事件本身，这是客观决定因素，另一方面取决于对新闻文本传播的干预和设计，这是主观决定因素。

第四节 媒体人新闻文本价值取向

为什么有人把“人咬狗”当成新闻，有人却认为这样的新闻毫无价值？为什么有的媒体热衷于猎奇，有的却注重社会效益和舆论引导？归结为一个问题就是，为什么同样一个新闻事件，会有不同的新闻价值判断？要回答这个问题，只能说新闻价值判断因人而异——不同的传播者或不同的接受者，由于价值观不同，对同一个新闻事件会做出不同的价值判断。对新闻价值的判断，最终会体现在新闻文本的采制上。媒体人的新闻文本价值，既基于新闻事件本身做出判断，也会从新闻文本层面做出判断。

一、以人为本

“民为贵，社稷次之，君为轻。”孟子的这句话体现了民本思想。虽然这种民本思想和现代的人本思想之间有差距，但民为国之本，君处其下，这样大胆的言论依然抬高了普通人的地位，也让人本精神在中国有了思想的根基。西方的人本精神兴起于欧洲的文艺复兴时期，人道主义、人本主义学说都因文艺复兴而流行。当时，人本理念是针对宗教禁锢了人的精神、人成了神的附庸而提出的。文艺复兴的人本理念肯定了人的世俗欲望和权利，认为人活动的目的就是满足和保护人本身的欲望和权利。在文艺复兴时期，对人本理念的倡导曾有过激行为，以致夸大和放纵了人的诸多欲望。但是，人本主义对人类现世价值和世俗幸福的肯定，对人道主义的弘扬，放射出持久的理性光辉，也得到了持续而普遍的认可。

以人为本，而不是以神或抽象的道义为本，这是人本理念的核心，也是人本主义提倡的一种基本价值。新闻文本的价值支撑同样离不开以人为本这一现代人文理念。以人为本应当成为新闻文本的底层逻辑，那些展现人类情感世界、关注人类生存状态的新闻文本，正是人本思想的一部分。

人本精神关注的是人的生存状态，常常聚焦在人怎样才能合理地生存，怎样避免生活中的灾难，怎样避免社会对人性的扭曲，怎样生活才更接近理想状态。在新闻文本传播中，由于受媒体商业化的影响，很多新闻文本已经背离了以人为本的价值理念，变成以制造轰动效应为本、以渲染残忍离奇为本，在这种情况下，强调人本精神更有必要。

二、尊重个体

个体意识和人本精神是一脉相承的，尊重个体也是以人为本的题中应有之义。以人为本既不是以神为本，也不是以抽象的道义或群体为本，人本思想必须体现在每个个体身上，否则就是无意义的。一个社会只有让每个个体精神健全、权利得到保障，才是现代的文明社会。

民族或国家的利益与个体利益并不矛盾，但在实际的认识当中，有的新闻人却将两者对立起来，并常常以牺牲个体价值为理所当然，导致对一些新闻事件的认识出现偏差。个体价值和权利理应得到尊重，在个人的合法利益面前，不能实行少数服从多数制度。在这个问题上，一些新闻人存在认识不清的问题，认为当事人应当放弃自己的利益，以所谓大局为重。只有具备尊重个体的意识，尊重每个个体的合法权益，才能去谈为民、为群体。

尊重个体的权益，是现代文明社会应当普遍遵循的价值理念，并且在很多法律条文中有所体现。尊重个体的正当权益，就是不能以多数人的名义损害少数人的正当权益，不能以众暴寡。只有树立起尊重每个个体的价值观，才是真正具有了人道主义情怀，才是真正的以人为本。尊重个体合法权益不是否定集体的重要性和集体利益，而是一种现代意识，更是新闻文本理应暗含的价值支撑。

三、悲悯情怀

罗素说，有三种单纯而强烈的感情支配着他的一生："对爱情的渴望，对知识的追求，以及对人类苦难的无限悲悯。"这三种感情也同样支配着新闻人：爱情之爱对新闻人来说，是新闻价值本身，因为正是新闻的离奇、重大让新闻人兴奋，这是刺激新闻人的职业激情。对知识的追求是对未知世界的叩问，不断挖掘太阳底下的新鲜事正是新闻存在的理由。对众生的悲悯同样适合新闻，它让新闻在客观理性之外有了动人的情感。

悲悯众生是一种伟大的情感，也是一种伟大的智慧，只有真正洞察了人生的残酷和人类生存状态中的诸多悲观因素，才能上升到对众生的悲悯。悲悯情怀不是某些宗教的专利，而是人类美好而高尚的情感质素。新闻文本当中的人道主义情怀、人本主义理想正是源自人类的悲悯情怀。

悲悯情怀体现的是一种人本精神，而不是狭隘的民族主义或国家主义。民族意识、国家情感如同血缘认同一样，带有一种与生俱来的顽固性。在这个竞争激烈的世界，有强烈的民族意识和国家情感既是可以理解的，也是无可厚非的，但狭隘的民族意识、狭隘的国家观念已经跟不上人类前进的步伐，新闻文本不应植入这样的狭隘情感。

新闻文本在反映灾难的时候，应当体现出对人类的悲悯情怀。凯文·卡特因拍摄《饥饿的小女孩》而获得普利策新闻奖，获奖原因是他通过一幅照片反映了非洲人的饥饿状态和绝望心理。画面上那个奄奄一息的孩子和虎视眈眈的鹰，是人类某一隅的悲惨写照，这是对非洲人窥豹一斑的生存关注。凯文·卡特在获奖不久后就自杀身亡，有人说是因为舆论的谴责、良心的不安——人们质疑他在拍照后没有救助那个濒死的女孩，但也有人说他是因为经济窘困、入不敷出而自杀。无论凯文·卡特的死因是什么，也无论人们对他的质疑是否有道理，至少从新闻文本角度来说，凯文·卡特拍摄的照片体现了对人的生存状态的关注，体现了人类应有的悲悯情怀。悲悯情怀对于新闻从业者来说不是可有可无的，没有对众生的悲悯，没有胸怀人类的伟大情怀，新闻文本的精神高度终究是有限的。

新闻文本传播绝不仅仅是传播新闻信息，还要传播新闻人的价值理念，因为新闻人的影响因素无法消除和避免。新闻人在采制新闻文本时，如果有一个清晰的价值理念，就可以更好地主导新闻文本的创作。虽然在采制新闻文本时不需要先做新闻价值支撑的梳理和定位，但新闻文本采制者会有意无意地将其价值观融入新闻文本当中。

新闻文本的显在价值是客观化的，涉及新闻事件影响、新闻发生时间和新闻文本效用等综合方面。新闻文本的隐在价值则是新闻人的主观赋予，隐在价值虽然不直接体现在新闻文本当中，但却决定了新闻文本的立意是否高远，是否符合现代的人文理念和价值观。新闻人可以通过职业训练获得捕捉新闻文本显在价值的能力，而隐在价值的提升则要通过提高“诗外功夫”来达到，也就是通过对人类的悲悯情怀来实现。

四、文明取向

新闻人被称为时代航船上的瞭望者，站在时代航船上，瞭望者要把所了解到的信息及时向大众传播。人类的生存环境从来都是善恶悲喜并存，进入新闻人视野的既有社会的进步，也有诸多的不和谐，既有让人感动的人性善，也有令人发指的人性恶。新闻人会记录和传播一路上的所见所闻，但他们不是简单的传声筒，而是有辨别能力的人。新闻人应该面对现实，传播符合人类文明发展方向的新闻文本。

即使在保证新闻文本不失真的条件下，恐怖组织发布的新闻文本和反恐组织发布的新闻文本也会不一样。美国“9·11”事件发生后，如果让本·拉登报道这方面的新闻，难免会带上喜悦振奋的感情色彩，但是支持反恐的新闻机构报道这样的新闻却会带上震惊谴责的感情色彩。“9·11”事件发生后，有些人带着幸灾乐祸的心情谈论这起恐怖事件，面对上千人的死亡竟然没有人道的悲悯，如果让这样的人去报道新闻，其结果将会如何？即使这样的人表面看起来善恶分明，但其骨子里并没有对生命的真正尊重，没有对整个人类的悲悯情怀。

现代文明理念的缺失必将影响新闻报道的价值走向，虽然高悬在新闻文本之上的价值理念不会说话，但它必将渗透到新闻报道之中。既然新闻人是时代航船上的瞭望者，就应该了解时代、顺应时代，不应缺失现代人所应具备的人文理念。虽然现代人文理念不是固定的，也不是一语就能概括的，但其最基本的和被普遍认同的价值规范是确定的，那就是：人本精神、个体意识和悲悯情怀。

传播有价值的新闻文本，选择更有价值的新闻报道角度，挖掘更有价值的新闻内幕，应当成为新闻从业者的一种价值追求。新闻报道不应为了扩大新闻效应而不择手段，只问目的、不择手段的做法，不是现代人文理念。新闻文本价值不应凌驾于最基本的人文价值之上，而应符合时代文明取向。新闻从业者应当具有现代人文思想，视野开阔，并顺应人类历史的发展潮流，为人类文明的进步发挥积极作用。

第八章 新闻文本接受者

从理论上说，任何与某个新闻文本存在时空交叉的人，都可以成为这个新闻文本的接受者，但实际上并非如此。接受者的组成是复杂的。接受者对文本的接受虽有主动和被动之分，但都或多或少地存在一定的盲目性。接受者对新闻文本的接受，或是出于实用参考的目的，或是出于消遣围观的目的。接受者接受新闻文本的目的会发生变化，即会因为所处情境的不同，由接受变为不接受。新闻文本的接受人群同样存在变动性。

第一节 接受者构成的复杂性

新闻文本可以事先定位接受者，比如采制和传播娱乐新闻、生活资讯、社会新闻的媒体平台都可以设定相应的接受者，但预先设定的接受者和实际接受者会有所不同，即使差异很小，具有非常高的人群分类“垂直度”的接受人群构成依然具有复杂性。新闻文本潜在的接受者无数，接受者约等于大众。新闻文本具有的独特保鲜性，使其在理论上有无限多的接受者，这也最终使新闻文本接受者的构成在理论上具有复杂性。

一、潜在接受者无数，使接受者构成具有复杂性

接受者构成的复杂性既体现在接受期待的复杂性上，也体现在接受效果的复杂性上。接受者对新闻价值的判断不同，对新闻的兴趣不同，主动接触的新闻文本也会有所不同。接受者并不一定是主动接受新闻文本，很多时候是在接触了具体的新闻文本之后，才能判断是否喜欢这样的新闻文本。新闻文本在接受上存在不确定性，使得具体新闻文本的潜在接受者在理论上是无数的。新闻文本诞生之后，就成为客观存在物，能够接触到这一客观存在物

的人都是其潜在接受者。

在实际的新闻文本传播当中，为了扩大新闻文本的影响力和影响范围，需要尽可能将潜在接受者变成实际接受者，其中，选择影响广泛的传播平台以及多平台分发是最常见的方法。虽然可以通过对接受者进行定位，并做出定向传播，使新闻文本接受者的组成倾向于特定分类，但是新闻文本的潜在接受者无数，使得接受者构成具有复杂性。另外，很多新闻文本可以传之久远，因此，潜在接受者不仅仅是当代人，还可能是后代人，这就使新闻文本的潜在接受者更多，接受者的构成自然更加复杂。

二、接受者约等于大众，使接受者构成具有复杂性

从理论上说，在新闻文本诞生后的“已生”“将生”的所有人都可以成为新闻文本的接受者，因此，新闻文本有无数潜在接受者，甚至接受者约等于大众。只要条件具备，每个人都可以成为某一个新闻文本的接受者，这也使接受者的构成变得非常复杂。当然，在新闻文本的实际传播中，很多新闻文本只能触达少数人。

如果一个新闻文本没有被限定接受范围，那么其接受者在理论上是无限的。有些新闻文本稍纵即逝，传播范围天然受限，那么其接受者很可能局限在很小的范围。口头新闻文本，以及其他传播范围非常有限的新闻文本，一般来说接受者的数量非常有限，但在理论上却可以是大众，接受者的构成自然具有复杂性。在理论上，这里说的大众包括新闻文本诞生后所有可能接触到的人，既包括当代人，也包括后代人。新闻文本一旦诞生，只要还没有湮灭，能接触到相关信息的人都是其接受者，所以从理论上说，接受者约等于大众，自然使接受者构成具有复杂性。

三、新闻文本的独特保鲜性，使接受者构成具有复杂性

新闻文本具有独特保鲜性，并且其保鲜性可以让很多人成为其接受者，这也就使得新闻文本的接受者具有复杂性。一般理解新闻是有“时效”的，实际上按照本书之前的论述，新闻“时效”是直觉表达，本质表达应该是“未知”。新闻不会因为所谓“时效”丧失而不再是新闻，只会因为“接受者未知”这个属性丧失而不再是新闻。那么基于新闻形成的新闻文本自然不会因为“时效”问题而失去本质意义，只会因为源自新闻的“未知”属性丧失

而失去保鲜性。

新闻文本一旦生成，就具有客观实在性，并不会因为“时效”而改变其本质，能够改变其本质的是接受者对新闻失去“未知”属性。让新闻和新闻文本“保鲜”的不是时间，而是接受者“未知”。新闻文本基于“未知”的“保鲜性”，使其潜在接受者随着时间推移而无限增多，即使实际传播效果并非如此，也不妨碍在理论上会有如此推演，因此可以得出以下结论：新闻文本的独特保鲜性，使接受者构成具有复杂性。

第二节　接受者接受的片面性

接受者对新闻文本有接受期待，会在已有认知基础上形成对新闻文本的认知，但在整个接受过程中难以完全知晓，这导致接受者对新闻文本的接受具有片面性。接受者接受新闻文本的片面性，主要表现为有限接受、断章接受、背景不清和被动接受。

一、有限接受

相对新闻的完整信息来说，接受者对所接受的新闻文本信息只能是有限接受，这种有限接受会表现出片面性。这种有限接受的片面性既有绝对性，又有相对性。

所谓有限接受的片面性具有绝对性，是指所有新闻文本都无法反映新闻事件的全部信息，只能片面反映新闻事件的部分信息，那么接受者接受的有限的信息自然也是片面的。

所谓有限接受的片面性具有相对性，是指新闻文本相对新闻事件本身所暗含的复杂漫长的因果链条来说，具有相对的片面性。任何新闻文本都无法穷尽新闻事件的所有因果，甚至无法穷尽新闻事件的大部分因果，只能反映新闻事件的极小部分因果，也无法全面反映新闻事件的载体，只能做到片面反映。从新闻事件的“全息”角度来说，接受者接受的信息实际上是非常有限的，新闻文本接受自然也就体现出片面性。

二、断章接受

新闻文本是对新闻事件的有限反映，并且是断章反映。新闻事件会有很多观察角度，也有很多含义可供解读，但是新闻文本的创作者会断章选取。如果将新闻事件的全部信息比作“全文”，那么新闻文本只是“全文”当中的某一章，甚至是某一章的某一节、某一段，至于选取哪个部分，需要看创作者如何“取义”。新闻文本的创作者会基于立场、角度、利益、认知等因素，对新闻事件进行“断章取义”。

新闻事件因果链条十分复杂的特点，决定了任何新闻文本都只是对新闻事件做出极为粗糙的针对极小部分的描摹。相对新闻事件的无穷信息体量来说，任何新闻文本所能涵盖的信息都太过有限。既然新闻文本是创作者对新闻事件的“断章取义”，那么接受者的接受自然也只能是断章接受，这样的断章接受自然也具有片面性。

三、背景不清

任何新闻事件都有非常广阔的背景，甚至新闻本就与所谓背景无法切割，任何新闻载体都是新闻背景的一部分，只是经常被忽略。新闻文本可以反映新闻事件的部分背景，但对新闻事件更广阔的背景，任何新闻文本都只能做到极为有限的反映，因此接受者在接受新闻文本时，存在由于新闻事件背景不清造成的接受片面性。

什么是新闻背景？看似是很明确的一件事，其实很难明确。介绍和追溯新闻事件的背景，会存在非常大的不同，比如要考虑以下几个问题：在时间上追溯多久？在空间上追溯多广？在载体上追溯多少？在因果链条上追溯多长？这些使得对新闻背景的追溯变得极为复杂，并且有无数种可能。任何新闻都不是孤立存在的，并且有着极为复杂的生成背景，只是人们在认知的时候有意无意地忽略了。除此之外，由于认知的局限和接受条件的限制，接受者甚至无法知晓新闻背景的边界和范围，也就无法真正知晓新闻背景。

四、被动接受

接受者主动接受新闻文本的表象并不能掩盖其对新闻文本在内容接受上的被动实质。接受者可以主动寻找和接受新闻文本，但新闻文本的不可更改性，使其在接受上显得很被动。新闻文本在接受者接受之前可以被更改，然而一旦传播给接受者，就是确定的，就如同射出的箭，在射出之前，可以调整力度和方向，一旦射出就无法改变。

接受者在接受新闻文本时并非完全被动，他们可以通过互动介入等形式参与到新闻文本的创作当中，但是这依然无法改变其接受新闻文本的被动性。可以设想这样一个新闻文本接受场景：新闻文本创作者随着接受者的接受变化或根据接受者的接受需求调整新闻文本内容。这在口头新闻文本中体现得较为明显，在新媒体的互动传播中也比较常见。新闻文本的讲述者可以根据接受者的接受态度调整讲述内容和讲述风格，也就是说，接受者的反应会影响文本创作者的创作，甚至可以说接受者也参与到了新闻文本的创作中。新闻文本的接受者甚至会要求重点讲述或详细讲述新闻事件的某个方面。在这样的情形下，似乎接受者具有主动性，但其要求能否被满足却会受到新闻事件客观性和新闻文本创作者主观性的双重制约，这样的新闻文本接受最终依然会表现出被动性。

无论是接受者参与到新闻文本的创作过程中，还是完全的被动接受，最终都取决于新闻文本创作者所能观察和了解到的信息，而新闻文本创作者具有的局限性，最终将导致其新闻文本创作具有片面性。新闻文本只能部分地反映新闻事件，所谓的全面，只是基于人类现有认知和一定标准的表面上的“全面”。相对新闻事件本身的“全息”，任何新闻文本都只是对新闻事件的片面反映。

第三节　接受者接受的目的性

接受者在接受新闻文本之前或过程中会有其目的性，这种目的性也可以称为接受期待。新闻文本是信息，接受者对信息的接受期待是要么有用、要么有趣，对新闻文本的接受则表现为实用参考或消遣围观。

一、实用参考

新闻文本接受者的接受目的之一是从新闻文本当中获得实用信息。新闻文本是对客观世界的有限反映，但即使是有限反映，也可以让接受者对客观世界增加一些了解，当然其中也不排除误解，有些新闻文本甚至就是要让接受者误解这个世界，以达到传播者的特定目的。

人类为了传播周围世界的最新变化信息，需要制作新闻文本。口头新闻文本是较早的新闻文本形式。出于生存和生活的需要，新闻文本成为文明发展的刚需。这里所说的新闻文本，绝不仅仅指报业兴起后的新闻文本，还包括更早时期的口头新闻文本，以及通过肢体语言等形式传播的各种新闻文本。凡是能反映各种新闻信息的表达形式，都可以称为新闻文本，现代新闻业只是创造了更易于传播或跨时空传播的新闻文本形式。新闻文本成为人类文明发展的刚需，是因为人类需要先了解客观世界的各种变化，才能去解释这些变化，并做出必要的应对。

新闻文本的实用参考价值体现在人类生存的各个方面。新闻文本可以为人们提供生产生活方面的实用信息，在政治、经济、军事、文化等领域，也具有重要的实用参考价值。新闻文本传播能成为一个行业，并且成为重要的文化产业，其实用参考价值无疑起到了非常重要的作用。同时，我们也需看到，新闻文本的实用参考价值只是从表面来看如此，或者接受者自以为从新闻文本当中获得了实用参考信息，但不排除由于新闻文本传播的某种目的性，导致新闻文本内容与接受者接受的目的恰好相反，以致不但不实用，反而被误导，不但没有提供参考，反而导致偏见。当然，同样的新闻文本对不同的接受者会发挥不同的作用，有的接受者对新闻文本完全接受，有的则部分接受，有的甚至反向接受。

实用参考是接受者的目的，但目的却未见得能够达成，有时恰恰是因为接受者带着实用参考的目的去接受新闻文本，才掉入新闻文本暗含的陷阱之中。新闻文本的实用参考价值不仅仅取决于新闻文本本身，还取决于接受者的认知水平及其所处的接受环境。接受者一旦接受了某种认知铺垫，再接受相应的新闻文本，就会强化已有认知，而一旦已有认知存在错误，就会强化已有错误认知。比如，一个本来非常认真的人被他人有目的地描述为非常马虎的人，接受者一旦接受了关于这个人发生失误的新闻文本，就会强化之前的认知，认为他是一个马虎的人。因为之前的认知叠加刚刚接受的新闻文本信息，足以得出这样的结论。虽然这样的逻辑非常不严密，但是接受者对变化的世界的了解和认知从来就不会像科学研究那样逻辑严密，逻辑上漏洞百出倒是常态。正是基于这样的接受现实，如果接受者被事先铺垫了关于个人、组织、社会、国家的认知，然后辅以经过筛选的新闻，并以特定立场采制成新闻文本，接受者就无法通过这样的新闻文本实现实用参考目的，甚至会南辕北辙。所以，接受者接受新闻文本的目的性只是接受期待的一种表现，并不代表实际接受效果，新闻文本的实用参考价值很可能无法实现，甚至起反作用。

二、消遣围观

消遣围观是接受者接受新闻文本的重要目的之一，看似平常，实则是很多接受者重要的接受期待。有些新闻文本为接受者提供的是实用参考价值，消遣围观价值不大，比如天气、交通、经济等新闻文本。如果接受者不是出于实用参考目的接受新闻文本，那么其接受动机在很大程度上会是消遣围观，即使接受者是出于实用参考目的接受新闻文本，也不排除有消遣围观的接受期待。有时接受信息本身就是消遣围观的一部分，即使信息的娱乐性并不强，它们作为一种精神刺激，也能部分满足接受者消遣围观的心理。

娱乐业的发展是传媒业兴盛发达的一种表现，在很多传媒场景中，娱乐业的影响都超过了新闻业。娱乐需求自古有之，各种游戏与艺术都是娱乐的一部分，甚至严肃的新闻业也被渗透，新闻人会有意在新闻中加入更多娱乐因素，使新闻文本拥有更多接受者。无论新闻人将新闻文本制作得多么严肃、多么正统、多么郑重其事，都不妨碍接受者从中寻找消遣围观的价值。

将消遣围观作为新闻文本接受的一个重要期待，既是对接受者接受期待的响应，也是对接受者的必要尊重。消遣围观是人们的正常期待，这可以理解为人们都有好奇心理，此种心理不容抹杀，也难以抹杀。新闻文本的制造者未见得都知晓接受者的接受心理，即使知晓，也未见得愿意响应接受者的接受心理，但终究改变不了接受者深藏而又持久的对新闻事件进行消遣围观的接受期待。

从新闻文本价值到接受者接受动机，有很多相关论述。如果从接受者接受心理的角度去分析，其实非常简单，要么是实用参考，要么是消遣围观，或兼而有之。接受者接受的目的性实际上源自人性，人性当中的实用心理和好奇心理支撑了接受者对诸多新闻文本的接受。虽然由于环境因素和认知水平等的影响，接受者接受的目的性会有各种各样的变形，甚至被有意或无意地掩盖，但是人性本身的接受期待是深藏而持久的。

第四节 接受者接受的变动性

受众是一个宽泛的概念，往往是泛指，人们对受众无法做出确指，并且受众经常会变动，因此本书更多时候使用“接受者”这个概念。接受者对新闻文本的接受也具有变动性，主要体现为接受认知变动、接受情境变动、接受预期变动和接受目的变动。

一、接受认知变动

接受者虽然会有思维惯性，同时受到价值观制约，但在利益面前，以及随着接受信息的累积和信息传播的影响，其接受认知也会发生改变。同一个人在不同年龄、不同时代，接受认知也会有所不同，曾经抵触和反对的有可能慢慢接受，曾经接受的也有可能慢慢变为不赞同。时代情绪、时代价值认同，也会通过群体效应影响接受者的接受认知。比如，改革开放之后，随着经济、政治、文化和思想观念的变化，个体认知发生了很大变化。当一个人对社会的整体认知发生变化，或是某些细微之处发生变化，其对新闻事件的认知也会发生变化。

认识接受认知的变化在实际的新闻传播中有以下实际意义：一是通过传播环境的变化，尤其是基于国民经济、社会思潮、时代情绪的变化，了解接受者认知的变化，可以保证新闻文本传播更具针对性。二是通过新闻事件的最新进展，了解接受者认知的变化，可以根据传播目的制作相应的新闻文本。接受者对新闻事件的认知会经历初步认知、扩展认知、深度认知、反转认知、固化认知等阶段，这些阶段不是必然经历，有些认知或许从初步认知直接变为固化认知，有些认知不会经历反转认知阶段。根据新闻事件信息披露的不同，以及新闻事件与现实关联程度的不同，接受者对具体新闻事件的认知会有所不同。三是通过传播媒介的变化，包括传播技术的变化、传播平台的变化，可以更好地了解接受者接受认知的变化。四是通过已有传播效果的变化，可以更好地了解接受者接受认知的变化。

二、接受情境变动

接受情境涉及接受时间和接受空间，无论是接受时间的变化，还是接受空间的变化，都涉及更广泛的其他方面的变化，比如接受的人文环境、经济环境、生态环境等都可能出现变化，所有这些构成接受情境的变动。接受情境会影响接受认知，比如从众效应会影响认知，逆反效应会让认知走向极端，压迫效应会造成认知的逆反。同样的信息，在不同情境下接受，也会产生不同的效果。情境是接受新闻文本的重要背景信息，它既可以成为接受者基础认知的一部分，也会影响接受者的情绪。基础认知与认知时的情绪状态，共同决定了接受者对新闻文本的认知。

在很多情况下，接受情境里人的因素是影响接受者认知的重要因素。情境当中人的因素一旦发生变化，尤其对接受者产生影响的人的组成发生变化，会导致接受情境发生变动，接受者的认知会随之发生变动。接受者对新闻文本的接受有很多是一次性的，接受情境的变动往往体现在不同接受者有不同的接受情境。随着新闻文本的传播，接受人群和接受情境都在发生变动。当然，接受者的基本认知、基本价值立场会在很大程度上决定其对新闻文本的认知，有时接受情境不见得能起到决定性的作用，某些特殊情境或人为制造的情境会决定接受者的认知。如果拉开时间距离，接受情境会发生很大变化，接受者对新闻文本的认知也会发生很大变化。

三、接受预期变动

习惯认知、价值立场、个体期望都会影响接受者对新闻文本的接受预期，因此，它们的变动会引起接受预期的变动。习惯认知变化最明显的表现是，随着年龄的增长，人们对人、事、社会的习惯认知会发生变化，一般会从激进变为保守。当然也不排除有些认知已经固化，并不会随年龄等因素的变化而发生变化。但是，社会的剧烈变动，以及个体人生经历的巨大变化，都可能导致习惯认知发生变化。习惯认知会化作本能认知，形成认知直觉。如果习惯认知发生变化，人们对事件的直觉判断就会发生变化，接受预期也会随之变动。随着个体的经历、认知和情绪的变化，其价值立场也会发生变化，由此带来的接受预期也会发生变化，这是由利益得失、价值判断、接受喜好决定的。

个体在不同人生阶段和不同社会环境当中，对未来的期望会有所不同，对新闻文本的接受预期也会有所不同——保守时希望接收到关于保守方面获胜的新闻消息，激进时希望接收到激进派获胜的消息。虽然现实生活中的很多新闻事件，包括制作出来的新闻文本所表达的立场，很难区分是保守的还是激进的，但接受者会对社会的发展变化给出或保守或激进的判断，至少可以做出社会发展变化是快还是慢的判断，进而对接受预期造成影响。接受预期的变动会导致人们倾向于接受哪种新闻文本的变动，也即发生接受喜好或倾向上的变化。

四、接受目的变动

接受者的接受目的会随着接受认知、接受情境、接受预期的变动而变动。

对新闻文本的接受目的，可以概括为实用与娱乐两个，而具体的实用指向和娱乐的动因则会有所不同。随着接受认知的变化，人们对新闻文本的接受目的会发生变动，对具体新闻文本的接受目的自然也会发生变动，但这种变动不是必然的。

接受情境的变化同样可能导致接受目的发生变动。接受情境即接受新闻文本时的现实处境。现实处境导致的利益变化、情绪变化、人际变化都可能导致接受目的的变化。接受预期是在接受之前对新闻文本提供信息的预判与期望，接受预期一旦出现变化，尤其是重要的接受预期出现变化，就可能导致接受目的发生变化。接受目的总是基于一定的接受预期，当接受预期发生变化时，接受目的会随之做出调整。

接受者对新闻文本的接受是一个复杂的过程，会受到很多因素的影响。接受认知、接受情境、接受预期和接受目的变动都可能导致接受者接受发生变动。这里说的接受者接受变动，主要是指接受效果的变动。接受者接受的变动受多种因素影响，但归根结底是接受者主观因素和接受时的环境因素共同促成的。接受者对同一新闻文本和同一类新闻文本的接受都具有变动性。虽然新闻文本是静态的，但对新闻文本的解读却存在较大的变动性，不同接受者、不同接受时间、不同接受时代、不同接受环境都可能导致接受效果的不同。正所谓任何历史都是当代史，任何新闻文本也都是当代新闻文本，价值判断和审美情趣都会左右接受者对新闻文本的接受。

第九章 新闻信息采集

严格来说，新闻人采制的是新闻文本，而不是人们常说的新闻。新闻媒体发布的也是新闻文本，而不是所谓的新闻。街谈巷议的市井新闻信息同样是新闻文本。新闻文本是基于事件做出的信息整合，不是客观事件，而是对客观事件的信息反映。新闻文本和文学文本、历史文本有很多相同或相通之处。从表现手法上看，新闻文本向文学文本借鉴得多；从形成原则上看，新闻文本和历史文本也有相通之处。新闻文本的制作过程与文学文本、历史文本有所不同。一般要先经过对客观事件的信息采集，才能制作新闻文本。新闻文本类型不同，新闻文本采制的方式和途径也不同。优秀的新闻文本一定事实清楚、语言准确而简练。新闻文本采制的第一步是新闻信息采集，本章将对相关问题进行具体阐述。

第一节 新闻信息采集的目的

新闻信息采集的目的不一定是制作新闻文本，也可能只是信息采集者自己想了解新闻事件，但这并不妨碍后来又将新闻信息向他人传播。新闻信息采集主要是指有目的地主动获取新闻信息，不包括被动接受新闻信息。新闻信息采集的目的可以分为认知事件、记录事件和反映事件。

一、认知事件

新闻信息采集并非一定为了传播，也可能只是采集者出于对新闻事件认知的需要。事件的本质是变化，对变化的本质呈现是对因果的表述，那么认知事件就要看到变化背后的因果，并且也只有对事件的因果关系做出判断，才能很好地认知事件。可以说新闻信息采集的目的之一是认知事件，也可以说是认知事件变化的因果关系。

无论是为了制作新闻文本，还是为了自己了解，认知事件都是新闻信息采集的重要目的。对事件的认知会因人而异。出于不同的认知目的，基于不同的认知能力，以及采取不同的认知手段，站在不同的认知角度，对事件的认知会有很大不同，采集信息的方式方法和具体内容也会有很大不同。

基于新闻信息采集的目的，如果从专业角度认知事件，就要相对准确地认知事件发生的时空、涉及的载体和背后的因果。新闻信息采集的重要目的就是对事件做出以上认知。当然，从业余认知角度来说，由于接受兴趣等的不同，进行信息采集时可能会出现对时空、载体、变化在某些方面的简省，甚至缺失某些方面的信息，就会导致对事件发生的时空认知不清，对事件载体认知不清，或者对事件发生的因果认知不清。

二、记录事件

记录事件是为反映事件信息和传播事件信息做准备。从新闻文本传播的专业角度来说，新闻信息采集的目的不仅仅是认知事件，还有记录事件。对于非专业的新闻从业者来说，记录事件或许不规范不专业，甚至缺乏记录的意识，只是在无意之间记录了新闻事件。

对新闻事件的记录未见得一定是主动为之，也可能是无意之间形成的记忆。新闻事件的亲历者或目击者可以通过回忆复述新闻事件信息，其对新闻信息的记录目的虽然不是采集新闻信息，但却可以成为新闻信息采集的一部分。对有目的的新闻文本制作者来说，记录事件是新闻文本制作的前提，只有事先收集到新闻信息，才能为新闻文本制作提供素材。

从一般意义上说，记录事件需要在认知事件的基础上完成，因为认知事件可以为记录事件提供方向和内容。但是，记录事件并非一定要建立在对新闻拥有完全认知的基础上，实际上也不可能做到对事件完全认知，因为任何新闻都不是单一孤立的事件，任何新闻都有复杂的背景、多样的事件载体和漫长的因果链条。不但如此，即使忽略新闻事件牵扯到的复杂背景和漫长的因果链条，人们对新闻事件的认知也会存在模糊不清的情况，而在这种情况下，依然可以记录新闻信息。有时候，在记录事件之后，需要通过对记录进行梳理，才能获得对新闻事件的清晰认知。认知事件与记录事件既存在先与后的逻辑关系，也存在先记录后认知的相反过程。在新闻文本采制实践当中，先记录新闻事件信息，再通过新闻文本还原新闻事件是常见流程。

三、反映事件

反映事件也是新闻信息采集的目的。因此，要反映事件，新闻信息采集就会有一定的目的性。要反映事件，就要明确事件都包括什么。事件基本构成要素包括时空、载体和因果，因此要反映事件，在新闻信息采集过程中，就要搜集事件发生的时空信息、载体信息和因果信息。

反映事件的形式有很多种，语言、文字、图片、音视频，以及其他综合形式。要反映事件，在新闻信息采集过程中需要针对想象中的新闻文本获取信息材料。新闻事件的构成要素和形式要素，决定了新闻信息采集的方向，以及具体的信息内容和信息形式。反映事件的角度、内容、形式和风格，在很大程度上决定了新闻信息采集的目的。

第二节　新闻信息采集形式

要呈现的新闻文本形式不同，新闻信息采集的形式也就不同，并且有时要综合运用多种新闻信息采集形式。根据已有的新闻文本形式，新闻信息采集形式可分为记忆采集、文字采集、电子采集和综合采集。

一、记忆采集

记忆采集是指采集者将新闻信息储存在自己的记忆中。虽然这种形式原始而不稳定，但却是最古老、应用最广泛，并且从古至今各种新闻形式都可能用到的新闻信息采集形式。很多新闻文本中都会掺杂记忆采集的信息内容。口头新闻经常采用记忆采集形式，在讲述新闻信息的时候，通过调取记忆，明确思路，组织语言，最终呈现出以口语信息为主的新闻文本。此外，文字、音视频类新闻文本也会借助记忆采集。新闻文本制作者会将记忆中的新闻信息呈现在新闻文本中。

记忆采集这种形式存在极大的不稳定性，无论是目击还是听闻，在储存到记忆中之后，等到调取的时候难免存在遗忘、遗漏或变形等情况。随着时间的推移，记忆本身会出现变形，人们会逐渐加入主观判断，甚至主观判断会扭曲新闻信息原貌。新闻文本反映新闻事件本就会掺入主观的判断，个人价值观和利益的不同更是会对其产生潜在影响，这些都会使记忆采集存在一定的可疑成分。对于通过记忆采集调取的新闻信息，我们需要细加甄别，尽量避免虚假信息的掺入。

二、文字采集

新闻信息的文字采集主要是指通过文字记录新闻信息，这在新闻采访当中表现为通过采访笔记的形式进行记录。文字采集的新闻信息既包括受访者的语言表述，也包括记者的观察和体验，还包括抄写的和新闻有关的各种信息。

有些新闻信息既不能依赖记忆，也不能依赖电子设备，而是需要通过文字记录才能做到采集准确、保留完整。即使新闻文本的最终呈现形式是音视频，也需要进行必要的文字采集，比如新闻涉及的人物信息，有些需要通过文字做出准确记录，再比如有些新闻信息不允许拍照或录音，就只能进行文字记录。音视频记录并不是万能的，文字采集是必要的补充，这在撰写新闻稿和进行新闻制作时会体现出来。

三、电子采集

电子采集是指通过电子手段采集和记录新闻信息。数字录像机、数字照相机、数字录音机等电子采集设备都能进行电子采集。随着现代科技的发展，电子采集成为新闻信息采集的重要形式，在音视频领域更是不可或缺。

在具象新闻信息的记录方面，电子采集与文字采集相比有明显优势。文字采集是指通过人的眼睛、耳朵，以及其他感官获取新闻信息，然后转换为文字予以记录。电子采集则是模仿人的眼睛、耳朵以电子形式记录新闻信息，即在记录阶段对人的接受感官进行模仿，其呈现也是以图片或音视频形式，直接与人的感官进行对接。

电子采集虽有高科技的加持，能够更加逼真地记录信息，但其对接的是人类的原始感官，与文字采集的抽象化有很大不同。电子采集形式总体来说是具象的，而文字采集则是抽象的，二者各有优点，各有弊端，配合使用可以更丰富、更全面地记录和呈现新闻信息。

四、综合采集

从新闻文本的最终呈现来看，在新闻信息采集阶段，往往采用综合采集形式，尤其是随着传媒科技的发展，综合采集新闻信息已成必然之势。

综合采集可以获得形式更多样、内容更丰富的新闻信息资源，可以为新闻文本的呈现提供更多可能。新闻文本终究要由文本的创作者来完成，而新闻文本创作者在赋予新闻文本相应信息的时候，只要能将新闻信息植入其中，就可以利用或转化利用多种信息形式。为保证新闻文本信息的丰富性，在新闻信息采集阶段，应当尽量采用综合采集形式。

第三节 新闻信息采集角色

专业的新闻信息采集者和报道者都可以称为新闻记者，本节主要从专业角度分析新闻信息采集角色，也可以说是新闻记者在新闻信息采集过程中的角色。记者既要扮演好职业角色，也要扮演好潜在角色。记者通过潜在角色可以获得更丰富的新闻信息，并将其记录下来，为新闻文本的创制做准备。记者在扮演记录者、报道者、事实的反映者、新闻从业者这些社会角色的同时，在实际采访中还会扮演更多的潜在角色。

一、职业者角色

记者在英文中可以用这样几个词来表示：journalist、reporter、correspondent、newsman。这四个词从某种意义上表征了现代新闻业的发展脉络：journalist 一词的词根是 journal，意思是旅行，journalist 则表示旅行者。之所以用旅行者一词来称呼记者，是因为在现代新闻业发展之初，是由一些旅行者来兼任记者的，这些旅行者可以提供大量的最新外界信息。reporter 一词的词根是 report，动词意义是报道，reporter 则是报道者。从旅行者到报道者，体现了旅行者从兼职记者到专职记者的身份转变。correspondent 的词根是 correspond，其词义是“一致”，correspondent 可以称为“一致者”，具体来说，就是保证新闻报道与新闻事实一致的人。这表征的是，现代新闻业发展到一定程度，对事件的真实性提出了要求，报道者不能像马可·波罗那样夸张地渲染自己的所见所闻，而要保证所报道的内容与事实一致。newsman 直译过来是新闻人，更准确地说应当是专职、专业的新闻从业者。汇总表示记者的四个英文单词的含义可以发现，记者一词包含了记录、报道、一致、新闻这样几个含义。记者在实际采访的过程中也确实需要诠释这些含义。也就是说，记者的社会角色是新闻事件的记录者、报道者、反映者，以及新闻从业者。

记录者是记者最本色的角色，记者的很多角色最终要通过记录者这一角色来实现。无论记者将事件调查得多么清楚，对事件分析得多么透彻，跟相关人员沟通得多么好，体验多么深刻，对事件还原得多么好，最终都要将这些记录下来，并且很好地呈现出来，然后才能制作出优质的新闻文本。

由于传播媒介不同，记录的方式也不同。对于视频新闻采访来说，只有记者了解是不够的，还需辅以与新闻相关的画面和声音，否则再多的了解都可能无法用视频语言表现出来。其他媒体记者也一样，各种潜在角色无论扮演得多么好，最终都要借助记录者这个角色来完成。

二、体验者角色

记者在新闻事件现场进行报道时常常是以体验者的身份出现。记者置身事件现场，无论是交代新闻发生的背景，还是讲述新闻事件的某个细节，都是以耳闻目睹为前提。可以说，记者是先于接受者的现场体验者。体验者这个潜在角色使报道更加生动而有说服力，因为亲历者的语言更容易让人相信。

作为体验者，记者应当在短时间内对体验做出概括，至少能用简练的语言做出口头表达。体验是亲身验之，记者通过亲身验证，向接受者说出感受，或做出理性的分析和总结，这是其职责所在。报道新闻事件的时候，记者对环境状况、具体情境、特定对象，都可以做出体验报道。

三、追溯者角色

记者很难从头至尾了解事件始末，很多时候需要对事件进行采访回溯，这时他们就成了新闻事件的追溯者。为了扮演好事件追溯者角色，记者要尽力联系到事件的主要相关人，对事件始末进行采访追溯。追溯者这个潜在角色能否扮演好，直接决定了报道质量的好坏，甚至成败。

记者采访的很多新闻并非正在发生，而是已经发生，那么记者在做采访时，就是新闻事件的“抢救者”“挖掘者”“复原者”，将以上角色进行概括，就是事件的追溯者。记者扮演事件追溯者角色的目标是尽可能地还原新闻事件，搜集新闻事件的相关信息，为后续的新闻文本构建准备尽可能多的素材。

一个好记者一定是一个好的追溯者。我们可以通过追溯事件发展脉络的能力、还原事件的能力和搜集事件相关信息的能力来考验记者的综合素质和现场应变能力。在采访过程中，记者应当将追溯者这个角色时刻铭记在心。

新闻记者的主要工作就是追溯新闻事件的来龙去脉。除非眼下最重要的工作是记录正在发生的新闻，否则眼前的工作就是搜集新闻细节、还原新闻原貌、做一个优秀而执着的新闻事件追溯者。

四、沟通者角色

记者在采访过程中需要多方核实新闻信息，出于职业需要，要扮演好沟通者角色。在涉及多方利益的采访中，更要理清头绪，呈现各方利益的相互关系和矛盾纠葛。记者扮演沟通者角色的主要目的是，通过沟通、核实判明新闻的主要事实。在还原新闻、记录新闻时，也需要通过良好的沟通让相关人员接受采访，并且乐于说出有价值的信息。

在调查类采访中，记者的沟通者角色也是非常重要的，尤其是当采访涉及利益争端和观点争执的时候。采访时，两方或多方常常存在观点分歧，甚至对同一件事有完全相反的表述，这时记者就要通过双方沟通或多方沟通来澄清事实。

绝大多数新闻是关于人的，在采集中需要与各种人进行沟通。记者要在沟通过程中努力捕捉新的信息和线索，然后不断将采访引向深入。要想做好沟通者，不但要懂得与各种人进行沟通的艺术，还要学会尊重各种人，同时保持礼貌和从容的心态。沟通的艺术在于让受访者敞开心扉，真诚地面对记者，提供真实可靠的信息或帮助。

五、调查者角色

一个优秀的记者一定是一个优秀的调查者。有些新闻事件简单明了，有些新闻事件则复杂隐晦，要想弄清新闻事件的原貌，记者需要进行必要的调查。当记者进入调查状态时，需要不断综合各方信息，然后按照信息提示，发现更多的线索，并追查下去。新闻调查过程就是信息搜集过程，优秀的新闻调查者能在信息搜集过程中将各种信息、线索拼接起来，形成因果明晰、脉络清楚的新闻概貌，在此基础上完成调查报道。

调查能力需要社会阅历和逻辑推理能力的支撑，二者缺一不可。在调查过程中，必然要和各种人打交道，记者应当对人性有一定的了解。在了解人性弱点和普通人心理的同时，记者还应运用良好的推理能力，对事件做出准确的分析。对有些新闻事件的调查就像警察破案一样，需要寻找线索，再顺着线索进行调查，并且边调查边对事件做出分析。对隐晦新闻事件的判断需要阅历和直觉，优秀的调查者有丰富的经验，能够根据有限的信息做出相对准确的推测，至少能确定几个可行的调查方向，继而朝着确定的方向边调查、边推测、边验证，同时顺着新发现的线索展开深入的调查，逐步挖掘事件的真相。

六、审判者角色

虽然本节说的记者角色都是潜在角色，但把记者定位成“审判者”，还是要加上引号才不至于引起误会。让记者扮演“审判者”的角色，无论是新闻理论界还是新闻从业者和管理者，很多人不认同，因为记者没有这样的权力，并且“审判者”同记者的身份不一致。但不得不承认的是，记者在采访过程中经常扮演“审判者”这个潜在角色，并且这个潜在角色扮演得好不好，在一定程度上决定着报道是否准确、是否合乎事实。

记者在扮演“审判者”角色时，需要在“审”中采访出事件的真相，在“判”中确定事件的真相。当然，记者在采访中要讲究方式方法，不应露出“审判”的痕迹，否则，记者就成了法官，就超越了记者的角色，也会让受访者因感觉不被尊重而影响信息的传达质量。记者可以带着追究事件真相的态度去询问，做到“审”中有观察、“判”中有分析。

“审判者”的角色听起来是非常主观化的，并且记者的角色已经从新闻报道者变成了司法践行者。如果要进一步解释，则可以这样理解：记者在报道调查类新闻的时候确实是一个潜在的“审判者”，只是不会轻易下判决，更不会让某个部门去执行，但即使这样，他们也总要扮演“审判者”的角色，这是由调查类新闻的特点决定的。即使是一些记录类新闻，也避免不了记者的判断，差别只在于记者能够在多大程度上将判断的观点掩藏好，怎样利用事实和逻辑将自己的判断很好地表达出来。尤其需要明白的一点是，无论记者想不想对新闻事件做出判断，他们心中都要对事件做出自己的判断，否则就不会对新闻有一个透彻的了解和呈现。如果记者明晰了事件的起因和结果，也知道了事件的主要经过，那么他们势必会有自己的判断，没有判断才是奇怪的事。

对于记者的“审判者”角色，一定要有审慎的认识：一方面，要知道记者扮演“审判者”的角色是正常的，也是必要的；另一方面，记者在扮演“审判者”角色的时候，一定要尊重事实，不能凭主观直觉，更不能以一己的好恶干扰接受者对新闻事件的判断。记者应该也必然会有自己的主观判断，但不能把自己的价值观体现得太过明显，否则新闻报道就可能出问题，因为记者在新闻报道中很容易根据自己的价值观做出取舍和转移。总之，记者的“审判者”角色一定要慎用，不能将观点强加于人。

七、评论者角色

记者在新闻现场所观察和感受到的都可以成为其评论的基础。记者应当客观报道了解到的新闻事实。记者作为评论者时，可以把自己转换成普通人的角色，告诉接受者自己对新闻事件和新闻现场的感受，进而做出比较真实而真诚的主观评论。

记者对新闻事件的评论应当寓于事件的报道当中，尤其是消息类报道，一定要抑制冲动的评论——评论要紧密结合新闻事件，要基于事实说话。一般来说，在还原新闻事件的基础上做出评论很重要，这是因为：一方面，观众更愿意看到基于新闻事实的评论；另一方面，新闻行业本身和社会现实都要求记者言之有据，不能空发议论。

记者的评论不同于评论员的评论。评论员的评论是针对事实做出剖析，然后提出观点，再做理论推演和论证。记者的评论更多的是针对新闻事件做出简单评论，一般不做系统而深入的理论剖析。记者可以成为评论者，但如果是在新闻现场报道新闻，就不适合做出太过深入的评论——既难以做到，又与自己的身份不符，因为记者的工作更多的是记录和调查，而不是评论，评论可以成为记者工作的一部分，但不是主要部分。当然，记者可以在演播室里兼做评论员，以媒体人的身份对新闻事件做出评论，此时其身份更倾向于评论员，而不是记者。

八、平常人角色

记者因为职业的缘故可以亲历事件，也因此有了现场感受，虽然如此，也改变不了记者是平常人的事实。记者只有意识到自己是个平常人，才能在采访中保持平常心，关注并采访出平常人关注的信息。如果记者忘记自己是个有血有肉的平常人，只把自己当作一个完全置身事外的记录者，那么会使采访失去很多人性化的东西，也会显得有些冷漠。

职业会塑造人。记者这个职业常常会让人忘记平常人的身份。记者既是旁观者也是记录者，旁观者做久了会让人变得冷漠，记录者做久了也会让人变得麻木。有的国家不允许医生当陪审员，因为立法者认为医生见惯了生老病死，其职业会让他们变得冷漠、缺少同情心，这样的人不适合参与司法活动。记者做久了也会让人变得麻木，因为新闻职业会让记者看到太多的贫穷、黑暗、无奈、不公，时间久了他们就会变成冷漠的旁观者。要想成为优秀的记者，不仅要有精深的业务水平，还要保持心灵的温暖和鲜活。只有拥有一颗温暖而鲜活的心，才能感受到他人心灵的震颤，才能感受到生存的挣扎与无奈。只有感受到他人心灵的脉动才能感受到社会脉搏的跳动，在此基础上，才能采制出具有现实意义、时代特点，乃至历史意义的新闻文本。

记者在扮演潜在角色的时候，其实也是在用不同的方式去采访。社会的复杂性、人的复杂性、事件的复杂性，决定了采访时要从多个角度思考问题、提出问题，这也决定了记者要扮演很多潜在角色。如果记者想让接受者感受到事件现场的气氛，就要扮演好体验者的角色；如果记者想要对事件进行如实报道，就要扮演好追溯者的角色；如果记者想要对存在争议的问题进行深入采访，就要扮演好沟通者的角色；如果记者想要调查出事件真相，就要扮演好调查者的角色；如果记者想采访出事件的真相并确定事件的真相，就要扮演好“审判者”的角色；如果记者想要对新闻事件做出说明，给出自己的观点，就要扮演好评论者的角色；如果记者想让新闻报道做出非常客观化的表达，就要扮演好记录者的角色；如果记者想要使采访更贴近接受者心理、更具人性化，就要以平常人的眼光和心态扮演好平常人的角色。记者的潜在角色既是采访的必要手段，也表明了一种采访态度。

第四节　新闻信息采集行为

新闻信息采集在新闻行业称作采访。从新闻传播的阶段性角度来考察，采访是新闻传播的重要一环。采访的目的是搜集新闻事件信息，其中重要的一项是获取新闻事件相关人的经历、行为和观点等信息。新闻人应学会从多种渠道通过多种方式获取新闻信息。

一、新闻信息采集的概念界定

采访是一种人际沟通行为，并且多是陌生人之间的人际沟通行为。对记者来说，采访不一定是出于自身的沟通欲望，更多的是出于职业需要——为了达到新闻信息采集的目的。

采访有广义和狭义之分。

广义的采访包括访问、调查、体验等多种行为，具体来说，是指新闻记者采集信息、访问相关人、调查相关事件。如果从更广的意义来说，采访不只是新闻记者的行为，也不只是采访新闻，还包括其他方面的沟通交流和信息采集。采访不只是新闻采访，还包括人物访谈、理论探讨、学术访谈等多种搜集信息的行为。在实际的新闻工作中，记者经常说的“出去采访”，就是广义的采访。因为记者说“出去采访”，其目的不仅仅是和新闻相关人进行对话，还包括对整个新闻事件进行多方面了解，其中就包括搜集与新闻相关的各种信息。

狭义的采访只包括记者与受访者之间的语言沟通行为。在具体的采访过程中，采访者处于主动状态，受访者处于被动状态，两者的沟通表现为采访者有目的地搜集受访者的语言信息。从字面意义上讲，可以将“采访”这个词分解为“采”和“访”，其中，“采”是“采集”的意思，“访”是“访问”的意思，那么“采”和“访”合起来就包括“采集”和“访问”两种含义。通过采访获取的新闻信息来源是受访者的记忆、观点和思想。其中，采集是访问的目的，访问是采集的手段。采访这种行为既包含处理新闻信息的目的，又包括处理新闻信息的手段。通过以上分析，可以根据处理新闻信息的目的和手段并结合行动目标给出狭义采访的定义，即采访是指通过问答形式采集他人记忆、观点和思想的人际沟通行为。

二、新闻信息采集的基本意识

按照采访的狭义定义来理解，采访是人际沟通行为，其形式是记者和受访者之间的问答，目的是搜集受访者的记忆、观点和思想。在采访过程中，首先要将新闻事件还原，或者搜集新闻事件的背景信息，这时就要搜集受访者的记忆。新闻事件发生后，受访者可能会有自己的感想、自己的观点，在采访时，记者就可以询问他们对新闻事件的看法。即使是新闻采访，也不是都要围绕新闻事件，也可以跳出新闻事件采访受访者的思想，以达到与新闻事件映衬和间接评价的目的。根据采访的定义，记者在采访过程中需要做好三方面的工作。

一是做好和受访者之间的沟通。采访是人际沟通行为，沟通能力的强弱将决定采访的成败。沟通能力强是指能够准确简练地表达自己的采访诉求，扮演好新闻事件和受访者之间沟通与还原的发动角色；同时，能让受访者说出应该说出的话，并能听懂受访者要表达的真实意思。

二是问答清晰连贯。好的采访在问题的设置上具有清晰的逻辑性，并且问题基本是连贯一体的。记者采访不应东一句西一句，想起哪句问哪句，这样的采访不仅会使采访者自己思路不清，造成问话中断，更严重的是由于采访者思路混乱、思维跳跃，受访者要不断变换思路，疲于应付。清晰的、逻辑性强的问题设置能够让受访者思路也跟着清晰，不至于对事件和观点的讲述太过混乱。太过混乱的采访除了会给记者本人和受访者带来沟通困扰，还会导致获取的信息不完整、不准确。混乱的采访也会给后期撰稿和编辑带来很大麻烦，因为撰稿和编辑之前一般要先厘清采访到的新闻素材，而混乱的采访会让检索新闻素材工作变得非常麻烦。因此，采访时一定要力求清晰连贯，为撰稿、编辑创造良好条件，避免使整个新闻采制工作陷入混乱。

三是搜集信息明确。采访是要搜集他人的记忆、观点和思想，这三者不一定都涉及，但至少可以从这三方面来组织问话。对记忆的搜集是很多新闻采访的重点。在搜集受访者记忆的时候，可以按照事件发生的时间顺序或因果逻辑进行采访，让受访者对事件进行完整的回忆和描述。在搜集完受访者的记忆之后，可以转向对事件的评价，甚至有些采访直接就是采集受访者对事件的评价。在搜集完受访者的观点之后，可以跳出新闻事件，对受访者的相关思想进行采访，用受访者的思想更好地观照新闻事件，可以使新闻采访上升到更高层面。

三、新闻信息采集的能力保障

新闻采访在新闻文本制作中占据至关重要的地位，是新闻信息采集的重要过程。对于任何形式的新闻文本采制来说，都有两大环节最为重要：一是新闻采访，二是新闻写作。能否做好新闻采访和新闻写作工作直接决定着新闻文本制作的成败，而能否做好新闻采访工作直接决定着新闻信息的采集是否全面准确。新闻采访是新闻信息采集的重要过程，只有搜集到足够全面的新闻素材，了解到足够多的新闻信息，才能在中期撰稿、后期编辑中游刃有余，不至于因为采访素材短缺而捉襟见肘。

新闻采访是记者“冲锋陷阵”的部分，是需要使出浑身解数去争取的部分，也是考验记者综合素质至关重要的部分，能否做好新闻采访工作关乎整个新闻报道的成败。新闻采访是从事新闻职业必须过的第一道关，也是记者生涯当中真正接受考验的第一道关。采访能力是考验记者综合素质非常重要的环节，也是对记者学识、阅历、智商、情商的综合考验。

记者需具备信息编码能力。所谓信息编码能力，就是能够将不连贯的碎片化信息串联起来，形成有意义的相对完整的信息编码。无论是通过目击观察、资料搜集获取的信息，还是通过对话获取的信息，都是新闻文本制作的重要素材。

此外，记者还应具备信息转化能力，即将获得的信息转化成要表达的信息。记者能获得的信息包括实物信息、文字信息、图片信息、音视频信息，以及人物的各种表达信息。记者要对这些信息做出有效解读，并将其转化为适合表达与传播的信息。这种能力既是为完成以后的采访做准备，也是为以后的新闻文本制作做准备。

第五节 新闻信息采集思路

要对事件有一个正确全面的认识，需要有明确的新闻信息采集思路，即要明确采访思路。在采访过程中，一定要做到思路清晰，要避免因为混乱的提问而无法获得必要的有价值的信息。要使采访思路清晰，需要形成了解和分析新闻事件或新闻人物的思维模式，继而提出问题。清晰的采访思路可以保证在提出问题的过程中，了解新闻事件，解析新闻事件，追踪新闻事件，还原新闻事件。下面对几种重要的新闻信息采集思路分别进行介绍，这些思路既可以单独使用，也可以综合运用。

一、从细节入手，逐渐拼接新闻概貌

有些新闻事件非常复杂，从了解到解析都非常棘手。对于这样的新闻事件，采访时应学会从细节入手，了解组成新闻事件的基本元素，比如事件发生的时间、地点，谁在新闻现场，事件的起因是什么。沿着新闻事件的细节逐步展开、记录、还原，就能了解新闻事件的概貌，继而进行更深入更全面的采访。

对于不太了解的突发事件，也应当学会从细节入手，逐步扩大范围，在了解事件发生的时间、地点、人物等基本情况之后，再进一步探究事件发生

的原因。从细节入手既是层层深入的过程，也是慢慢探究新闻本相的过程。从细节入手并不是忽略新闻的整体，更不是停留于新闻细节，而是一个由点到线再到面的逐渐扩散延伸的过程，最终可以拼接出新闻事件的整体概貌。

二、按时间顺序，了解事件发生过程

按时间顺序进行采访是了解和搜集新闻信息的基本思路。按事件的背景、爆发、结果、影响的时间顺序去采访，既可以保证采访者采访时的思路清晰，也可以保证受访者讲述时的思路清晰。对于具有时间延长性的事件类新闻，按时间顺序采访比较合适。

对于缺乏时间延长性，整个事件缺少时间变化的新闻，如果按时间顺序采访就不太合适。比如会议类新闻，其重点不在于时间线上的变化，而在于新闻内容层面的记录和呈现，对于这类新闻，如果按时间顺序采访就会成为“流水账”，会显得很枯燥。

有些重要新闻，可以顺次报道新闻发生各阶段的主要事项，但在采访中需要突出重点和亮点，这样的内容往往不是按照时间顺序来展现的，而是按照事件的内在逻辑来展现的。按时间顺序采访就像顺藤摸瓜，虽然显得有些单调，但能保证采访的完整性。很多新闻采访按时间顺序了解事件的发生过程，为此要注意事件发生的重要时间节点，并对重要时间节点的相关情况进行采访，了解在重要的时间节点发生了哪些重要的或者标志性的变化。

三、按逻辑关系，厘清事件发展脉络

事理都有其逻辑发展顺序，要想将事理解析清楚，就要遵循一定的逻辑。比如，从个别到一般的逻辑归纳法，通过归纳很多个别事例，得出一般性的结论。再如，发现无数杏花都在春天开，于是得出一般性结论：杏花在春天开。另如演绎逻辑，从“杏花在春天开”的一般性结论，可以推演出某棵杏树在春天开花，如果这棵杏树在秋天开花，那么就可以称其为违反一般性结论事件的新闻。

采访中经常会涉及对事理的分析，这就需要遵循一定的逻辑，即使分析问题时没有意识到在运用逻辑，也不妨碍逻辑发挥作用。如果出现逻辑漏洞，事理分析就会出现偏差，甚至导致分析结论完全错误。比如，某地杏花在秋天开了，于是就得出结论——杏花将改在秋天开，这样的归纳存在逻辑漏洞，犯了轻率归纳的逻辑错误，因为可供归纳的样本有限，不足以得出杏花都在秋天开的结论。

分析事件要遵循逻辑，采访也要遵循逻辑，这样才能保证采访准确可信。采访不同的新闻事件可以按照不同的逻辑顺序进行，并且各种逻辑顺序应当综合运用。以下简单介绍几种采访逻辑顺序。

1. 从原因到结果

逻辑顺序有很多种，按照人们理解事物的思维习惯，因果顺序是人们探究事理的惯用思维模式。因果顺序也是新闻采访当中经常遵循的——有因必有果，有果必有因，因果关系是人们对事理的基本认识。在采访中，记者可以对事件的前因后果进行追索，从而厘清事件的发展脉络。

万事皆有因，新闻事件也一样。一个新闻事件是由多方面原因促成的，只是在新闻采访中不能将新闻事件的原因都弄清楚。新闻采访对事件因果的探寻永远是部分的，无法呈现事件发生的全部因果链条。

从事件的原因开始逐渐推导，可以得出结果，但要注意原因的充分性。也就是说，要搞清楚是否这样的原因一定会得出这样的结果，如果不是这样，就应当确定这样的原因是主要原因还是次要原因，还是并不存在因果关系。分析事件可以根据事件的起因追索结果。在采访中，可以按照从原因到结果的顺序进行提问，求证事件原因造成了哪些结果。比如，对于一些灾难性新闻事件，势必要在采访事件的发生原因之后，进一步采访这样的原因造成了什么样的结果。

2. 从主要到次要

分清主次轻重是辩明事理的重要一步，当然这过程中避免不了会掺入人为的主观认知和利益因素的影响。采访时，可以按照从主要到次要的顺序进行提问和调查，按照事件发生发展的脉络进行采访。新闻事件总会有一个发展主脉，在事件的主脉上既会有原因的主要次要之分，也会有结果上的主要次要之分。在采访中，无论是对原因的追溯，还是对结果的探究，都可以按照从主要到次要的顺序展开。

3. 从整体到部分

从整体到部分，即看清整体，明晰部分，弄清整体和部分的关系。采访时，应先观照整体，再体察部分，按照从整体到部分的顺序进行。这既有利于对事件的认知，也有利于明确采访思路。整体是全貌，部分包括细节，采访时，可先对新闻事件整体进行概貌式了解，然后采访各个组成部分，最后关注事件的关键细节。

4. 从概括到具体

从概括性结论到具体的个体认知，根据这样的思路可以条分缕析地辩明事理。比如，如果对法律条文或者政策规定有准确了解，就能对现实当中的具体个案做出评判。在采访之前，可以先去了解法律条文或相关政策，再在采访过程中，评判有关人物或行为是否违背了相关法律条文或政策。这样的采访思路就是从概括到具体。这里的概括，是指法律条文或政策上的概括，而具体则是指落实到新闻事件上。有了概括式的结论和规定，对具体个案就有了判定标准，就可以对其做出定性分析。

5. 从现象到本质

从现象到本质需要理论的提升，也需要归纳和总结。透过现象看本质是人们认识人和事、认识自然与社会的常用思维模式。比如，可以先对现象进行证据固定式的采访，然后进行本质上的探讨，提出相关问题。很多新闻评论就是基于现象做出本质概括，新闻述评也是基于现象描述和罗列透视现象背后的本质。从现象到本质的采访需要对现象进行层层剖析，然后通过逻辑推理得出本质的结论。

6. 从特殊到一般

从特殊到一般也可以称作从个体到一般，逻辑推演目标是通过归纳众多个体的情况得出一般性结论。通过大量相同或类似的新闻事件的报道，可以针对某些现象给出一般性的结论，这种归纳式的报道方式在问题性的采访当中经常被使用。需要注意的是，特殊个体既有个体性又有普遍性，否则不足以支撑从特殊到一般的理论推导。从特殊到一般的采访方式是眼界不断拓展的过程，是对新闻事件进行认识提升和理论归纳的过程。无论是采访还是新闻文本的最终形成，运用从特殊到一般的逻辑推演方式都应避免犯轻率归纳的错误。有些特殊事件只是个案，不足以推演出一般性的结论，不应对其做过度阐释。如果个案既有突出的特殊性，又具有普遍代表性，那么就可以得出从特殊到一般的结论。既具特殊性又具代表性的新闻事件，无疑值得深入解析，可通过深入采访报道提升新闻文本价值。突出个案既有深入解析的价值，也暗藏被过度解读的风险，甚至可能因为个案所形成的偏见而误读整个世界。

7. 从结果到原因

从结果倒推原因，这是探究事件原因的一种方法，很多调查类新闻采访就采用了这种模式。追溯事件的原因，给事件一个完整的交代，是新闻采访的重要环节。很多新闻事件的结果是明显的，但原因却是隐晦不明的，从结果倒推原因，是新闻采访中常用的一种模式。

8. 从次要到主要

从次要到主要即从外围向中心推进，是了解、整合与解析新闻事件的一种方式。解决和明晰次要问题，会让事件的主体部分更加突出，如同铲除眼前的灌木和杂草会让人更加清楚地看到后面的乔木。采访时，也可以先把次要的细节厘清，再解析事件的主体。从次要到主要的采访方式在具体操作上可以转换为从细节入手，将新闻细节和基本要素采访清楚，在对细节的采访拼凑和新闻要素的采集过程中，渐渐将新闻事件拼凑完整。在采访的初始阶段，对于茫然不解的新闻事件，或者理不清头绪的事件，可以采用从次要到主要的采访方式。对次要部分进行采访既是接近新闻事件中心的过程，也是修剪新闻枝杈的过程。新闻文本需要简洁明了，但在新闻整体面貌不清的情况下，文本采制者并不清楚哪部分应该简省、哪部分应该构筑到新闻文本当中。在这种情况下，就要耐心地从新闻事件的次要部分，或者感觉是次要的部分展开采访。从次要到主要的采访方式，也是由表及里的采访方式，并不是所有新闻事件的解析都适合先抓主脉，有的新闻事件需要先从外围进行解析，采用由表及里、层层推进的方式。

9. 从部分到整体

从部分到整体，即先了解部分，再了解整体，通过对部分的了解形成整体印象，就如同了解一个人的性格、心理、学识、审美、价值观，进而了解整个人。采访复杂事件时，可以先将事件进行分解，分别进行采访，再针对事件的整体和内核进行采访。一个新闻事件往往是由很多个小事件组成的，并且任何新闻事件都可以分解成很多小事件，这个问题在“第三章　新闻事件组与事件集合”中做过分析。新闻采访和新闻文本的构筑都会有意或无意地为新闻事件划出范围，从而将新闻事件的因果追究限定在此范围内。为此，在新闻采访阶段需要将新闻事件分割成多个部分，通过对各个部分的采访，还原新闻事件的整体样貌。

10. 从具体到概括

先对具体样本进行解析，再得出概括性结论，这是从具体到概括的逻辑思维模式。从具体入手不是泛泛而谈，而是通过对具体的人和事做出准确的解析得出概括性结论。记者可以将这样的逻辑思维模式运用到新闻采访中。很多新闻评论正是基于对新闻事件的深度解析，得出概括性结论。很多概括性结论都是在多个分论的支撑下总结出来的，所以需要对很多新闻细节进行采访，得出各自的因果结论，从而为事件的概括性结论提供依据。

11. 从本质到现象

从本质到现象是从学习理论到运用理论的过程，知晓了本质，就能很好地解释现象。如果对事理或社会运转机制的本质有所了解，那么就可以很好地解释相关的社会现象。在采访之前或采访过程中，先对新闻本质进行论证和解析，再回到现象层面，针对现象进行采访，就能对现象做出很好的解释，也就能够保证对此类新闻事件的采访顺利完成。

12. 从一般到特殊

从一般到特殊是演绎逻辑经常采用的思维模式，也就是从一般性的普遍真理演绎出个体具有的特质。如果掌握了事物的一般规律，那么就可以将其运用到具体事物上，比如知晓冬天比夏天寒冷，就可以知道某个地方冬天的平均温度低于当地夏天的平均温度。掌握事件的大背景，知晓大趋势，就能对特殊的事件做出理论上和经验上的准确判断。从一般到特殊是用理论之刀解剖纷繁复杂的现实。将此模式运用到新闻采访中，就是运用相关理论、法律法规以及常识常理推演事实真相。

采访思路不是固化和单一的，而是有多种选择。在采访中，需要根据具体情况采用细节思路、时间思路、逻辑思路中的某一种，也可以综合运用多种思路。

第六节　新闻信息采集规范

新闻信息采集规范的目标指向是概貌信息真实、细节信息真实、截取信息真实和本质信息真实。所谓真实，是指文本描述与客观事实一致。判断文本描述与客观事实是否一致，会受到认知水平的制约，比如在“地心说”时代，“地心说”的描述看似与眼见的事实一致，但囿于认知水平，我们无法看到地球围绕太阳旋转的事实，而错将“地心说”当作事实。对新闻事件的描述难免一叶障目、不见泰山，所谓真实，也往往存在认知的局限性，但是基于人类认知的某一阶段，或者基于某一时代人们的基本认知，依然可以做出新闻信息采集真实性的判断。

一、概貌信息真实

在新闻信息采集阶段，概貌信息真实是指采集到的新闻信息在时间、地点、载体、过程和结果等方面与对应的新闻事件一致。概貌信息真实是新闻信息采集真实的基础，只有新闻信息的框架是真实的，才能保证后续的新闻文本制作是真实的，但同时需要注意，涉及新闻信息概貌的时间、地点、载体、过程和结果等方面的真实，都是相对真实，而非绝对真实。

概貌信息所涉及的时间是相对真实的，主要原因有二：一是时间是人为设定的，客观世界并没有为人类设定统一的时钟。所谓纪年、计时，都是人为的主观设定，人为设定的时间并不具有客观实在性，即人类事先设定了某时某刻为时间原点，这是一种相对的计时。二是人类对时间的计时无法做到绝对准确，只能做到相对准确，这使得新闻信息所涉及的时间概念只能是相对真实的。

在新闻传播实践中，新闻文本反映的时间有很多是模糊的时间区间，虽然很多时候言说的是时间点，其实质却是时间区间，比如昨天、昨晚、今天、今晨、刚刚，更不要说近日了。这些模糊的时间区间，并非准确的时间点，那么所谓时间真实也只能是“模糊”的真实了。总之，人类的任何行为在时间层面都无法做到绝对精确。

虽说时间真实是相对概念，但在人类特定历史阶段，对时间的测量有其相对性，涉及时间真实的准确性应当是在一般认知范围内。比如，时间是昨天，那么就不应超过按人类技术能力所标定的昨天这个时间范围，否则就是不真实的。只有涉及昨天最早和最晚的两个时间临界点有无法确知的模糊区间，在其他时段，在人类可测量的通用范围内，应当是符合的，如此才能称作时间真实。

地点真实与时间真实一样，同样存在相对性，无法做到绝对准确。有些新闻文本只将地点精确到某个城市，但一个城市很显然不是一个点，而是一个地域范围，所以这样的新闻信息采集和新闻文本反映只能是相对真实的。即使精确到某个小区、某一栋楼、某一户人家，其地点描述也只是一个范围，而不是一个绝对的点。即使将地点精确到经纬度，也存在误差，并且所谓地点也都是在事先划定区域的基础上做出的相对描述。总之，从新闻信息采集到新闻文本反映，在地点这个重要的信息要素层面，人类只能做到相对真实。

同时间真实一样，地点真实也是在人类通用的可测量范围内，不能超出界定的地点范围。比如地点是北京，那么就不能超出北京行政范围，唯一的模糊空间就在行政区划的边界附近，除此之外，在可测量范围内都不应超越北京行政区划，否则就是地点不真实。

新闻载体类似于传统新闻理论中所说的“人物”，似乎可以做到完全真实，但实际上，任何一个新闻事件都是由复杂的事件组构成的，没有完全孤立的单一事件，由于截取的新闻事件不同，新闻载体也有所不同，所谓载体真实也是相对的。虽说载体真实也具有相对性，但在时空相对确定的情况下，载体是否在其中，在人类可测知的范围内应该是相对明确的。如果在人类可测知范围内，在某一时空当中并没有这个载体，那么这个载体就是不真实的。

新闻事件的因果与新闻事件发生的时间、地点、载体直接相关。由于时间、地点、载体存在相对性，那么由此衍生的对事件因果的记录和描述也具有相对性。事件的原因和结果不但具有相对性，还具有无限延展性和无限复杂性，因为任何事件的因果链条都可以无限延长，在无限延长的基础上又无限复杂。即使最简单的事件，如果追溯事件载体的生成、发展和消亡的因果链条也无法彻底穷尽，这是由万物普遍联系决定的。

虽说新闻事件的因果链条无限复杂，但基于人类在某一阶段的认知水平，以及对新闻事件认知的价值取向，依然可以确定其相对真实的一面。事件因果的相对真实，基于相对真实的时间、地点，以及对载体变化描述的相对真实。变化的本质表达就是因果，所以新闻事件的概貌信息真实需要在因果描述方面符合人们对客观事物的认知。从信息采集到文本构成，事件都难以摆脱被“断章取义”的宿命，但如果“断章”符合人们对客观事件的基本认知，那么“取义”也就能够被接受，相对真实也就能够成立。

二、细节信息真实

如果信息采集只做到了概貌信息真实，那么只能保证新闻文本的整体样貌是清楚的，但细节却可能是模糊的，或者说虽有概貌信息真实，但缺乏细节真实做支撑。细节信息是相对概貌信息而言的，是在概貌信息所涉及的时间、地点、载体、原因和结果之下的又一层级的时间、地点、载体、原因和结果，这些信息的真实依然是相对的，同时对上一层级概貌信息的真实性起到支撑作用。

整体的变化会带来细节的变化，细节的变化可以在一定程度上反映整体的变化，比如车辆尾灯破碎可以反映车祸这件事。信息采集既要采集新闻事件的概貌信息，也要采集新闻事件的细节信息，两者互为印证、互为支撑。细节信息是概貌信息的血肉，概貌信息是细节信息的骨架，两者相辅相成，共同构成信息采集真实的基础。

三、截取信息真实

对新闻事件的信息采集，是根据认知、传播需要做出的主观截取，任何信息采集都不能做到“全息”。此处所说的截取信息，就是本书之前所说的任何新闻信息采集和新闻文本制作都是“断章取义”。所谓事件，就是人基于一定认知将无限关联的世界以事件的名义做出“断章取义”的命名。世间万物都是无限关联的，从来就没有纯粹的孤立事件。所谓孤立事件，只是人为地剪断了其他因果链条，而留下了单一的或有限的因果链条。

虽然从信息采集到文本构成都采用了“断章取义”的手法，但依然可以做到截取信息真实，当然这种真实依然局限于人类的认知水平，并且是相对真实。截取信息真实当然要符合人们对客观世界的一般认知，符合通常的认知标准。概括来说就是，在确定的时空当中，对载体变化的描述符合人们的普遍认知。具体来说就是，对新闻事件发生的时间、地点、载体、原因和结果的信息截取符合人们对客观事件的一般认知。

四、本质信息真实

现象与本质是人们对客观事物做出的表里划分。现象有可能是片面的、片段的、碎片化的，处于被认知事物的表层；而本质则是核心的、完整的，处于被认知事物的内里。现象常常是人们的感性印象，而本质则是思维统合、概括总结、分析提炼之后的抽象判断。从认知角度来说，新闻事件信息可以分为表层信息和本质信息。概貌信息、细节信息都可以算作表层信息，但可以透露出本质信息，并且保证本质信息的相对真实。所谓本质信息，是决定事件内核的因果信息。本质信息决定表面信息，表面信息反映本质信息。

本质信息既可以通过信息采集直接获得，也可以通过对表层信息的整合推理获得。无论采用哪种方法，在信息采集中，都需要保证新闻事件的概貌信息真实、细节信息真实、截取信息真实，在此基础上对所有信息进行整合与逻辑推理，可以保证本质信息真实。当然，本质信息真实也具有相对性，并非绝对真实，这也是由构成新闻信息的各要素具有相对性决定的。

此外，新闻事件的核心、核心因果等也具有相对性和变动性，由此反映出来的本质也就具有相对性和变动性。虽然本质信息具有相对性，甚至具有变动性，但结合新闻事件背后的事件组构成以及逻辑构成，依然能够在人们的普遍认知之下圈定事件的本质信息。比如，一个垃圾场既堆满了垃圾，又零星地有鲜花盛开，虽然垃圾场堆满了垃圾和鲜花盛开都是事实，但其本质是垃圾场，而非花园，这样的本质认知是非常清楚的。新闻事件的核心与新闻本质直接相关。新闻事件的核心往往能够反映新闻本质，所以对新闻本质的判断需要基于新闻事件的核心。

第十章 新闻文本构筑

新闻文本构筑是依据一定的新闻理论，对新闻事件所做的信息采集、整理和制作。从广义上来讲，口头讲述新闻事件也属于新闻文本构筑的一种，虽然口头讲述新闻事件从采访到制作的过程很简单，甚至是在无意之间创造出了新闻文本，但只要将新闻事件讲述出来，即使不完整，也相当于构筑了新闻文本。本章要讲的新闻文本构筑不是口头讲述新闻事件，而是从专业角度论述新闻文本构筑。新闻文本构筑是指对客观新闻事件进行信息采集和信息整理，并最终创造出反映新闻事件的新闻文本信息。口头新闻文本具有一定的随意性，业余新闻文本也不会像专业新闻文本那样规范，本章主要讲述相对专业的新闻文本构筑。

第一节　新闻文本构筑准备

新闻文本基于新闻事件而构筑，在构筑过程中涉及文本构筑者对新闻事件的认知、价值判断及看法。对新闻事件的事实认知、价值判断、立场表达和文本表达会因人而异，也会因新闻文本的表达形式、采制条件和传播平台的不同而有所不同。构筑新闻文本首先要熟悉新闻事件信息，而所谓熟悉新闻事件信息，就是要熟悉事件概貌、了解事件细节、知晓事件本质。

一、熟悉事件概貌

在构筑新闻文本之前，应当熟悉事件概貌。熟悉事件概貌就是熟悉事件发生的时空、载体、状态。在实际的新闻文本构筑中，有可能存在事件概貌不清的情况，比如具体时间不清、具体地点不清、涉及载体不清、事件过程不清、事件结果不清。在实际的专业新闻文本构筑中，有时只熟悉事件概貌，对事件的很多细节并不了解，为了及时传播新闻信息，会暂时不去顾及事件细节，而只报道事件概貌。比如，面对一些突发新闻，往往会先报道事件概貌，后续才报道事件细节。

为保证新闻文本的真实性，使之能够反映人们对事件的一般认知，在构筑新闻文本之前应当尽量熟悉事件概貌，这就需要搜集相关信息。搜集事件概貌信息需要明确基本方向，即要从新闻事件发生的时空、载体、状态入手。在新闻实践中，从信息采集到文本构筑都是围绕这三个方面展开的，只是在比较复杂的新闻中，这三个方面远远不止一组事件，而是会有很多组事件，这也就涉及新闻背后的事件组问题了。只了解复杂新闻事件概貌的一组时空、载体、状态还不够，还需要上溯、下延和旁及，如此才能为新闻文本构筑提供基础而全面的素材。

二、了解事件细节

为了充分反映新闻事件，构筑新闻文本之前需要了解事件细节。需要说明的是，事件细节不是构筑新闻文本的要件，因为只要了解新闻概貌就可以构筑新闻文本，但若想充分反映新闻事件，就需要了解事件细节。事件细节由时空、载体、状态当中的一种或几种元素构成，其中，状态主要涉及因果。事件细节中的每一种元素都与事件概貌相关，可以对事件概貌进行必要的补充和支撑，使新闻文本血肉丰满、信息丰富、立体可信。

在构筑新闻文本之前，应当尽力采集事件细节信息，当然，特殊情况下也可以在构筑新闻文本过程中根据需要进一步了解事件细节。除非在紧急或特殊情况下无法获取事件细节，或者所要构筑的新闻文本只需要传播概貌信息，否则都应了解事件细节信息，以保证新闻文本的丰富、完整。总而言之，在构筑新闻之前，对新闻事件发生的时空信息要尽量做到准确掌握，对事件发生过程中的重要时间节点信息、地点信息也要尽量做到准确掌握，对与事件概貌相关的“小事件”发生的时间、地点同样要尽量做到准确掌握。

另外，对与新闻事件载体相关的细节信息也要尽量获取。如果事件载体是人，那么人物的性别、年龄、身高、体重、职业、职务、长相、状态等诸多细节信息都应该根据文本构筑需要尽量做到清晰明确。如果新闻事件载体是物，那么与物相关的自然信息、与人相关的细节信息也应该根据文本构筑的需要尽量做到客观准确。对与新闻事件相关的其他变化信息，同样应当根据文本构筑需要尽量做到清晰完备。对于有些新闻文本，与变化相关的细节信息尤为重要，甚至是检验新闻文本是否与客观事件一致的重要指标。

三、知晓事件本质

对于构筑新闻文本，所谓事件本质，是指核心事件的核心因果，所以事件本质是事实判断，而不是观点判断。对于何谓核心事件，确定核心事件后，如何确定其核心因果，不同的新闻文本构筑者会给出不同的事实判断，但是基于某种普遍的客观认知和普遍的价值观，依然可以针对给定的事件做出本质认知。

新闻文本的构筑者应当知晓事件的本质，如此才能构筑符合客观事实而又清晰明了的新闻文本。要知晓事件本质，首先需要知晓事件涉及的时空、载体、变化，然后运用事实分析的基本逻辑，推导出核心事件与核心因果。事件的本质是因果，由于万物普遍联系，因果也是复杂万千，甚至无法逐列出，人类归纳出的因果都是基于已有认知，并有意或无意地做了简化。

因果无法完全列出，而事件的本质是因果，那么也就无法对事件的本质做出穷尽一切的表达，所谓本质概括，只能是在一定认知水平和认知需要之下的主观概括。出于现实认知的需要，以及认知水平的限制，知晓事件本质不需穷尽一切因果，只需截取一段因果，或者说只截取一部分因果进行表述。比如，判定发生追尾的原因，只需归咎于追尾车辆，而不需考虑月球万有引力的影响，也不需考虑汽车发明、汽车生产、石油开采、汽车加油与事件的因果关系。虽然所有这些物或人确实会对追尾车辆产生影响，并形成一定的因果关系，但很多影响微乎其微，或者因果链条距离车祸事件较远，所以人们在概括事件原因时会直接忽略。一方面，事件的本质是人们的主观判断，即使看似非常客观的判断，也终究是根据现实需要的主观化的“断章取义”。另一方面，基于现有认知、现有规则和现实需要，可以对新闻事件做出能够被大众接受的本质判断。知晓新闻事件本质的关键是知晓新闻事件的时空、载体、变化，在对这些关键因素进行描述的基础上，给出符合人们认知能力、认知习惯和现实需要的因果判断。

第二节　新闻文本构筑原则

新闻是接受者未知的事件，而接受者要想知晓事件，除现场目击外，需要借助他人构筑的新闻文本，这就涉及一个重要问题：新闻文本如何才能更好地呈现新闻事件信息？新闻文本构筑需要遵循什么样的原则？

一、合于事件

作为呈现事件信息的新闻文本，需要在符合人们基本认知的前提下，合于事件。人们对事件的基本认知可以归结为三个重要维度：时空、载体、变化。若使新闻文本信息合于事件，就需保证新闻文本所描述的时空、载体、变化与新闻事件一致。假设人们能够目击新闻事件，那么新闻文本所呈现的信息应当与人们目击新闻事件所了解的时空、载体、变化等因素一致。当然，人们对客观事件的认知会有差异，即使同是事件的围观者，即使都看清了事件，对事件的认知和描述依然会有差异。事件本就是人对客观事件的主观化截取、界定和描述，其中必然会有主观化的差异，但是人类可以基于认知水平对客观事件做出相近的主观描述。

判断报道是否真实的标准是新闻文本是否在时空、载体、变化等方面反映了新闻事件。描述、评判的角度不同，对事件的界定也会有所不同，甚至出现较大差异。新闻文本是否合于事件，有时需要在多个因素当中选取几个因素，然后推及其他因素，看能否达成一致。比如，为了确定一起车祸的因果，首先应当确定事件发生的时空、涉及的载体，然后推及因果。针对具体新闻事件，也可以先确定因果，再推及事件发生的时空及载体。无论如何推及，新闻文本所反映的时空、载体、变化都要合于事件，这是新闻文本构筑的基本原则。

二、信息流畅

如果新闻文本的信息表达能够做到流畅，那么就便于接受，也会提高接受效率。基于不同媒介构建的新闻文本信息会采用不同的方式保证信息流畅。比如，电视新闻文本要想做到信息流畅，就需要保证主持人导语、记者出镜、解说词、同期声等多种呈现形式构成的信息流是流畅的，即使表述信息的人物非常多、身份不一、言说目的不一、价值立场各异，总体构筑的信息流也应当是流畅的。即使调查报道纷繁复杂，涉及多方利益，人物众多并且各执一词，也可以通过主持人导语、记者出镜、解说词、同期声和现场声画的串联，以及借助技术手段，包括图表、数据可视化、动画模拟等保证信息流畅。

信息流畅是对新闻文本较高层次的要求，而不是新闻文本成立的必要条件。信息流畅是相对概念，难以量化，甚至难以准确定性。基于不同媒介构成的新闻文本，以及基于不同媒介传播的新闻文本，对信息流畅的要求也有所不同。包含采访同期声与画外音的音视频新闻文本，需要保证采访同期声与画外音的信息流畅；文字新闻文本则需要保证讲述与转述之间衔接的流畅，更要保证整体信息的流畅。一般要求新闻文本的信息流单线发展，而保证单线发展的基本方法是围绕核心事件构建信息流。为保证新闻文本的信息流畅，需要做到时间线清晰和因果链条清晰，这是判断新闻文本信息流畅的重要标准。

三、价值正向

出于人类文明健康可持续发展的考虑，新闻文本的价值观应当是正向的。当然，何谓正向的价值观，在不同时代不同人群会有不同的判断。总体来说，公平正义、善良正直是被普遍认可的正向价值观，但具体到事件当中，对于何谓公平正义，人们依然会有不同的判断，甚至可能出现相反的认知。如此说并非否定正向价值观存在的可能性，也并非将价值观看作完全主观化的无法统一的相对认知。必须指出的是，所有正向的价值观在不同时代不同人群，基于不同利益诉求和不同人生理念，以及基于不同的历史长度，都会有不同的判断，绝对化本身就是一个错误。

新闻文本背后都有隐在的价值支撑，只是有的新闻文本有意凸显制作者的价值观，有的则有意隐藏。新闻文本的价值观与新闻制作者的价值观很有可能不一致，甚至完全相反，所谓恶人发善言、奸佞作忠臣语，言不由衷的现象并不鲜见。新闻文本终究是人为的产物，人为即可作伪。此处所说的作伪，不是新闻作假，而是说新闻文本与新闻制作者的价值观不一致。自私者可以制造出倡导大公无私价值取向的新闻文本，心胸狭隘者可以制造出倡导宽容包容价值取向的新闻文本，在现实情境、利益诉求和认知导向的多重约束下，新闻文本制造者很可能构筑出与其价值观不一致的文本。无论是心口一致还是言不由衷，从人类文明发展的角度来说，新闻文本都应当有比较正向的价值观做支撑。

新闻文本凸显正向价值观，自然就会有主观化嫌疑。当然，新闻文本主观化并不等于错误，这是新闻文本的特质之一。新闻文本只是趋近于客观，或者表现为客观。新闻文本的客观性只是专业人士的说法，生活中有大量的口头新闻文本，无从限定新闻文本的客观性，无从约束新闻文本的主观性。于是，有的新闻文本整体表现得相对客观，有的则表现得非常主观，无论显得客观还是主观，都不影响新闻文本的成立。从专业角度说，消息类新闻文本更趋向于客观，否则其文本的真实性会遭到质疑，而评论类新闻文本主观性较强，即使制造者表现出客观中立的立场，其价值观也会展现出来，主观性也就无法掩盖。很多业余人士会将新闻文本当作自己的认知，甚至有意加入自己的主观化解读，从而凸显自己的价值取向。

需要明确的是，并非只有媒体专业人士构筑的新闻信息才是新闻文本，实际上，业余人士根据新闻事件构筑的新闻信息也是新闻文本。在生活中，人们会进行大量不经过专业媒体传播的新闻信息交流，自然就诞生了大量的新闻文本，在自媒体时代尤其如此。如果将专业生产和业余生产的新闻文本都考虑进来，那么新闻文本的出产量将非常大，保证新闻文本价值正向就不是简单的行业规范问题了。可以明确的是，无论是从专业角度，还是从新闻文本可能形成的公共影响力来说，新闻文本都应当体现正向价值，这是由人类文明发展的正向性决定的，或者说是由人类社会变得“愈加文明”决定的。

第三节　新闻文本构筑标准

新闻文本框架是构筑新闻文本的主要思想脉络，也可以说是新闻文本的骨架，决定了新闻文本的主要形态、主要内容和概貌。新闻文本是对新闻事件的述评。一般来说，对新闻事件的述评要有潜在的接受者，并且意在吸引接受者从头至尾予以接受。为此，新闻文本对新闻事件的述评应当做到让接受者有兴趣接受和易于接受。构筑新闻文本的基本标准可以概括为以下三点：主次分明，概貌清楚，逻辑清晰。当然，这只是对优质新闻文本的概括，即使不合乎以上标准，新闻文本也可以成立。

一、主次分明

新闻文本制作者应当将新闻信息分出主次，并对主要部分进行强调表达，次要部分进行简要表达，做到主次分明。对新闻信息做出主次划分，无疑是非常主观化的行为，这也是新闻文本主观化的例证之一。构筑新闻文本做到主次分明，既是文本制作者的主观意愿，也是出于对隐性接受者的考虑。所谓隐性接受者，是指文本制作者在制作具体文本时所想象出来的接受者。隐性接受者和实际接受者不同，同一个文本制作者的不同新闻文本，会有不同的隐性接受者。为了使接受者很好地接受新闻文本，需要主次分明地构筑新闻文本。

要做到新闻文本主次分明，需要在行文上有所突出，具体如下：在语序上，可以通过将主要内容前置达到强调和引人注目的效果，也可以通过段首提示、段尾总结来达到突出主要信息的目的。在修辞上，可以通过增加修辞亮点，突出主要信息，类比、借代、比拟、仿词、对偶、排比都可以起到强调的作用。当然，新闻文本对修辞手法的运用应做到恰当，避免过度"文学化"。还可以通过增加信息量的方式，对主要内容进行"浓墨重彩"的突出表达。

主次分明，不仅是对新闻文本的要求，也是对叙述学文本的一般要求。叙述学文本应当经纬分明：经是纵向脉络，是主线，纬是横向脉络，是次线。新闻文本尤其要做到主次分明，当然主次是由文本构筑者设定的，接受者所希望的主次很可能与文本构筑者的设定不一致。新闻事件的时空、载体、变化都可以作为主要内容予以突出，这就需要文本构筑者针对具体新闻信息做出主观判断和主观选择。

值得注意的是，新闻本质上并不是单一事件，而是由无数事件构成的事件组，在构筑新闻文本的时候，需要在事件组当中选择重点事件，依据事件重点信息构筑新闻文本的主要部分，依据事件次要信息构筑新闻文本的次要部分。比如，一个抢劫银行的新闻事件，劫匪的言行可以构成一个事件，银行工作人员的言行可以构成另一个事件，但在认知方面，人们常常会将这二者混为一个事件。还会有劫匪和银行工作人员因为各自的行为而给环境带来的各种改变，即使是最微末的改变也是改变，并且即使是最微末的改变也是一个事件。毫无疑问，在劫匪抢劫银行这样的新闻事件中，可以切分出无数个事件——任何载体在时空当中发生的任何变化都可以构建一个事件，那么从抢劫银行这个事件当中可以找到无数个载体，而无数个载体在新闻时空当中会有无数个变化，从而构成无数个相关事件。针对抢劫银行这一事件组，新闻文本构筑者可以从中选择一个事件作为主要事件，选择其他事件作为次要事件，并从主要事件当中选择事件的主要信息，从而构筑主次分明的新闻文本。

二、概貌清楚

新闻事件的时空、载体、变化，经过繁简设置、串联组合，构成新闻文本概貌。

新闻文本的概貌应当清楚，具体表现如下：单一事件的新闻文本，需要重点明确时空、载体、变化信息；多个事件的新闻文本，需要明确核心事件，突出核心事件的时空、载体、变化信息，同时对重要相关事件的时空、载体、变化信息根据需要予以明确。新闻文本概貌即事件概貌，事件概貌即时空、载体、变化简练而准确的信息呈现。

虽然新闻文本可以掺入对未来的推想和预测，但是对未来的任何推想和预测都不能成为新闻文本的概貌，否则就会脱离新闻的本质性规定，脱离新闻文本的本质性表达。新闻文本是对过去事件的描述，即使直播或现场目击，接受者所接受到的信息相对于正在发生的事件也是滞后的，因为声与光的传播需要时间，而新闻信息需要通过声与光进行传播。新闻文本的所有信息都滞后于客观事件，由滞后信息构成的新闻文本自然可以称为历史文本。如果用历史文本的概貌衡量新闻文本，那么同样可以得出以下基本结论：只有简练而准确地反映事件的时空、载体、变化信息，才能保证新闻文本概貌清楚。

三、逻辑清晰

新闻文本表现为对客观事件的描述或判断，其中暗含因果逻辑。新闻文本不是对静态的物的描述，而是对动态的事的描述，事的背后是变化，变化的背后是因果。新闻文本总是要反映变化，总是要或隐或显地涉及因果，没有反映变化没有涉及因果的文本不能称为新闻文本。新闻文本对变化的反映、对因果的呈现要遵从人们认识客观事物的一般逻辑，并且要做到逻辑清晰。

为保证新闻文本的逻辑清晰，构筑新闻文本既要遵从形式逻辑，也要遵从事实逻辑。新闻文本最常见也最基本的逻辑就是因果逻辑，其反映的变化常常蕴含或涉及因果逻辑，但是并非每个新闻文本都能准确描述因果，即使能准确描述因果，也是相对准确，而不是绝对准确。

因在前，果在后，但是“因”前还有“前因”，“前因”前还有“前前因”，以至无穷；“果”后还有“后果”，“后果”后还有“后后果”，以至无穷。正是基于以上逻辑，所有新闻文本反映的因果都只是片段因果，而非全部因果。不但如此，新闻文本构筑者会有意或无意地忽略大量因果，只选择所谓主要因果，比如一起车祸的发生与空气阻力、空气湿度、空气温度、地面摩擦力，甚至与世间万物对车形成的引力都有因果关系，但这些因果经常被忽略。即使人们所判断的主要因果在一定的认知范围内是成立的，其他因果也依然是存在的，只是因为现实需要、认知局限等将所谓次要的因果忽略了，但忽略不等于不存在。由此需要说明的是，新闻文本所呈现的因果逻辑是有局限性的，并不能做到科学严谨，这也与人类文明进程大体相适应。诸多新闻文本都是时代的产物、特定文明的产物，反映了特定时代、特定文明对客观事物的一般认知水平和认知需要。

因果逻辑是新闻文本的基本逻辑，新闻文本能够做到因果逻辑清晰，就能保证整体逻辑清晰。新闻文本一般需要有重要的时间节点，通过时间节点呈现事件变化，并体现事件暗含的因果。新闻文本的表述逻辑包括：从整体到个体，从个体到整体，从现象到本质，从本质到现象，从宏观到微观，从微观到宏观，从具体到抽象，从抽象到具体。新闻文本的表述逻辑可以通过归纳法和演绎法呈现，但需要保持严密性，应当避免轻率归纳、并非因果、类比不当等基本逻辑错误。在遵从基本逻辑的基础上，整个新闻文本应当做到行文简洁、逻辑清晰。

第四节　新闻文本构筑目标

构筑新闻文本会有其目标，目标与目的相关，经济目的、政治目的、娱乐目的等都可能促使文本构筑者构筑新闻文本。新闻文本构筑目标虽有不同，但所要实现的抽象目标却可能大致相同。从新闻文本专业性和优质角度考虑，可以大致概括出构筑新闻文本的基本目标：吸引接受者、浓缩信息、凸显价值。

一、吸引接受者

构筑新闻文本不是为了孤芳自赏，也不是为了藏之名山，而是为了在最短时间内传播给更多接受者，所以吸引接受者是构筑新闻文本的目标之一。不考虑传播环节，仅从文本角度来说，新闻文本内容、新闻文本形式、新闻文本体裁都对吸引接受者有较大影响。

对于什么样的新闻文本内容能够吸引接受者，不能一概而论。从理论上说，接受人群极为复杂，对新闻文本的需求也不一样，因而需要基于分众传播确定新闻文本内容。基于细分接受者，垂直构筑新闻文本内容，制作更有针对性的新闻文本，可以更好地吸引接受者。当然，不做比较详细的接受者细分，也可以选定一些大众普遍感兴趣的新闻文本内容，诸如凶杀、暴力、色情、战争等从来都是拥有庞大接受人群的新闻文本内容。在新媒体时代，尤其是在算法推荐平台，基于受众定位制作新闻文本更容易吸引接受者。

构筑新闻文本吸引接受者，除了可以在新闻文本内容上下功夫，还可以在形式上做文章。新闻文本形式非常广泛：从表现形式来看，有口语、文字、图片、音频、视频，其中文字、图片还分为纸质和电子两种；从体裁来看，有消息、评论、专题；从结构来说，有倒金字塔式、解读式、时间直线式、因果链条式和悬念设置式；从题目来说，有主题概括式、疑问式、标题党式和花边式。

吸引接受者是文本构筑的目标之一。所谓内容与形式的划分，只是便于分析表达，实际上内容与形式并不可以区分开来。其实，世间事物都难以严格区分出内容与形式，有时所谓形式就是内容，内容与形式是相融的，而非界限分明的绝对存在。在构筑新闻文本过程中，为吸引接受者，一般强调内容为王，即使在形式上大做文章，内容依然是文本的终极指向，无论对形式如何调整或强调，最终传达给接受者的依然是内容信息。多数接受者在接受新闻文本时不会将新闻文本分为内容与形式，或者无法分出内容与形式，只是会整体接受。

二、浓缩信息

新闻文本的篇幅长短不一，但无论篇幅长还是短，新闻文本的构筑目标都应当是尽可能包含更多信息——在有限的篇幅内，尽量浓缩信息，使新闻文本内容更丰富、信息量更大。新闻文本只能述评新闻事件的一部分信息，或者构筑者主观地认为构筑的新闻文本是述评新闻事件的主要信息，但主要信息可以更详细，比如时空可以更具体更精确，对新闻事件的载体和变化的述评可以更详细，也可以增加更多的事件，更好地诠释新闻“事件组”的概念。

新闻文本对信息的浓缩，既需要在语言上炼字炼句，更需要在文本内容选择上进行提炼。新闻文本既要在表达上清晰准确，也要在有限的篇幅内增加信息量，但是，有意做出模糊暗示的信息会传递更大的信息量。虽然文学文本倾向于想象，新闻文本倾向于写实，但新闻文本在传播和接受过程中，无法排除接受者的想象。对新闻文本的想象应当是基于新闻事实的合理推想，这不同于文学文本中的虚构。新闻文本的想象有时不是文本构筑者直接做出的，而是通过浓缩信息，引导接受者去做合理想象。很多不便于直接写入新闻文本又有必要提醒接受者注意的信息，往往会通过春秋笔法、点到即止或合理暗示的方式，构筑到新闻文本中。

为保证新闻文本能够浓缩更多信息，要求新闻文本构筑者对新闻事件有很好的概括力，具体表现就是能够在最短的篇幅内对新闻事件的时空、载体、变化做出相对清晰准确的述评。对于复杂的新闻事件，在构筑新闻文本时，需要述评多个相关新闻事件，为保证信息浓缩，需要在较短篇幅内明确多个事件的因果及相互联系。浓缩信息的基础是框架清晰、逻辑清晰、核心事件清晰。浓缩信息只是相对概念，无法做出量化界定，只能做出相对的定性评价。评价信息浓缩涉及多个变量，包括文本篇幅、新闻事件、文本形式、述评达意、内容蕴含等。正是因为评价信息浓缩的变量如此之多，对新闻文本的信息浓缩程度和效果只能做出相对判断和模糊判断。

三、凸显价值

新闻文本主要是对事实进行述评，而在对事实进行述评的过程中，新闻文本会呈现某种价值观。新闻文本是基于客观事件的主观构成。新闻文本构筑者对世界、社会、个体的认知，会在很大程度上影响其对新闻事件的认知。新闻文本构筑者的认知基础、认知逻辑和价值观决定着新闻文本的价值呈现。新闻文本价值由文本构筑者赋予，既有有意的成分，也有无意的成分。构筑新闻文本的目的是传播，传播的目的既在于传播事件本身信息，也在于传播事实信息衍生或与之关联的其他信息，进而有意或无意地对价值取向和传播导向做出表达。如果说新闻传播的根本是价值观传播，那么构筑新闻文本就要凸显事件所能呈现的价值导向。

构筑新闻文本要凸显的价值包括三个：一是凸显新闻事件本身的价值。新闻对接受者有认知实用价值或娱乐围观价值，新闻文本要凸显新闻事件所具有的认知实用价值或娱乐围观价值。二是凸显新闻文本价值。新闻文本价值基于新闻事件实现，新闻文本构筑完成后即成为客观实在物，于是具有客观实在价值，也表现为认知实用价值或娱乐围观价值。三是凸显新闻文本构筑者价值。新闻文本构筑者自身的价值取向、价值立场会渗透到新闻文本中，新闻文本构筑者可以通过新闻文本传播其价值观，也可以借此凸显其自身存在的价值。

新闻文本构筑者会有意或无意地将价值观赋予新闻文本，即使在构筑新闻文本时尽力做到客观，主观性也永远无法避免。有些新闻文本构筑者会有意凸显自己的价值观，使接受者可以更明确地了解新闻文本的构筑意图。这样说并不是提倡新闻文本构筑者在新闻文本中加入大量的主观情绪或主观评论，而是鼓励新闻文本构筑者直率地展现自己的认知，从而让接受者更容易地领会新闻文本的价值取向。当然，有些新闻文本构筑者会有意隐藏自己的价值取向，希望收到润物细无声的效果，甚至可能带着欺骗目的，让接受者自己得出被预先设置又未曾暴露的结论——这样的新闻文本一般不能称作优质新闻文本，因为存在欺骗成分，不符合人类文明的正向发展。制作新闻文本的目的各有不同，采取的策略也就各有不同。所谓凸显价值，只是针对那些能够直面现实，并且以推动人类文明正向发展为目的构筑的新闻文本。

新闻文本传受　第十一章

新闻传受并不是严谨的理论提法，但却成为重要的新闻理论。新闻传受的准确提法应当是新闻文本传受。如果确认新闻是事实，那么事实是不能被传受的，被传受的只能是基于事实归纳而成的新闻文本，所以新闻传受的提法应改为新闻文本传受。众多新闻传受理论实际上是关于新闻文本传受的理论。新闻文本传受涉及新闻事实、新闻信息采制、新闻信息传受，其中隐含新闻采制者、新闻传播媒介和新闻接受者。新闻文本传受理论主要是关于将新闻文本信息传播给接受者的理论。本章主要从新闻文本传受的载体、要素、目的、效果四个方面进行阐述。

第一节　新闻文本传受载体

新闻文本传受载体既不局限于传统媒体，也不局限于新媒体，而是包括任何可以传播与呈现新闻文本信息的载体，比如口头新闻文本传受所需的空气就是新闻文本传受的载体。新闻文本传受更早的历史无法通过实证予以明确，但结合人类社会发展史，通过合理推断，可以确认新闻文本传受的早期历史。新闻文本传受历史与人类发展史紧密相关，人类出于生存、生活、娱乐等需要，记录并反映客观事实，同时出于沟通或倾诉的需要，会进行新闻文本信息的传受活动。从普通动物进化到人类不可能有一个清晰的分界线，进化的渐进性使新闻文本传受载体历经自然传受载体、书画传受载体、电子传受载体等阶段。

一、自然传受载体

一般来说，新闻、新闻文本、新闻文本传受都属于人类世界的特有概念，与普通动物无关，但是从演化论角度来说，人类祖先与普通动物之间并没有清晰的界限，并非从哪一代、哪几个或哪一个开始突然发生了质的改变，突然从普通动物演化为人。演化是渐进的，人是慢慢告别普通动物的，那么新闻起于何时？是否在完全从普通动物演化为人类之前就出现了新闻、新闻文本、新闻文本传受？如果将新闻、新闻文本、新闻文本传受的概念限定于报纸等媒体，那么很显然不符合新闻文本传受实际。人类还是普通动物的时候就出现了新闻，就有了新闻文本与新闻文本传受。蜜蜂尚且能通知同伴在哪里发现了鲜花，群狼尚且能相互沟通进行围猎，晚间站岗的仙鹤尚且能通知同伴有危险动物靠近，人类祖先在演化为人类之前怎么会没有新闻信息的沟通？

新闻文本不是人类特有的传受信息的形式，普通动物也能感受周围环境的变化，并且会以环境的变化为客观事实的基础，通过可沟通的信息形式反映客观事实或表达主观认知。人类从普通动物进化而来，在普通动物阶段，出于生存需要，会与群体或个体沟通新闻事件信息，这样的沟通就属于动物阶段的新闻文本传受，也可以称为原始阶段的新闻文本传受。动物阶段的新闻文本传受以构建新闻文本为基础，而构建的基础就是声音语言和身体语言，传受的条件则是空气和光——空气用来传播和接收声音振动，光用来传播和接收图像信息。

通过自然载体传受新闻文本信息既符合演化论，也符合动物生存现实，同样符合人类文明发展实际。通过自然载体传受新闻文本信息从未消失，一直存在于动物界，也存在于整个人类发展史当中。仅仅通过自然载体传受新闻文本信息属于普通动物阶段或人类文明发展的低级阶段，但就像不能将人类的演化在普通动物与人类之间划分出清晰界限一样，也无法确定从什么时候开始什么样的新闻信息传受彻底脱离了普通动物。就像无法确定人类何时发出的什么样的声音可以称作语言一样，我们也无法确定什么样的新闻文本可以算作最早的新闻文本。借助自然载体传受新闻信息与整个人类演化史相伴随，新闻文本的表现形式也在不断演化。人类开始新闻信息传受的时间无法确定，只能说人类祖先在演化为人类之前的新闻信息传受与普通动物一样，都是借助自然载体传受新闻信息。

对人类来说，古老的新闻文本传受载体既不是报纸，也不是广播、电视、网络，而是空气与光，因为口头新闻信息传受是从古至今都被广泛应用的新闻传受形式。原始社会的人们在生活中需要及时传递新闻信息，只有这样，集体化的社会生活才有意义，才能形成整体力量，这时就需要以口耳相传的形式传递新闻信息。与口耳相传类似，聋哑人的手语、普通人的肢体语言都是新闻信息传受的基本形式。新闻文本传受的本质是由传播者向接受者传播新闻事件信息，只是构筑新闻文本信息的材料以及采用的传播媒介会有所不同。从普通动物到当今人类都在不断制作新闻文本，并通过自然载体传受新闻文本。

二、书画传受载体

当书画记事在人类文明中出现时，就实现了跨时空信息传播，人类信息传播不再停留于口耳相传、瞬间消逝的自然载体传播，这也为新闻文本的书画传播创造了条件。新闻文本的书画传播是指借助岩壁、兽骨、金石、绢帛、纸张等可以直接触及的媒介，传播新闻文本信息的传播模式。当人类能够用绘画、文字表述新闻事件时，将绘画、文字信息刻画在媒介上，接受者接收到并能够领会书画信息，就实现了新闻文本信息的书画传播。比如，中国河南省安阳市殷墟出土的甲骨上就有大量的新闻文本，其跨越时空的传受方式，就可以称作书画传受。甲骨上的大部分内容是有关殷商王室占卜的记录，而很多甲骨上刻写了针对某件事的占卜情况，有些记录的是对天气、农作物收成的占卜，有些记录的是关于病痛或生子方面的占卜，还有记录打猎、作战、祭祀等事情的占卜，有些甲骨上还刻写了甲骨的来源和保管情况，这样的记事文字被称作“记事刻辞”。无论是对各种占卜事件的记录，还是“记事刻辞”，都是对当时某个事件的文本反映，都可以称作书画类新闻文本。此种文本可以跨越时空，供后来的接受者去解读，从新闻信息传受角度来说，这就属于新闻文本的书画传受。

记事石刻是新闻文本在书画传受历史阶段非常好的见证。秦朝丞相李斯曾经多次陪同秦始皇出游，并根据出游情况撰写了一系列石刻碑文。从新闻文本角度来看这些石刻碑文，可将其称为石刻新闻文本，其所形成的新闻文本传受就是书画形式的新闻文本传受。《泰山石刻》中记载：“皇帝临位，作制明法，臣下脩饬。二十有六年，初并天下，罔不宾服。亲巡远方黎民，登兹泰山，周览东极。从臣思迹，本原事业，祗诵功德。治道运行，诸产得宜，皆有法式。”[①]《琅琊刻石》中记载：“维二十八年，皇帝作始。端平法度，万

① 司马迁. 史记（一）[M]. 北京：中华书局，2011：208.

物之纪。以明人事，合同父子。圣智仁义，显白道理。东抚东土，以省卒士。事已大毕，乃临于海。”[①]《之罘刻石》中曰：“维二十九年，时在中春，阳和方起。皇帝东游，巡登之罘，临照于海。从臣嘉观，原念休烈，追诵本始。”[②]公元前210年，秦始皇巡游会稽，李斯撰写的《会稽刻石》中记载：“皇帝休烈，平一宇内，德惠脩长。三十有七年，亲巡天下，周览远方。”[③]从以上节选的石刻文字中可以看出，有时间地点，有背景追溯，有人物行为，有原因结果，有评论描述，既构成了完整事件，又有相关评论，可谓述评式石刻新闻文本。这样的石刻新闻文本实现了新闻文本的书画式传受。

记载在书籍上的新闻文本就更多了，尤其是历史书籍。比如，《左传·隐公元年》中曰：“元年春，王正月。三月，公及邾仪父盟于蔑。夏五月，郑伯克段于鄢。秋七月，天王使宰咺来归惠公、仲子之赗。九月，及宋人盟于宿。”[④]《左传·隐公三年》中曰：“三年春，王二月己巳，日有食之。三月庚戌，天王崩。夏四月辛卯，君氏卒。秋，武氏子来求赙。八月庚辰，宋公和卒。冬十有二月，齐侯、郑伯盟于石门。癸未，葬宋穆公。”[⑤]上述所引内容是对多个时间段多个事件的记述，其中涉及时间、地点、人物、变化等新闻事件元素，其纸质文本记述可以称为书画形式的新闻文本，其所达成的传受则是书画形式的新闻文本传受。到报业出现，书画形式的新闻文本传受越发普及，不再局限于精英阶层，尤其是在商业化报刊出现之后，书画形式的新闻文本传受开始向普通市民普及。

三、电子传受载体

随着电报、广播、电视、互联网等媒介的出现，出现了电子传受载体的新闻文本，尤其是以互联网为代表的电子传受载体，实现了面向公众的更快速更广泛的电子传受。电子传受载体与自然传受载体、书画传受载体相比，虽然技术水平有了极大提高，但传受本质并没有变化，依然是从新闻文本制作端向新闻文本接受端的传播与接受。电子传受载体使新闻文本传受不但实现了跨时空，还大大缩小了时空，其中，“新闻直播”是典型代表。“新闻直

① 司马迁.史记（一）[M].北京：中华书局，2011：209.
② 司马迁.史记（一）[M].北京：中华书局，2011：213.
③ 司马迁.史记（一）[M].北京：中华书局，2011：223.
④ 左丘明.左传[M].郭丹，程小青，李彬源，译注.北京：中华书局，2018：3.
⑤ 左丘明.左传[M].郭丹，程小青，李彬源，译注.北京：中华书局，2018：24.

播”只是新闻文本生成时间趋近于新闻事件发生时间，但不可能完全实现同步，即使在新闻现场目击新闻事件，也存在时间上的滞后。电子传受载体所呈现的新闻文本同样会有一定的滞后。电子传播速度受到信号采集距离、设备反应时间、信号模拟输入与输出时间、信号传输距离、接收设备反应时间、接受者接受时间等一系列因素的影响。虽然电子传输以光速传播信号，但再短的距离，即使是光的传播，也需要时间，所以，依靠电子设备传输并依靠电子设备采集、制作、呈现的新闻文本，并不能实现与新闻现场同步，总会存在一定的滞后。

电子传受载体中的电报，通过电子技术传输信息，但一般呈现在纸质载体上，虽说如此，毕竟实现了跨时空的信息传受。电子传受载体中的广播通过音频实现跨时空信息传受，电视通过音视频实现跨时空信息传受。传统的广播电视信息体现为时间线性，并且稍纵即逝，类似于口耳相传的自然传受，这与具备回看功能的书画与互联网传受有所不同。电报、广播、电视这些电子传受载体已经归入传统行列。20 世纪 90 年代，互联网成为新闻文本的新型载体，移动互联网普及以后，电子化新闻文本成为更具影响力的传受媒介。在媒体汇流大背景下，很多媒体将新闻文本信息汇聚在互联网上，使得互联网综合了以往多种传受载体的功能，新闻文本也基于媒体汇流实现了多种传受功能的立体综合。

随着科技的进步，电子传受载体的传受功能不断丰富，并且能容纳多种传受形式。只要人类文明不断发展，科技不断进步，传受载体的丰富与迭代就没有尽头，并且会出现比电子传受载体更先进的新闻文本传受载体。新闻文本传受载体会随着人类科技的发展而迭代，有的逐渐退出新闻文本传受领域，有的则始终伴随人类科技的发展，比如借助空气振动和光感的口耳相传。自然传受载体是一种相对恒久的存在。不但口耳相传需要空气和光这种自然传受载体，即使书画传受载体也需要光，当然可以不是自然光。很多时候，电子传受载体依然需要借助空气和光完成最后的传播与接收。基于“脑机接口”实现的新闻文本传受，可以近乎排除自然传受载体的参与，但除此之外，其他形式的新闻文本传受和呈现依然需要依靠自然传受载体。

第二节 新闻文本传受要素

新闻文本传受需要有客观事件，这是新闻文本传受的第一要素，也可以称为新闻文本传受的客观之源。新闻文本传受的第二要素是接收和反映客观事件信息的采制者。要实现新闻文本传受，需要新闻信息的采制者构筑新闻文本，这是新闻文本传受的第三要素。有了新闻文本，若要实现新闻文本传受，还要有传受载体，这是新闻传受的第四要素。具备以上条件还不足以完成新闻文本传受，还需要有传受行为，也就是将新闻文本传播给接受者，这是新闻文本传受的第五要素，由此也就自然引出新闻文本传受的第六要素——接受者。最简单的口耳相传形式的新闻文本传受也需要以上六大要素。现代媒体完成的新闻文本传受同样离不开这六要素。这六要素必须全部具备，新闻文本传受才能完成，缺少任何一个要素都不是完整意义上的新闻文本传受。

一、客观事件

实现新闻文本传受，首先要有可供传受的客观事件。客观事件是新闻文本传受的初始动因和信息之源。新闻是接受者未知的事件，新闻文本是基于新闻事件构筑的信息，而新闻文本传受是新闻文本从传播者传播到接受者接受的过程。事件是新闻的本质性存在，而事件的本质性存在是变化。所谓事件，就是对变化的描述，而变化总是具有历时性，甚至人们对时间的感受，其实质也是对变化的感受，如果感受不到任何变化，也就无法形成时间概念。

人们在描述事件时，常常会给出一个时间点，这样的时间点似乎不具有历时性，即不是一个时间段，但其实它暗含着从某个未知的过去时间点到事件发生的时间段，只是这个时间段是模糊的，未予以明确。在描述变化的时候，即使描述语言只给出了一个时间节点，其背后也暗含历时性的时间段，否则就无法言说变化。比如，说某年某月某日某时某分某个大坝发生溃堤，言说的表面意思是在某个时间节点这个大坝发生了变化，但在描述变化时暗含从过去某个时间节点到文本所述时间节点的一段时间，也就是在这个时间节点之前的某段时间这个大坝是完好的。

任何变化都必然经历一段时间，时间源于对变化的度量，如果不将变化放在时间延长线上，就无法言说变化。曾经怎样，现在怎样，这是对变化的表面或潜在描述。变化源自对比，并且是基于不同时间做出的对比，没有时间的变化也就没有事物的变化。所谓事件，就是对事物在时间线上发生变化的描述。描述变化涉及时间，还涉及主体在空间、排序、构成、数量、性质等方面的改变，由此涉及改变的原因和结果。人类对世界的认知最终可以归结为因果认知，即使是静态描述，依然有因何如此和将会怎样的因果对应。

新闻文本传受不可或缺的要素之一就是变化。

有了事件，同时有对这一事件未知的人，那么对这些人来说，这个未知的事件就是新闻。如果将宇宙诞生当作一个起点，那么从这个起点开始，宇宙当中发生的所有事件，从理论上说都可以制作成新闻文本，当然实际上无法做到。任何人都无法知悉所有事件，甚至可以说人的脑容量也不足以接收所有事件。任何客观事件一定有不了解它的人，而未知事件使得新闻概念得以成立。基于任何客观事件都可以构筑新闻文本，所以客观事件是新闻文本的构成要素。

二、采制者

新闻文本传受离不开构筑新闻文本的人。人们目击的新闻事件不是新闻文本，而是未经信息加工的客观事实。要实现新闻文本传受，必须有新闻文本，而有新闻文本必须有评述客观事件的人，也就是必须有新闻文本采制者。新闻文本采制者是集纳整理新闻信息的主体。仅有客观事件而没有采制者，客观事件只能无声无息地被湮没，就无法实现新闻文本传受。新闻传媒行业里的记者、播音员、配音员、编辑、包装制作人员、监审共同构成新闻文本采制者。从分工来看，新闻文本采制可分为前期信息采集、中期撰稿编辑、后期包装审核三个环节。一个人可以扮演采制分工中的多个角色，比如一个记者可以独立完成前期信息采集、中期撰稿编辑，甚至后期包装审核。当然，在传统媒体中，需要多个岗位上的多个人共同完成一个新闻文本，以保证文本制作符合规范流程。

新闻文本采制者有专业的和业余的，有有意的和无意的，有专职的和兼职的，他们不仅存在于新闻行业，也存在于其他行业或普通生活中。新闻文本采制者不仅指那些将采制新闻文本当职业的人，也包括所有能够基于新闻事件构筑文本并反映新闻事件的人。每个人都有机会成为新闻文本采制者，事实也确实是很多人都曾经是新闻文本采制者，比如目击新闻事件并口头讲述新闻信息的人。

新闻文本采制者将新闻事件构筑成信息，并在一定程度上反映新闻事件，这就构成了新闻文本。没有进化为人的人类祖先也是新闻文本采制者。一般来说，“采制”这个词给人的印象是“专业行为”，是“主动行为”，是“职业行为”，是“行业行为”，本书沿用新闻行业的一般提法，认为新闻文本采制者包括所有采制新闻文本的人。无论是在工作中还是在生活中，很多人都会成为新闻文本采制者。人们在很小的时候，非常费力地描述所经历的事情时，就已经成为新闻文本采制者。人类在语言还不发达，甚至没有进化为人类时，已经能够通过各种方式描述和反映客观事件，在这种时候就已经是新闻文本采制者了。

新闻文本采制者一般需要完成新闻信息采集或者仅仅是接受，并将采集或仅仅是接受了的信息制作成新闻文本。这里所说的制作新闻文本，仅仅是借用了新闻传媒行业的术语，而真正的制作新闻文本不仅包括新闻行业内的专业行为，还包括所有能够反映新闻事件的各种信息构建。比如，口头讲述一个新闻事件，讲述的过程就是新闻文本的制作过程，看似随着时间流逝没有留下任何痕迹，但其讲述就是新闻文本制作。其实，可以固化的专业的新闻文本，比如报纸新闻报道、电视新闻节目、互联网新闻，也会消失。通过口头形式对新闻事件进行述评，即使没有被记录，也实实在在地存在过，就是新闻文本。

新闻文本是否成立既不取决于其存在时间的长短，也不取决于采制者的身份以及通过何种形式采制。很多音视频类新闻直播可能没有任何备份，也会随着时间流逝而消失，但同样可以被视为新闻文本，口述新闻也不例外。不应以“业余”为由而将口头新闻文本排除在外，其实即使所谓“专业”，也未见得百分之百专业，业余成分也会掺杂其中。新闻采制的“专业”和“业余”并没有清晰的界限，也不必用“专业”和“业余”进行界定。能够反映新闻事件的信息就是新闻文本，构建反映新闻事件信息的行为就是新闻文本采制，而那个构建者就是新闻文本采制者。

三、新闻文本

要实现新闻文本传受，就要形成能够反映客观事件的新闻文本，反映的基本形式可以是声音，可以是岩壁、石器、铁器、绢帛、纸张上的绘画与文字，还可以是电子媒介上呈现的各类信息。新闻文本是采制者基于客观事件集纳整理出来的信息。采制者不可能全息复制、全息呈现客观事件，只能将获得的各种信息转化为反映客观事件的文本信息，即新闻文本。新闻文本是新闻文本传受的核心要素，或者说是新闻文本传受的对象。

很多新闻定义将新闻界定为反映客观事件的信息，甚至进一步窄化为报道。将新闻界定为报道，自然排除了口头新闻，以及业余人员传播的消息，这在自媒体时代必然暴露出问题。为保证界定具体新闻的相对客观性，避免因为文本的主观特质导致判断新闻成立与否存在模糊空间，本书将新闻定义为接受者未知的事件，而非信息，更不是所谓的报道，同时将反映新闻的信息定义为新闻文本。

新闻文本这个概念，是为了解决对同一个作品有不同解读的问题，即应对“一千个读者有一千个哈姆雷特”这样的问题。要保证只有一个确定无疑的哈姆雷特，就要确认《哈姆雷特》这个剧本是唯一的，剧本里有关哈姆雷特的信息是确定的、唯一的，这确定的唯一的信息就是文本。新闻文本也如此，同一个新闻文本，不同的接受者会有不同的解读，会产生不同的影响。面对同样的新闻文本，虽然可能会有大致相同的反馈和评价，但接受上的差异也是必然存在的，只是差异的大小会有所不同。

新闻文本是传受的核心要素，新闻业只有在进行新闻文本创作之后，才能对其进行传播和推广。更多的新闻文本在新闻行业之外。无论是在现代新闻业产生之前还是之后，都存在大量新闻文本。无论是线上还是线下，无论是专业还是业余，无论是有意还是无意，无论是工作还是生活，新闻文本可谓无处不在，并会长期存在。

四、载体

新闻文本都有其得以呈现和传受的“载体”，有的新闻理论将其称为“人物”。新闻文本呈现和传受需要的载体有时共有共用，有时又有所不同。比如，报纸可以作为新闻文本呈现的载体，也可以作为新闻文本传受的载体，但是新闻文本传受只有报纸显然不够；光这种传受载体也是不可或缺的，否则人的感官无法读取新闻文本信息。空气对于借助或部分借助声音呈现的新闻文本来说，同样是必不可少的载体，不借助空气的振动，耳朵就无法获取声音信息。或许只有通过“脑机接口”接受新闻信息才不用空气和光这种传受载体，但毫无疑问又多了“智能芯片”这个载体。

新闻文本传受的本质是信息传受，任何信息都需要一定的介质来承载，在传受过程中也需要一定的介质才能被接受者接收到。新闻文本传受史既是载体不断丰富的历史，也是传受范围不断扩大的历史。随着表达能力的丰富，新闻文本的承载和传受的载体也不断丰富，如随着图画文字的发明，金石、绢帛、龟甲、毛皮、纸张成为新闻文本的载体。新闻文本的载体会随着人类文明与科技不断迭代而不断丰富，纸张、发报机、广播、电视、互联网等都可以成为新闻文本的载体。人类科技发展没有尽头，新闻文本的丰富程度也没有上限。随着科技的发展，接受者接受信息的情境、习惯、兴趣都会发生变化，对新闻文本的接受方式也会发生变化，唯一不变的是新闻文本传受必须依赖一定的载体。

五、传受行为

新闻事件、采制者、新闻文本、传受载体为新闻文本传受提供了基本条件，但实现新闻文本传受还要有传受行为。传受行为是新闻文本传受的要素之一。有了传受行为，才能传播和接受相关信息。人们在自然的人际沟通状态下，新闻文本制造过程也即新闻文本传受过程——采制者一边做出口语加肢体语言表达，一边将信息传播出去，让接受者接受新闻文本信息。这样的传播瞬间即逝，并且传播范围仅限于人的自然传播能力，这样的接受也是时间线性的一次性接受。即使采制者可以重复新闻文本内容，重复的内容也不同于之前的新闻文本，无论内容多么相近，前后总会有差异。

传受行为作为新闻文本传受的要素之一，经历了自然传受、书画传受、电子传受三个阶段，这三个阶段迭代发展，很多传受手段长期并存。电子传受无疑是技术最先进的传受方式，跨越时空的能力强，表现能力强，与现代技术契合，且应用越来越广泛。电子传受也有其局限性，至少要依赖电子设备。自然传受与电子传受共存，并且我们可以预见它们会长期共存。传受者的传受能力会随着科技的发展不断提升，传受手段也会越来越丰富。

人类信息传受能力不断提升，使得文明可以更加快速地发展。不仅如此，在科技的加持下，传受手段也更加多样，这使得不同人群之间不断拉开距离，信息的“贫富分化”在未来会更加严重，对新闻文本信息的获取也是如此。信息的“贫富分化”还与兴趣有关。很多人关注的新闻范围有限，对政治、经济、军事类新闻缺少兴趣，而这些方面的新闻与我们未来的生活有极大关联。传播作为新闻文本传受的关键环节，其自身的主动性是有限的，很有可能在接受者面前受阻。传播和接受这两种行为既相互衔接，又相互独立，新闻文本是它们之间的桥梁。

六、接受者

有了新闻文本信息的传播，还要有接受对象，也就是接受者，如此才能形成完整的新闻文本传受链。自然沟通条件下的新闻文本传受稍纵即逝，接受者转述的新闻文本不是初始的新闻文本，所以对新闻文本做出完整接受的接受者的数量在接受之初就已固定，这不同于可以反复观看的新闻文本，其接受者的数量在理论上没有上限——只要新闻文本还在，就可以有更多接受者。电子新闻文本的接受者数量取决于电子新闻文本能存在多久，以及有多少人能接收到电子新闻文本信息。如果电子新闻文本能够长期存在，那么理论上其接受者数量就可以不断增加。如果电子新闻文本稍纵即逝，比如一些直播类的没有备份的电子新闻文本，那么其接受者数量止于文本消逝的那一刻。

有的新闻文本倾向于传给更多接受者，比如新闻传播业中公开传播的新闻文本，传播者一般希望接受者越多越好，就像电视媒体希望有更高收视率，网络媒体希望有更高点击量一样。当然也有例外，有的新闻文本传播限制在一定范围内，比如新闻内参，在传播的那一刻就已经圈定了接受者，这样的新闻文本传播并不是接受者越多越好，而是只有被圈定的接受者接受才好。当然，有些新闻内参是有时间限定的，也就是在一定时间内属于秘密，超过一定期限，有可能会扩大接受者范围，甚至完全公开。

有的新闻文本在被传播时，传播者能够准确知晓接受者，有的只能猜测可能的接受者，有的无法知晓有哪些接受者。日常沟通状态下的新闻文本传受，一般能明确文本的接受者是哪些人，甚至有的新闻文本传播属于一对一传播，或者是在熟人之间传播，在这种情况下，接受者是非常明确的。书画传受和电子传受如果不是一次性的，在理论上就会有很多的潜在接受者变成现实的接受者，也就无法确定新闻文本有哪些以及怎样的接受者。无论是哪种新闻文本传受，如果在一定时间段内传受范围是明确的，那么在理论上就可以确定每一个接受者。

从大众传受到小众传受，再到分众传受，现代传媒业在接受者定位以及具体传播方向上越来越精准，从文本构筑到传播都有明确的接受人群，这样的传播可以提前圈定大致的接受者。我们也可以根据算法规则圈定接受者，然后将新闻文本传播给算法圈定的接受者。新闻文本需要传播给“喜欢它的人”，这样不但能完成新闻文本传播，还能更好地完成新闻文本接受。

第三节　新闻文本传受目的

新闻文本有实用价值和娱乐价值。知晓周围世界的变化，以利于接受者更好地生存，这就是实用价值；通过新闻文本获得围观的快乐，这就是娱乐价值。传播者不仅有实现新闻文本实用价值或娱乐价值的传播目的，还有其他目的。传播者传播新闻文本的目的，可以分为现实需要、价值实现、商业变现、宣传说服、文化传播等。

一、现实需要

出于生存需要，有些新闻信息需要及时传播出去，比如人类早期围猎时需要随时沟通围猎方面的新闻信息，在战争中需要与同伴及时沟通战争方面的新闻信息。很多新闻信息具有实用价值，将新闻信息构筑成新闻文本并传播出去，可以在一定程度上满足现实需要。天气变化、交通变化、经济变化、政治变化、国际关系变化，这些变化都暗含大量新闻。

现实需要是一个比较宽泛的概念，商业变现和宣传说服也可以说是现实需要，但此处说的现实需要主要指新闻文本对接受者现实生活产生的直接影响，后文所说的商业变现是指新闻传播的商业化，宣传说服则是指新闻传播的政治化。商业变现和宣传说服主要是从传播者角度言说新闻文本的传受目的，而现实需要主要是从接受者角度言说新闻文本的传受目的。从古至今，人们都需要及时了解周围环境的变化，这就对创制和传播新闻文本有了需求，传播新闻文本也就有了满足现实需要的目的。

二、价值实现

以个体名义传播新闻文本，通过自己对新闻信息的传播，以及他人对新闻信息的接受，传播者不但会看到新闻文本的价值，还会实现自身的价值。比如，普通个体知晓一个新闻事件，然后将获得的这个新闻事件的信息构筑成新闻文本，再将新闻文本传播给未知的接受者，在这个过程中，普通个体会发现自己传播新闻信息的价值。

掌握他人不知晓的信息，并将信息传播给不知晓的人，这样的行为会满足“好为人师”“占得先机”的心理。实现个体价值的方式有很多，传播新闻文本就是其中的一种。既然通过传播新闻文本可以满足某种心理，实现自身价值，那么传播者的价值实现就是新闻文本传受的目的之一。

新闻文本的传播者有时不是某一个具体的个体，而是几个人，或者是由很多个体构成的传播机构。无论何种情况，传播者最终都可以与个体的人联系起来，因为即使是传播机构，也是由具体的人构成的，这些具体的人依然具有单一个体的价值观。新闻传播机构在传播新闻文本过程中会秉承其价值理念，以实现其价值，而个体借此间接实现价值。

三、商业变现

新闻文本能够吸引接受者，而接受者在接受新闻文本的过程中，会有意无意地将一部分注意力分散到新闻媒介的其他方面，从而为广告的介入提供了可能，也就为新闻媒体的变现提供了可能，商业变现也因此成为传播新闻文本的目的之一。“注意力经济”“眼球经济”“影响力经济”都是传媒经济，新闻文本传播有助于实现传媒经济。

在传媒商业化的环境里，新闻文本会变成商业变现的工具，同时，商业变现可以为新闻文本的采制和传播提供必要的资金支持。商业变现的目的如果太过突出，甚至放弃社会责任，就会反过来给新闻文本传播带来不良影响，所以新闻文本传播附带的商业变现会在一定程度上受限。不同的社会环境对新闻文本传播变现的约束会有所不同，对新闻文本采制和传播也会产生不同影响。

人们通常会将媒体视为社会公器，尤其是当它们具有巨大社会影响力的时候，其社会责任也会随之增大。此时的新闻媒体一方面可以作为影响广大接受者认知的工具，另一方面可以作为商业变现的工具。新闻文本既具有实用价值，也具有娱乐价值，为了实现商业变现的目的，媒体会尽可能地放大这两方面的新闻价值，以吸引更多接受者。

四、宣传说服

新闻文本具有认知功能，从而也就具备了宣传说服的功能，宣传说服也就成为传播新闻文本的目的之一。通过传播某一个或某一类新闻文本，向接受者传播预定认知，可以达到宣传说服的目的。宣传说服的背后总是有现实目的，比如引导接受者、安抚接受者、鼓动接受者，即通过对认知的引导，实现行为上的引导。借助新闻文本传播实现宣传说服的目的，在新闻专业主义者看来，不符合其新闻理想，但此种现象在很多语境、很多层面上都无法避免，只是有隐晦与明显、严重与轻微的区别。当然，这种区别非常重要，尤其是严重与轻微的区别，甚至决定了新闻传播是否变质。

人类社会总是在不断地向个体做着宣传说服工作，长辈对晚辈、教师对学生、领导对下属、政府对百姓，宣传说服工作细致入微。历史经验、故事哲理、技术艺术等都可以作为宣传说服工具。新闻文本以其新鲜、有趣、真实的特点成为非常好的宣传说服工具，宣传说服也就成为很多文本采制者和传播者的重要目的。

如果新闻文本的内容符合人们对事实的一般认知，那么暗含宣传说服的目的也未尝不可，况且新闻文本都会暗含一定的价值立场，即使传播者没有宣传说服的目的，也会产生某种宣传说服的效果。但是，接受者的时间是有限的，如果大量带有诱导性的新闻文本进行“轰炸式”传播，抢占接受者接受其他新闻信息的时间，就会导致接受者缺少必要的新闻信息比对，只接受相对单一立场的新闻文本，最终会导致接受者出现认知偏差，甚至价值观扭曲。

新闻文本所具有的宣传说服功能不可小觑，日积月累足以改变接受者的现实认知、历史认知和价值观。利用什么样的新闻文本达到什么样的宣传说服效果，会受到利益和权力的制约，就像各种文明工具都会被利益和权力所利用一样。接受者应当警惕新闻文本的宣传说服；社会更应当规范新闻文本的宣传说服功能，尤其要避免虚假新闻文本的掺入，禁止误导式新闻文本的传播。在发挥新闻文本的宣传说服功能时，应当遵守行业规范和基本伦理，总的原则是让接受者对整个社会形成正确认知，树立符合人类文明健康发展的价值观。

五、文化传播

文化传播是一个比较宽泛的概念。文化本身就是一个宽泛的概念，再加上“传播”，这个概念就更加可宽可窄了。文化传播既可以明确地传播某种文化，也可以通过新闻、艺术、器物等形式进行隐晦的传播。文化终究是具有某种抽象性的，即“以文化之”。“文”是文字、图画、声音、器物等符号化的表达形式，具有丰富的思想内涵，“化”则是提炼、转化和抽象化，那么文化就是将带有人类活动痕迹的事物，通过文字、图画、声音、器物等符号化的表达形式进行提炼、转化和抽象化。新闻文本是对客观世界的描述和评价，其本身就带有人类活动的痕迹，对这种活动痕迹的传播是文化传播的一部分。

新闻文本的文化传播既体现在对事件蕴含的文化意义的传播方面，也体现在新闻文本采制者赋予的文化内涵方面。单一的新闻文本可以实现文化传播的目的，系统化的或有意筛选出来的“新闻文本组合”也会达到一定的文化传播的目的。虽然新闻文本源自客观事实，但是客观事实纷繁复杂，如何选择、观察、解读，会影响新闻文本的具体呈现。对客观世界的描述和解读逻辑会形成相应的文化观念，而对这些文化观念进行传播会形成相应的文化认知。

通过新闻文本传播的文化观念到了接受者那里，会另有解读，采制者和传播者的传播目的未见得能完全实现，但仅就新闻文本的文化传播来说，其行为和目的是真实存在的。事实上，接受者在某一种文化观念的长期熏染之下，会不知不觉地接受这种文化，长期按照某种同一的文化逻辑制作新闻文本，并进行长期传播，从而实现文化传播的目的。

第四节　新闻文本传受效果

人类通过接收外界信息而对自己所生活的世界形成感性印象或理性认知，再经过长期沉淀形成相应的价值观。新闻文本会影响甚至重塑接受者的价值观，进而影响接受者的行为。从长远来看，新闻文本会对现实和未来产生影响，具体体现在以下几方面。

一、影响接受者

新闻文本通过其信息内容塑造接受者对现实的认知，从而影响接受者。人类通过外在信息的刺激，形成对外在世界的印象，进而形成固定认知。

新闻文本出现的历史无法准确追溯，因而我们无法判断第一个新闻文本始于何时，更无法知晓其内容和样态，但可以确定的是，新闻文本与人类的认知紧密相关，尤其是在社会化之后，个体会受到群体以及其他个体通过新闻文本输出造成的影响。“以史为鉴，可以知兴替”，这句话所说的“史”，是指与现实拉开一定时间距离的所谓历史事件，这句话的意思是历史能够为接受者提供可类比的事实和认知参照。除了接受历史书中的信息外，更多人接受的是基于刚刚发生的“历史”所构建的信息，并从这样的信息中获得现实经验，进而受到其影响。这里的“基于刚刚发生的‘历史’所构建的信息”，就是新闻文本，而新闻文本对接受者的影响与历史文本对人的影响非常相似。

当然，常见的历史文本反映的是现实世界的全景和远景，而常见的新闻文本反映的是现实世界的特写和近景。

人生经历可以塑造或改变一个人的认知，甚至可以塑造或改变其价值观。从外界接收的信息同样能塑造或改变一个人的认知，新闻文本所承载的信息就能达到这个效果。思想文本、历史文本、新闻文本，这三大文本是社会对个体实现认知塑造和价值观塑造的重要工具。新闻文本对接受者的影响比思想文本、历史文本更直接，因为新闻文本反映的信息与现实的联系更紧密，会影响接受者的现实言行和抉择。很多接受者缺乏传媒素养，对新闻文本的构筑并不了解，虽然长期受新闻文本的影响，并且自己也通过口头形式或自媒体形式构造和传播新闻文本，但对新闻文本传播的利益逻辑和文化逻辑并不清楚，也因此容易变成新闻文本影响之下的“乌合之众”。

新闻文本对接受者产生的影响可以分为正向影响和负向影响。正向影响是指接受者通过新闻文本对客观世界形成正确认知，负向影响则是指接受者通过新闻文本对客观世界形成错误认知。当然，何谓正确，何谓错误，有时不同的人会产生很大分歧。一个新闻事件发生后，可以从正面角度构建新闻文本，也可以从负面角度构建新闻文本。那么这两个新闻文本哪个是对世界的正确反映？如果简单说，只有从正反两个方面反映新闻事件，才是对世界的正确反映。但是，很多新闻文本往往是基于一定立场，选择一个侧面或者一个角度，基于某种文化逻辑来描述或评论新闻事件。虽然从一个侧面或者一个角度看到的事实也是事件的真实一面，但人们会有不同的观感和认识。选择何种事件，选择何种角度，如何归因，会对接受者产生不同影响。至于理想的效果是什么，最终也只能回到似乎确定又不太确定的标准上面：让接受者对客观世界形成正确认知。

二、干预现实

早期的广播电视通过直播形式缩短了事件发生与新闻文本传播的时间间隔，但那种点对面的传播形式，以及不得不做出的有限选择，只能对极少数事件进行传播。在自媒体时代，创制和传播新闻文本的站点大为增加，从采集新闻文本信息的空间广度到传播广度，都超越了传统广播电视直播。快速反应和广泛覆盖使自媒体时代的新闻文本传播对现实的影响力大为提升，也由此加大了干预现实的力度。

新闻文本若想达到干预现实的效果，首先需要影响接受者——对接受者的言行产生影响，才能影响和干预现实。新闻文本对接受者的影响是多方面的，这既与新闻文本有关，也与接受者所处的位置有关。有的接受者只是客观事件的“旁观者”，有的则是客观事件的“当事人”，有的还是客观事件的“责任人”，当客观事件以新闻文本的形式传播开来时，会对相关人员起到提示、警醒乃至警告的作用，从而使其对已经发生的事件做出反应。新闻文本对现实的干预是通过对接受者的影响实现的，监督类新闻文本在这方面体现得尤为明显，有些事件因为被曝光，引起大量接受者关注，甚至产生广泛的舆论效应，进而促使事件的当事人、责任人、监管者针对事件做出更正、弥补等反应，从而起到干预的作用。

新闻文本在干预现实过程中产生的作用既有正向的也有负向的。新闻文本既可以起到平息愤怒的作用，也可以起到“煽风点火”的作用，既可以揭露黑暗，也可以掩盖黑暗。新闻文本终究是“有心人”构筑的信息，可以达到一定的现实目的，可以“不战而屈人之兵”。无论是在实际的军事领域，还是在其他领域，新闻文本都能发挥干预现实的作用。我们要尽可能客观地界定新闻文本，也要尽可能客观地看待新闻文本对现实的干预。只要是反映新闻事件的信息，无论何种形式、何种载体，都可以称为新闻文本。新闻文本对现实的干预体现在政治、经济、军事以及现实生产生活的各个方面。

历史上有太多利用新闻文本干预现实的例子。中国历史上刘邦“斩蛇起义”即假借新闻文本干预其处境或者说制造有利于其处境的例子：“乃前，拔剑击斩蛇。蛇遂分为两，径开。行数里，醉，因卧。后人来至蛇所，有一老妪夜哭。人问何哭，妪曰：‘人杀吾子，故哭之。’人曰：‘妪子何为见杀？’妪曰：‘吾子，白帝子也，化为蛇，当道，今为赤帝子斩之，故哭。’”[①] 依照当时的五行说法，秦主水德，色黑，克秦或者说取代秦的应是有土德者，颜色则主赤色，于是刘邦将自己包装成“赤帝子”，为其灭秦进而代秦提供舆论支持。在中国历史上，无论是起义革命，还是书写帝王传记，经常以“新闻”的形式制造传闻，用于蛊惑人心。这样的传闻往往半真半假，真的可以称为新闻文本，假的则是借新闻文本达到舆论引导的效果。

新闻文本所反映的事件，是真是假，有时难以辨别，但即使是假的新闻文本，也可以达到如同真的新闻文本一样的效果。这样的文本在中国史书中常见，有些是神化帝王，为历史事件寻找“天定”的依据，比如为了神化

① 司马迁.史记［M］.北京：中华书局，2011：295.

刘邦，《史记》有多处做了似真似假的描写："其先刘媪尝息大泽之陂，梦与神遇。是时雷电晦冥，太公往视，则见蛟龙于其上。已而有身，遂产高祖。"① "常从王媪、武负贳酒，醉卧，武负、王媪见其上常有龙，怪之。"② "老父相吕后曰：'夫人天下贵人。'令相两子，见孝惠，曰：'夫人所以贵者，乃此男也。'相鲁元，亦皆贵。老父已去，高祖适从旁舍来，吕后具言客有过，相我子母皆大贵。高祖问，曰：'未远。'乃追及，问老父。老父曰：'乡者夫人婴儿皆似君，君相贵不可言。'高祖乃谢曰：'诚如父言，不敢忘德。'"③ "秦始皇帝常曰'东南有天子气'，于是因东游以厌之。高祖即自疑，亡匿，隐于芒、砀山泽岩石之间。吕后与人俱求，常得之。高祖怪问之。吕后曰：'季所居上常有云气，故从往常得季。'高祖心喜。沛中子弟或闻之，多欲附者矣。"④无论是司马迁想神化刘邦，还是刘邦当时要神化自己，其中或许有真实的事件，但虚假的成分占了一大半，可以达到新闻文本的传播效果：通过神化刘邦，使人们敬畏刘邦，从而实现政治目的。新闻文本传播所要达到的干预现实的效果，要通过对接受者的影响来实现，也就是说，它不是直接作用于现实，而是通过对现实中人的影响间接干预现实。

三、介入未来

新闻文本的影响不仅仅体现在传播的现实层面，还体现在对未来的影响上。新闻文本作为精神文化产品，对人的精神的影响具有潜移默化的作用，并会在接受者未来人生的选择中发挥作用，这也就意味着新闻文本可以介入未来。另外，很多新闻文本可以跨越时空，被后来人当作史料予以接受，从而体现出介入未来的传播效果。任何一件事情的发生都会衍生出无限的果，无限的果又成为无限的因，再衍生出无限的果。新闻文本传播同样如此，它会对接受者产生影响，接受者再影响现实世界，这就是新闻文本介入未来的效果。

新闻文本介入未来会有积极影响，也会有消极影响，但是何谓积极影响、何谓消极影响很难判断。人们所能判断的所谓积极意义和消极意义都具有时

① 司马迁．史记［M］．北京：中华书局，2011：289.
② 司马迁．史记［M］．北京：中华书局，2011：291.
③ 司马迁．史记［M］．北京：中华书局，2011：293.
④ 司马迁．史记［M］．北京：中华书局，2011：296.

代局限性，彼时积极，从长远去看，对未来的影响可能是消极的，彼时消极，从长远去看，对未来的影响可能是积极的。人们只能依靠现有的认知判断新闻文本的传播效果是积极的还是消极的，即便如此，有不同价值立场、不同利益诉求的人，也会对何谓积极何谓消极有不同判断。也正因如此，同一个新闻文本，有人判断其为“负能量”，有人判定其为“正义之声”。判断不同，有时是因为立场相左、利益相悖，有时仅仅是因为认知局限。

介入未来有时和干预现实的指向相同，因为干预现实和介入未来都是在新闻文本传播之后所产生的影响，只是介入未来言说的时间更久远一些，而干预现实更切近一些，但又无法在未来与现实之间划出一条明显的分界线，所以二者必然会有重叠。影响接受者、干预现实、介入未来只是新闻文本传播之后的可能效果，并且只是可能效果的一部分。新闻文本传播效果由文本内容、文本形式、发布者、发布平台、发布时间、接受者等多种因素决定。文本内容只是其中的一种因素，要对实际传播效果做出评估，需要综合考虑多种因素。

第十二章 新闻舆论

新闻舆论是由新闻或新闻文本激发传播者和接受者的传受兴趣，进而吸引更多新闻文本制作者、传播者、接受者参与其中的新闻传受氛围。新闻舆论基于新闻文本传播，会在较为广泛的接受人群中形成传受和讨论热点。新闻舆论在一定程度上可以反映民意，但其中既有理性诉求，也有情绪渲染。新闻舆论会形成民意汇聚，出现相互激发的情形，进一步提高新闻事件的传播热度、关注热度、评价热度、议论热度，甚至会延伸到现实生活中，并转变为具体行动。在新闻信息传播愈加快速而影响广泛的时代，营造、控制、引导新闻舆论已经成为社会服务和社会管理的重要组成部分。新闻舆论的形成与发展涉及生成环境、传受立场、传受效果、应对措施等多种因素，这些因素共同决定了新闻舆论的走向。

第一节 新闻舆论的环境影响

新闻舆论生成的关键是接受者受到新闻文本的影响。接受者在被环境塑造的同时，也在塑造新闻文本制作与传受环境。新闻信息的生产往往有其目的，而最大的目的就是对接受者施加影响，由此会产生一定的迎合性，以满足接受者的接受喜好。新闻舆论总是基于一定的社会环境才能营造出来。这里的社会环境，包括经济环境、政治环境、文化环境和政策环境等。社会环境直接影响新闻信息的生成、传播与接受，同时，也会受到新闻信息生成、传播与接受的反向影响。社会环境是一个复杂概念，由民众、经济、政治、文化、军事、外交等多种因素构成。社会的经济发展程度与经济状况、政治意识形态取向与民众的政治认知、文化历史构成与时代文化的特点，传媒生态、传媒技术与传媒政策，以及军事外交、国际环境等，都会影响新闻舆论。

一、接受人群

新闻舆论最终由接受者形成，接受人群的构成会直接影响舆论环境。接受人群的经济状况、政治态度、文化素质、价值取向、年龄构成、性别构成等都会影响新闻舆论的形成。不同新闻舆论涉及的接受人群不同，不同人群对新闻会有不同的关注点，即便关注点相同，反应和态度也可能不同。能够形成新闻舆论的接受人群环境，一定是新闻事件激发了接受人群的关注，而不同接受人群对新闻事件的关注点会有所不同。新闻舆论与接受人群环境有极大关系，比如考研新闻在高校当中容易引发新闻舆论，经济新闻在商界容易引发新闻舆论。

新闻舆论是新闻事件激发接受者关注而形成的热议氛围。那么什么样的新闻事件能激发什么样的接受者的关注，又如何形成热议氛围呢？这既取决于新闻事件，也取决于接受者构成。接受者的兴趣爱好、人生经历和现实处境决定着他们对什么样的新闻感兴趣，以及是否会参与到对热点新闻事件的信息传播、评论、议论当中。新闻舆论既是对接受者认知的激发，也是对接受者情绪的激发，但认知与情绪能被激发，既取决于新闻事件，也取决于接受者。接受者对具体新闻事件是敏感还是麻木，既与新闻事件有关，也与接受者自身素质有关。

新闻事件只有与相关接受者的兴趣爱好契合，才能引起接受者的关注，继而被热议，形成新闻舆论。新闻事件终究要在接受者当中热传才能形成新闻舆论，接受者环境是新闻舆论得以形成的重要因素。比如，21 世纪的人看到塑料制品不足为奇，但若是生活在 18 世纪的人看到塑料制品，那相当于看到了一件难以想象的神造的物品，这是由接受者的认知水平决定的。众多接受者的认知水平决定了新闻舆论的接受人群环境。

二、经济环境

经济环境在很大程度上反映了现实状况。经济环境与社会文明程度直接相关。经济环境反映社会乃至接受者的文明程度，也间接反映接受者的认知水平，而接受者的文明程度和认知水平会对新闻舆论的效果产生决定性的影响。当然，这两者没有绝对的正比例关系。在经济发达、生活富足的社会环境里，人们的精神追求会更高，会更加在意自我价值的实现，以及对个体尊严的保护，那么对这方面的新闻事件也会比较关注，侵犯个体权利与尊严的新闻事件就容易引发舆论。相反，在经济不发达、生活不稳定的社会环境里，人们会更加关注物质生活乃至生存问题，精神追求就可能不会太高，对个体权利与尊严的关注就会相对较低，那么侵犯个体权利与尊严的新闻事件就不会那么容易引发舆论。在这样的经济环境里，与现实生存相关的新闻事件更容易引起关注、引发舆论。

经济环境是社会环境的基础，也是个体生存的基础，无论是从历史的纵向还是从空间的横向来看，经济环境都会对社会、人心产生重要影响，进而影响接受者对新闻舆论的态度。经济发达程度往往与信息发达程度正相关，而信息发达程度往往与新闻舆论热度正相关。经济越发达的地区越容易形成针对公共事件的新闻舆论，人们的思想越开放，越愿意参与公共事件的讨论，这不仅是思想素质的问题，还因为经济越发达的地区，各种社会事件与个人的相关性越强。在自给自足的经济落后地区，社会各层面的相关度都会比较低，而经济一旦发展起来，各个层面的联系就会紧密起来，相互依赖性也会更强。一个新闻事件，尤其是热点新闻事件会牵涉多个方面，也自然会将更多接受者卷入其中。当然，经济发达地区的人们在眼界上会更开阔，也自然会将很多新闻事件与自身联系起来。眼界越开阔，越能看出每件事与自身的关联，也自然会更关注各种公共事件，从而有利于形成新闻舆论。

三、政治环境

政治的根本目标是构建和调整利益结构，由此涉及各种资源的分配。一个新闻事件能形成新闻舆论，其底层逻辑往往牵涉巨大的利益。政治往往会在利益的构建、调整当中扮演重要角色，也即政治会在新闻舆论当中扮演重要角色。政治对利益构建和调整的影响有的是公开的，民众看得见，有的是隐蔽的，民众看不见或者看不清。当新闻舆论兴起的时候，新闻事件背后的利益链条、利益构建或利益调整会被呈现出来，由此形成舆论效应。

政治环境对新闻舆论产生潜在影响，一方面是因为政治本身就是很多新闻事件的背景、底色或初始因，另一方面是因为政治面对暴露出来的利益问题采取什么样的态度会影响舆论走向。政治在新闻事件中有时扮演当事人、责任人的角色，有时则扮演调停者、监管者的角色。政治在利益纷争中扮演的角色非常多，也正因如此，很多新闻事件可能上升为政治事件，而此时相关人员或相关部门的态度就会影响新闻舆论的走向。

政治的开放程度直接影响新闻舆论的发酵情况。如果政治强硬干预新闻舆论，那么要么平息新闻舆论，使新闻热度快速降下来，要么造成情绪反弹，使新闻舆论进一步发酵。对待新闻舆论的态度是政治抉择的一部分。社会赋予政治的权力不同，或者说政治本身所获得的权力不同，政治对新闻舆论的影响力和决定能力也不同。政治环境在一定程度上决定哪些新闻能够在接受者当中发酵并形成新闻舆论，也能够在一定程度上决定新闻舆论的走向和最终结局。

四、文化环境

文化既有动态的一面，也有静态的一面。文化中动态的一面，是指有些文化由人来承载，而人群以及人的认知会发生变化，这就导致文化存在动态性。文化当中静态的一面，是指有些文化已经以实物形式沉淀下来，并且在一些人的心中沉淀下来，成为其人生观与价值观的一部分。

文化既具有历史的稳定性，又具有时代的变动性，既具有附着于人的虚拟性，又具有固定于物的实在性。文化会深刻地影响接受者的世界观、人生观、价值观，从而直接影响接受者对新闻事件的接受与评判。文化环境会在一定程度上影响传播者对新闻事件的传播心理，也影响接受者对新闻事件的接受心理，进而影响新闻舆论的热度和走向。

文化是以文化之，即将感知化为思想，用“文”表达认知。文化是由过去之“文”化成的过去认知，而过去的认知会影响现有认知。认知具有继承性，所有的现有认知都是基于过去的认知生成的，认知不可能无根发生。对新闻事件的认知需要基于过去的认知才能构建，而文化是形成过去认知的重要组成部分，由此文化成为接受新闻事件的重要认知背景。文化环境会对群体产生潜在的心理影响和认知影响，进而影响新闻舆论的生成，乃至新闻舆论的走向。

五、政策环境

政策是指行政部门基于政治意识形态出台的涉及政治、经济、文化等的管制措施与服务策略。政策环境与新闻舆论紧密相关。政策环境体现为立法部门、司法部门及行政部门对新闻舆论的制约与提倡。具体来说，政策环境直接决定着什么样的新闻信息能够被生产出来，新闻信息怎样生产出来，以及新闻信息基于何种立场被生产出来。新闻信息的生产既有动因，也有限制因。动因是指鼓励某种新闻信息的生产，限制因则是指限制某类新闻信息的生产。政策环境受到政治、经济、法律等多种因素的影响。政策相对于法律、道德具有易变性，也即政策会根据政治、经济等因素做出调整，甚至会因为人事的变动而出现变动，进而形成新闻舆论。

虽然政策环境具有变动性，但毫无疑问，它也具有一定的稳定性，因为政策终究要受制于政治与经济，除非政治与经济发生较大变化，否则政策是相对稳定的，所谓变化也只是微调。当然，一旦政治、经济发生较大变化，政策也会随之进行较大调整，进而导致新闻舆论生态发生较大变化。长期政策会以法律法规形式固定下来，由此对新闻舆论产生长期影响。短期政策会随着社会发展而修改或废止，有些政策局限在一定时间和空间或社会的某个层面，那么其对新闻舆论的影响也具有特定的相关性。

六、传媒环境

传媒环境是指由媒介、生产者、管理者和接受者构成的制造与传受信息的生态系统。传媒环境会受到政治、经济、文化、军事、外交等众多因素的影响。传媒环境的内容生产系统、内容传受系统、管理保障系统，以及与社会的互动，都会影响传媒环境的运转状态，这也决定了诞生其间的新闻舆论的生成与发展。传媒环境既包括人的主观因素，也包括软硬件等客观因素。良好的传媒环境体现在有专业优质的传媒人才、有技术先进的传媒软硬件、有良好的传媒发展保障机制。

由于传媒环境受制于政治、经济、文化、科技等众多因素，所以传媒生态的变数非常大，对各方面因素的依赖也比较大。传媒环境为新闻舆论提供多种可能。无论是正向的鼓励，还是传播方向的压制，抑或是任由新闻舆论发展，传媒环境都具有相应的决定力量。传媒环境主要体现在拥有什么样的接受人群，拥有什么样的传媒平台与传媒科技，以及拥有什么样的管控政策，这些决定了新闻舆论的生成可能与发展规模。

新闻舆论对社会既有正向的修正和激励作用，也有反向的破坏和抑制作用。身在新闻舆论场的接受者并不都是理智的、都能给出合理的应对措施，但是给予接受者足够的舆论空间与试错机会是必要的。新闻舆论是社会活力的一部分，也能在一定程度上表达集体意志。新闻舆论氛围的形成有助于公民社会的建立和健康发展。当然，新闻舆论需要社会大环境提供良好的空间，如此才能实现传播者与接受者、接受者与社会，以及接受者与接受者之间的良性互动。

第二节 新闻舆论的传受立场

传受立场是指新闻文本的传播者和接受者所拥有的价值取向、利益站位和精神追求。新闻文本的传播者和接受者都会受到传受环境，即政治、经济、文化等因素的影响。社会环境塑造了传播者和接受者的价值观和基本认知，也塑造了传播者和接受者的价值偏好和价值立场。

一、立场与现实利益

立场即观点所立之场，或者说所立之地。传播者和接受者对立场的选择必有其依据，而现实利益就是依据之一。虽然利益并非选择立场的必然依据，但却是极有可能的依据之一。现实利益与个体的生存发展密切相关，与物质生存，甚至精神方面的自由发展关系尤为密切。正是基于这样的基本逻辑，现实利益成为立场选择的重要依据，甚至可以在很大程度上决定立场。在社会道德层面，一般提倡重义轻利，但人们在政治经济领域的竞争中又会被现实利益所左右，甚至很多时候，不是以道德为标准，而是以法律为底线，以现实利益为立场选择的依据。

趋利避害是人的本性。传媒反映人性，也受制于人性，新闻舆论常常牵涉现实利益，因而舆论场中的接受者在表达立场的时候，往往会考虑现实利益，基于对自身有利的现实利益去选择立场，即使这种立场的选择并不直接牵涉现实利益的得与失，他们依然会“代入自己的立场”进行辩护，也就是会站在与新闻事件当中身份相当的当事人的立场，进行新闻文本的制作、传播或接受。新闻舆论场中的传播者和接受者，即使选择的立场看似出于理性、正义，甚至公理，也依然可能牵涉与自己有关的某种利益，或者说是为了维护自己的利益，再或者说是为了维护虚拟的但属于自己的利益。

在新闻舆论场中，针对一个新闻事件，无论是传播者选择的立场还是接受者选择的立场，总是直接、间接或虚拟地形成利益关联。但是，有的传播者或接受者维护的利益是长远的或与大众相关的，而有的传播者或接受者维护的利益却是眼前的或与特定小众相关的。无论是正义的符合公理的立场，还是非正义的不符合公理的立场，都可以找到利益线索，没有纯粹的精神层面的新闻，因为那样的新闻不足以形成新闻舆论。形成新闻舆论的都是大众层面的现实事件，而非纯粹的精神层面的事件。

通过新闻舆论能够看出传播者或接受者的立场，也能看出不同人对立场背后利益的关注。一般来说，通过对传播者或接受者牵涉的利益进行分析，可以得出其对具体新闻舆论的看法，毕竟破坏自身利益而去维护某种立场的人是少数，即使有这样的人，也一定是因为有更高层次的利益追求，或者超越了现实利益、眼前利益或小我利益，总之，一定有其利益关注点。对新闻舆论的正向介入就是应当超越眼前利益，甚至超越现实利益，注目长远利益，关注公众利益，乃至人类文明的整体利益。当然，无论是对新闻舆论的引导，还是对利益的关注，都要注目于现实，不能不切实际，不能忽略大众的切实利益诉求，包括个体的合理诉求。通过立场看利益诉求和通过利益诉求看立场，都是观察、把握、参与新闻舆论的重要切入点。

二、立场与价值取向

价值取向也称价值选择，即对各类事物的价值评估，其中往往暗含价值排序。价值取向往往通过比较得来，价值本身就是主观化的评价。世界上并没有绝对的价值，只有相对的价值，这也是价值取向暗含价值排序的原因。价值取向与文化、信仰、认知都有直接关系，深层原因则是世界观、人生观和价值观。与他人、家庭、社会、自然、宇宙的诸多关系，直接影响甚至决定了一个人的价值取向。不同的国家、地区、族群、社团、家庭，都会形成主流化的价值取向，而个体会在受到以上诸多主流化价值取向影响的基础上形成自己的价值取向。虽然存在主流化的价值取向，但作为个体，会有逆反、例外、言行不一等情况，更有价值取向方面的杂合混同与相异相斥。

传播者和接受者的立场与价值取向存在深度关联，甚至两者交织在一起。由于价值取向不同，对于同一事件，立场也会有所不同。立场不仅受到现实利益的影响，还受到价值取向的潜在影响，并且价值取向很容易与现实利益形成紧密关联，也就是说，价值取向和现实利益会共同左右一个人的立场。一般来说，现实利益相对容易厘清，价值取向不容易确定，一方面是因为价值取向本身是隐蔽的，另一方面是因为有些人会有意隐藏自己的价值取向。“巨奸为忧国语，热中人作冰雪文”，所言内容，甚至表面行事，都可作假，也即言心不一、言行不一，所以一个人的价值取向有很大可能处于隐藏状态。

传播者和接受者的价值取向有时会通过参与新闻舆论或者在新闻舆论中

所选择的立场体现出来。无论是新闻舆论中的传播者，还是其他参与者，在对新闻事件表达立场的时候，价值取向都会体现出来。但是，新闻舆论场是一个复杂的场域，发言者所表达的立场，很有可能并不是其真实立场，他们或许只是为了工作、迎合、流量。如果舆论参与者进入新闻舆论场另有目的，那么其所表达的观点就有可能是虚假的。无论舆论参与者如何隐藏其真实立场或价值取向，都可能露出痕迹，或者通过其他言行体现出来。

三、立场与新闻事实

一个新闻事件引发新闻舆论，不等于接受者完全了解新闻事件。有的接受者会仅凭新闻文本的标题给出自己的观点，有的新闻文本本身就带有倾向性或失真，从而使接受者不能体现自身的真实立场。此外，即使新闻文本是真实的，符合新闻报道的专业规范，新闻文本承载的信息也终究是有限的，难以做到全面立体深入，从而会使接受者对新闻事件的了解存在偏颇。没有人能保证进入新闻舆论场中的新闻文本都是真实的、客观的，更无法保证其专业、全面、准确、深入，况且这些方面本就没有绝对的评价标准。接受者所了解的新闻事实与实际难免存在一定的偏差，由此也会造成接受者的立场与新闻事实偏离。

新闻舆论场可大可小，没有量的规定。新闻舆论不仅存在于现代传媒社会，也不是只有专业媒体才能制造新闻舆论，大量的业余新闻传播足以形成新闻舆论场。随着传媒业的迅速发展，尤其是在互联网普及之后，大量的新闻舆论在网络上发酵传播，形成广泛的舆论效应，甚至从网络延伸到现实生活中。传播者和接受者的立场终究要基于新闻事实，撇开新闻事实的立场严格来说不是新闻舆论立场，而是先入为主的目的性立场。在新闻舆论场中，从来就无法避免立场先行的情况，甚至会有人通过剪辑新闻事实强化自身立场。在新闻舆论场中，很多时候是立场先行，所谓新闻事实只是例证与说辞，维护立场与宣扬立场才是最终目的。

新闻舆论有时只是工具，并不是纯粹的“学术殿堂”，其背后是现实利益或者精神信仰。有些人、有些团队、有些族群，为了维护现实利益或者某种信仰，甚至可以抹杀新闻事实，新闻舆论只是他们达到目的的工具。从传媒专业角度说，应当提倡新闻舆论在尊重基本事实的基础上，表达正向的价值观，传播符合新闻事实和人类文明健康发展的舆论观点。

四、立场与新闻文本

新闻文本以信息的形式反映新闻，既在某个层面反映新闻事件，也会反映新闻文本构筑者的立场。新闻文本虽以客观事实为依据，但会融入文本构筑者的主观判断与观察，这使得新闻文本无法做到纯粹的客观，也无法阻止个人立场的介入。只要是人类的创造物，就无法排除主观因素，否则也就不能称为人类的创造物了，新闻文本同样如此。任何新闻文本都是主观对客观的反映，都有先入为主的成分。所谓先入为主的成分，包括已有认知、利益关系、思维模式、价值立场，这些都会对新闻文本的构成产生实质影响。

在新闻舆论场中，接受者首先接触的是新闻文本，新闻文本体现的立场会对接受者产生较大影响。从专业角度来说，新闻文本只是客观反映事实，至于接受者如何评价事实那是接受者的事，但是当新闻文本激发出新闻舆论，一定有其能被热传或热议的特质。针对哪些新闻构筑新闻文本，以及如何构筑新闻文本，取决于新闻文本构筑者的价值选择或者立场。

说什么和怎么说从来就不是简单的反映问题，而是可以表明立场和态度。新闻舆论场以新闻文本为本，基于特定的新闻文本形成新闻舆论，而对新闻文本进行解析，可以透视传播者和接受者的立场。传播者和接受者对新闻文本的传播兴趣、接受兴趣、评论兴趣都体现了其立场，当然这也与前述传播者和接受者的现实利益、价值取向、新闻事实密切相关。只有综合考虑多方面因素，然后与新闻文本相结合，才能更好地了解传播者和接受者的价值取向和立场。

第三节　新闻舆论的传受效果

新闻舆论是公众对新闻事件的看法和态度的集中表达，一般表现为对新闻事件有较高关注度、较高参与度、较高情绪反应，由此会产生多样的传受效果。当新闻事件牵涉利益纷争的时候，有的接受者会对事件反映出的积极层面做出正向解读，有的则会对事件反映出的消极层面做出负向解读，还有的会误读新闻舆论信息。

一、正向解读

正向解读是指对新闻事件做出对眼前现实、社会进步或人类文明具有正向激励意义的解读。很多新闻事件都有正反两方面的意义，既可以做出正向解读，也可以做出负向解读。人们常说凡事有利必有弊，但这并不等于凡事都可以做出这种平均的二分法解读，否则在人类文明中就无法分出是非善恶了。在利弊兼有的情况下，还需细分对谁有利、对谁有弊，得利一方是否合法合规，受损一方是否遭遇了不公。

分析一个事件，需要考虑其发生是促进了社会进步、文明发展，还是起到了反作用。此外，还需考虑事件短期影响和长期影响带来的不同效应。当然，在实际的接受过程中，无法保证接受者会从多个层面、多个角度、分短期和长期对事件做出解读，即使有意那样去做，也未见得能够保证解读的正确性。正向解读不等于积极的，也有可能掩盖问题，以致忽视新闻事件本应起到的警示作用。

一个事件对社会进步、文明发展起到了推动作用还是阻碍作用，很多时候会因为立场不同、视角不同、观察的时间跨度不同得出不同的结论，甚至是完全相反的结论。虽然我们能将一个事件定性为好事或坏事，但是对这个事件的相关报道却既可以是正向的，也可以是负向的。比如，灾难新闻事件，从核心事件来说，既然是灾难事件，当然是坏事，但在对事件进行解读时，如果重点关注灾难发生后的各种救助行为，关注人类互帮互助、见义勇为的牺牲精神，就是对事件的正向解读。当然，从灾难事件出发，针对救助做出正向解读已经偏离了核心事件，但在舆论场中，经常能看到这样的转换。

对于一个事件，我们可以从正反两方面做出解读，也可以从其衍生事件做出正反解读，事件本身的复杂性为解读提供了多种可能，也为曲解、反转、避重就轻、话题转移提供了可能。正向解读不仅涉及对事件认知的定性，还涉及对接受者认知的引导。当新闻舆论涉及接受者情绪时，为了避免不良情绪衍生为现实麻烦，正向解读就会成为一些人的选择，他们试图通过正向解读消解接受者的不良情绪，有意激发正面情绪，最终目的是消除动荡因素。

很多时候，不良事件既是悲剧的结果，也是错误的暴露，也可以说是对更大错误、更大灾难的预警。如果通过不当的正向解读，掩盖了灾难发生的原因或错误根源，就可能导致以后再次出现类似的灾难或错误，甚至可能出现更大的悲剧和错误。正向解读有“灭火”作用，但也有掩盖隐患的作用，所以即使不得不做出正向解读，也不应失去反思的精神，这也是社会进步和文明发展的需要。

二、负向解读

负向解读是对新闻事件做出对眼前现实、社会进步或人类文明具有负向消极作用的解读。负向解读首先将事件定性为不该发生，或者将事件定性为与人类文明发展背道而驰。比如，在对灾难事件进行解读时，针对灾难发生的根源进行解读，追问人祸由谁负责，这就是负向解读。无论正向解读还是负向解读，都是以促进或阻碍社会进步、文明发展为衡量尺度，因为解读者本身是人，那么解读就应当以人为依归，对人类有益为正，对人类有害为负。

有些事件不是直接牵涉人类利益，比如某些物种的灭绝，但如果从人类生存大环境来说，保障物种多样性，最终有利于人类生存，又与人类利益相关。无论是损害人类利益还是有益人类利益，所谓正向解读和负向解读都只是针对人在其中发挥的作用，也就是说，正向解读或负向解读是针对人的行为做出的价值判断。事件发生形成新闻舆论，在很大程度上涉及对人的行为的价值判断，很多争议也集中在对人的价值评判上。新闻舆论不是学术讨论，不是科学研究，没有特别高的认知门槛，大众都可参与，否则也就难以形成舆论热点。

新闻事件发生后，人们经常会反思相关行为，对善的行为进行褒扬，对恶的行为进行批判。对善的行为进行褒扬就是对事件的正向解读，对恶的行为进行批判就是对事件的负向解读。负向解读往往带有批判精神、反思精神，由此还带有惩罚、追责的意味，所以负向解读容易让人不安，尤其是对牵涉其中的责任者来说，一般会面临利益受损的局面。负向解读是媒体的责任之一，也是媒体实现权力监督的重要途径，但也因此使得媒体因为语境不同而对同类事件有不同的解读。由于任何事件的发生都有无限长的因果链条，也都有不同的归因方式、归因方向和后果预测，在做负向解读时溯因到哪一步，向哪个方向归因，做出什么样的后果推断，既取决于接受者的解读，也受到舆论环境的影响。

三、信息误读

新闻舆论的生成依赖新闻文本以及相关评论的传播，接受者在接受的过程中会出现信息误读的现象。信息误读是常见现象，无论是文本制作者的失误，还是文本解读者的解读，都可能导致信息误读。文本制作者和传播者一般有其确定的信息文本，但进入接受阶段，认知能力、认知差异、认知惯性、情绪掺入、环境影响、自身代入等都会造成信息误读。

一般来说，信息误读不利于对新闻事件原貌的了解，也不利于对事件因果关系的评判，反映在新闻舆论场中，还可能造成信息接受和信息评论的混乱。当然，也有因为误读反而接近事件原貌的现象发生，这既可能是文本制作者的错误所致，也可能是因为接受者看穿了文本制作者的传播目的，通过有意的误读，读出了文本制作者有意隐藏的新闻信息。有的接受者对特定语境下的文本会采用有意误读的方式，也可以称为“反着读”，并且这种有意的误读很可能使接受者更接近真相。此外，还有一种误读情况是接受者的认知水平超越了文本制作者，通过误读反而直达事件本质。

无论是事实表达，还是思想表达，都会有词不达意的现象发生，这就难免导致接受者在理解上产生歧义，进而造成误读。另外，有些误读是文本的表现形式造成的，比如图片类新闻文本，光线、拍摄角度、构图等都可能使其与客观事实存在较大差异，那么接受者在接受时就会出现误读。图片往往是瞬间的抓拍，而瞬间的影像与实际情况是否一致、是否存在较大差异直接涉及是否会造成信息误读的问题。视频文本由于篇幅所限，也可能出现断章取义的现象，或者由于拍摄角度等问题，造成接受者无法根据视频文本去推想事实场景，从而造成误读。

信息误读不利于准确传递信息。在新闻舆论场中，如果关键的新闻文本导致大量误读，就会误导大量接受者，妨碍接受者准确理解新闻事件。接受者的媒介素养、逻辑运用能力也会造成信息误读，所以接受者对新闻信息的解读能力非常重要。不同语言、不同文化、不同性别、不同思维习惯、不同利益诉求都可能造成信息误读。信息误读会提高沟通成本，甚至造成比较深的误解，以致衍生矛盾。在正常情况下，新闻文本的制作者、传播者和接受者都应当尽量避免信息误读，避免浪费时间和精力，避免付出不必要的代价。

第四节　新闻舆论的传播规律

新闻传播能够形成舆论效应，其中有规律可循。新闻舆论的传播渠道（平台）会影响甚至决定传播效果；重复传播同一个新闻事件，可能会形成新闻舆论效应，从而提高接受者的信任度；接受者的认知水平会影响传播效果，进而影响新闻舆论效果；接受者的价值取向会决定其对新闻事件所持有的立场，进而有可能影响新闻舆论的走向。

一、传播渠道（平台）影响传播效果

新闻舆论信息从何种渠道传播，在什么样的平台传播，会直接影响新闻文本能够传给多少接受者，能够传给哪些接受者，也会影响接受者对新闻事件的认知。传播渠道或者传播平台决定了传播能力，接受者或许事前并不知道会从哪个渠道、什么平台获得相关信息，却可能事先经常光顾某个传播平台，从而获取相关新闻信息。如果平台通过运营汇聚了大量接受者，那么其传播力自然较强，这是平台流量对传播效果的影响。传播平台不同，汇聚其上的接受者也会有所不同。不同平台发布同样的新闻文本可能传给不同的接受者，从而产生不同的舆论效果。当然，不同平台也可能有相同的接受者，毕竟接受者不会只浏览一个传播平台。传播平台一般会聚集符合其定位的接受人群。传播平台会影响接受者的数量和构成，同时接受者对平台的信任度也会有所不同，这些都会影响新闻舆论的传播效果。

平台还会影响接受者对新闻舆论的认知、评价，以及参与新闻舆论的效果。同样的话由不同的人说出来，在接受者那里得到的反馈会不一样，同样的内容在不同的平台传播，对接受者的影响也会存在差异。这涉及平台公信力的问题，而平台公信力直接影响传播效果。人们对平台的认知定位，会影响其对平台上新闻文本的评价与判断。

有一个基本事实不容忽略，即人与传播平台都会有大体稳定的价值观，同样一件事经过媒体平台或具体个人的传播，会留下“产出者”价值观的印记，接受者可以通过媒体平台或具体个人的价值观，猜测其传播的新闻事件所要反映的价值取向。当然，很多平台会转发相同内容，这就如同很多人会说相同的“套话”，但判断一个人的真实价值取向并不能仅仅依据其所说的“套话”，而要结合其具体行为。经常说某种“套话”，以及因何说某种“套话”也是判断一个人价值观的依据，对媒体的价值判断同样如此。

平台所积聚的接受者数量以及接受者构成，也会在很大程度上影响甚至决定新闻舆论效果。新闻舆论既需要一定数量的接受者，也需要接受者参与新闻文本的评论和传播，如此才能形成新闻舆论效应。一般来说，接受者如果在现实生活中有较强影响力，那么在媒体上也会发挥一定作用，线上与线下会形成影响力的衍生与互动。新闻舆论中的意见领袖所发挥的作用尤其值得注意，有的意见领袖只是活跃于媒体上，有的则是在现实生活中就有足够的影响力，比如各个行业的名人。名人的现实影响力会在媒体上衍生，在新闻舆论场释放，从而强化新闻舆论效果。媒体上的意见领袖一般都有主要的发声平台，所以平台对传播效果的影响不仅仅是由平台本身决定的，更是由聚集在平台上的有影响力的参与者决定的。

二、重复传播强化效果

如果一个新闻事件被重复传播，那么接受者对事件的信任度就会提高，传播效果会因此得到强化。新闻事件重复传播的方式有以下三种：一是通过同一传播者重复传播；二是通过不同传播者重复传播；三是通过不同平台重复传播。广告的传播效应就是通过重复传播来强化传播效果。在舆论场中，由相同或不同的传播者进行重复传播，都会强化传播效果。重复的信息刺激，会让人听到上一句不自觉地想到下一句，这种感性的强化最终会形成认知的惯性，直至化为认知认同。

人们往往会对熟悉的事物产生信任感，尤其是在面对很多人、事、物的时候，会倾向于选择甚至信任熟悉的人、事、物，这也是很多广告能达到预期效果的原因。即使在最初接受广告的时候不一定相信广告内容，但面对琳琅满目的商品时，如果出现选择困难症，那么能够治愈它的就是看到通过广告认识的某个品牌的商品。商业广告如此，其他广告也一样。身处新闻舆论场，面对纷繁复杂的事件，接受者通常会对自己熟悉的人、事、物，以及观点产生较强的认同感。人们很难相信陌生的人、事、物，那不符合人们的认知逻辑和对安全感的追求。人们在选择相信某种观点、支持某些人的时候，所依赖的不是兴趣，而是在已有的认知体系中找到支撑点，而熟悉的人、事、物更容易被纳入信任体系。

重复传播既是在强化记忆，也是在强化认知，从而成为干预或利用舆论场的重要手段。在实际操作中，除了在多个平台重复传播核心事件外，只重复核心事件与核心观点，同时增加新的内容会收到更好的传播效果。人类重要的文明思想、法律道德、行为准则、意识形态都是通过重复传播才达到预期效果的。

重复传播会让接受者失去新鲜感，但有时恰恰是因为失去了新鲜感，才成为熟悉的记忆，融入认知当中，并且会不知不觉地从认知变成认可。新闻舆论中的重复传播看似违背了新闻的“新鲜性”原则，实际却是通过“轮番轰炸”，让接受者知道这件事非常重要，甚至会促使接受者深入了解新闻事件，产生参与讨论、表达观点的冲动，而这恰好可以促进新闻舆论的生成，或者进一步提高新闻舆论的热度。

三、认知水平影响传播效果

接受者的认知水平也会影响传播效果。这里的认知包括对新闻事件产生影响的认知、对新闻事件发生意义的认知、对新闻事件深层因果的认知，以及对新闻事件与自身关系的认知。新闻事件形成舆论氛围一般至少需要具备以下两个因素中的一个：一是新闻极富新奇性，冲击了接受者的既有认知；二是新闻极富话题性，能够激发接受者表达自己认知的欲望。

当新闻事件冲击了接受者的既有认知，使其不得不重新审视既有认知时，接受者对事件就有了新奇感，从而容易引出可供讨论的话题。普通的天气变化难以形成新闻舆论，但是一旦天气变化百年不遇，就会成为人们关注的焦点。百年不遇意味着绝大多数活着的人不曾遇到，这样就会激发绝大多数人的兴趣。能够挑战既有认知的事件会激发接受者的兴趣，也因此会强化传播效果。如果一个人的公众形象已经形成，即接受者已经对其形成了固定想象，那么当这个人做出了完全不符合接受者想象的事时，就会激发人们的认知兴趣，人们就会一面审视自己的既有认知，一面重新审视眼前这个人。对人、事、物的认知颠覆，会激发接受者的兴趣，形成讨论话题，进而形成新闻舆论。

如果一个新闻事件极富话题性，在事件的因果是非等方面有诸多可讨论的话题，就会激发人们的表达欲望，从而引爆舆论。能够形成新闻舆论的事件一定具有话题性，令人沉默、没有表达认知欲望的新闻事件很难形成新闻舆论。如果一个新闻事件具有话题性，既能激发接受者参与传播、评论的欲望，又能激发接受者想知道更多观点的欲望，尤其想看到和自己想法一致的观点，就会产生传播者和接受者相互鼓励的传播效果。新闻舆论的形成需要激发接受者的表达欲望，同时激发接受者想了解更多相关信息的欲望，而最终常常归结为表达认知和了解认知，因此接受者的认知水平会极大地影响新闻舆论的传播效果。

四、价值取向决定立场

传播者和接受者的价值取向会决定其在面对具体新闻事件时的立场，自然也会影响其在新闻舆论场中的立场。价值取向所表达的往往是价值的优先项和价值排序，以及一个人潜在的价值观。新闻舆论应当事实先行，即基于公开的事实做出评判，但是很多人对事件的判断采用的是演绎法，也即观点先行、立场先行，而最终的效果相当于结论先行。运用演绎法评判新闻事件，就是根据已有认知解析眼前事件，将事件纳入自己的演绎大前提之下，事件只是演绎的小前提，最终依据演绎大前提得出关于新闻事件的结论。演绎大前提作为抽象的概括性的命题，往往暗含价值判断，那么运用演绎逻辑评判新闻事件，也就相当于事先做出了价值判断。

新闻舆论的参与者经常将新闻事件作为自己价值观的一个佐证。即使一个新闻事件在传播的最初能够颠覆新闻舆论参与者的价值观，但在对新闻事件进行深入了解和剖析之后，新闻舆论参与者依然会使其符合自己的价值认知，因为价值认知比突发的新闻事件更具稳定性。也正因如此，即使很多新闻事件不断发生，很多人的价值取向依然难以改变，立场也难以改变。当然，这并不意味着人们的价值立场是固定不变的。新闻舆论所能引爆的舆论是可以预测的，预测的依据就是新闻舆论参与者的根本价值取向，其根本价值取向基本决定了其对新闻事件采取的基本立场。

要想改变舆论参与者的立场，就要提供符合其立场的新闻事件。也正是基于这一点，在舆论引导中经常会披露新的事件，或者对事件做出新的处理，以期用新的事件引导新闻舆论的参与者，而不是采取理论说服的办法。新闻舆论因事件而起，平息新闻舆论也得回归到事件本身，要达到此目的，有三种途径：一是对原有新闻事件做出事实上的改变，调整原有事件的发展方向，或改变原有事件的重要争议点；二是用其他事件覆盖原有事件，将舆论注意力从原有事件上引开；三是借助时间的力量，使舆论注意力随时间的流逝而衰减。第一种处理办法比较积极，但调整事件一般难度较大；第二种处理办法需要等待，人为制造新的事件或话题也不是不可能，但操作难度较大；第三种处理办法是最消极的，不见得一定奏效，如果任由舆论发酵，在消极等待舆论力量慢慢化解的过程中，有可能引发更大的舆论效应，现代社会一般要求责任者及时回应大众关切。

第十三章 新闻自由

在不同时代、不同语境下，新闻自由有着不同的含义。自由是一个相对的概念，新闻自由自然也是相对的。本章将从新闻自由的概念、意义、实现、规限四个方面进行论述。

第一节 新闻自由的概念

新闻自由是指在一定环境范围内所能实现的新闻文本采制、传播、接受和评论的自由。具体而言，它涵盖了从新闻信息的采制到新闻文本的传播、接受，再到对新闻文本进行评论的全过程自由。新闻自由以法律法规界定的自由为前提。也就是说，新闻自由受相关法律法规和政策的约束。

一、新闻文本采制自由

新闻文本采制自由是指一般公民或职业媒体人根据其身份权限拥有采集新闻事件信息并将信息构筑为新闻文本的自由。新闻文本采制自由的第一步是采集新闻信息自由。新闻文本采制者应尽可能接近新闻事件，了解情况，采集信息，并自由地制作新闻文本。当然，有些新闻现场不是任何人都可以接近的，只有特定人员才能接近，对此应有较为明确的规定。这些规定不应被滥用，否则如果接近新闻现场的权利被剥夺，新闻自由将从根本上无从实现。在很多情况下，新闻自由的丧失始于剥夺接近新闻现场的自由，这也直接导致很多事实从一开始就被掩盖，即使有人想要传播、接受和评论相关新闻事件，也会因为缺少事实依据而举步维艰。

即使能够接近新闻现场，搜集的新闻信息也可能受限，比如不允许进行采访或记录。如果没有进行必要的采访或未能采集到必要的信息，就很难制作出合格的新闻文本。在关键信息缺失的情况下传播新闻信息，可能会面临新闻文本造假的风险，甚至被问责或陷入纠纷。关键问题在于，在必要信息缺失的情况下构建的新闻文本，对专业媒体来说，属于不合格产品，甚至无法发布。因此，不但要保证接近新闻现场，还要确保采访和记录的自由，以及进一步深入调查的自由。

接近了新闻现场，也做了采访、调查和记录，在构筑新闻文本时也可能受到约束，甚至不允许构筑新闻文本。对构筑新闻文本的自由的剥夺还表现在对报道方向、报道立场、报道角度、报道深度和报道层面的限制。一旦被事先设定了框架、划定了边界，构筑新闻文本自由也就无从谈起了。这种剥夺体现在两个方面：一是对新闻事件事先定调，即确定是正面报道还是负面报道；二是事先设定事件发生的因果关系。

新闻发生后，对新闻事件的描述和解读存在多种可能性。虽然新闻事件的发生是客观的，但对客观事件的描述有非常大的主观空间。基于灾难新闻事件构筑一个可歌可泣的英雄新闻文本是完全有可能的，同样，基于人为事件构筑一个看似天灾的新闻文本也是完全有可能的。正是由于新闻文本具有如此大的发挥空间，对新闻自由的剥夺才让人难以忍受。保障新闻自由非常重要，这其实也是在保障接受者能够真实地看待世界的自由，使人们不至于被虚假新闻蒙蔽。

二、新闻文本传播自由

实现新闻文本采制自由只是完成了新闻自由的第一步，之后是新闻文本传播自由。在不同时代和不同条件下，新闻文本传播平台从注册成立到日常运营会受到不同的限制。新闻文本传播平台的运营自由是新闻文本传播自由的重要保障。

所谓新闻文本传播平台的运营自由，只是基于现代传媒业的说法。如果对新闻文本传播平台的含义进行扩展，生活当中的自然人也可以视为新闻文本的传播平台——口头传播历来就是新闻文本传播的重要途径。《召公谏厉王弭谤》："厉王虐，国人谤王。召公告曰：'民不堪命矣！'王怒，得卫巫，使监谤者。以告，则杀之。国人莫敢言，道路以目。"这是"防民之口，甚于防川"的典故出处，也是对限制言论自由的生动记录，文中所说的"谤"并非现今所说的"诽谤"，而是指公开批评。不允许公开批评，以致"国人莫敢言，道路以目"的局面，实质上是对作为新闻文本传播平台的自然人的限制，新闻文本传播自由也就不复存在。

新闻文本传播自由既体现在新闻文本传播平台本身的自由，也体现在其自主运营的自由，如果失去自主运营的自由，新闻文本传播自由就难以得到保障。在正常情况下，只要新闻文本不涉及国家安全等不宜公开的内容，就应该享有被传播的自由。新闻文本构筑完成之后，一般要经过审核，因此需要关注审核标准。审核标准直接决定了新闻自由能否实现。如果在国家安全等不宜公开的内容之外另行设置禁止新闻文本传播的标准，就会妨碍新闻文本的自由传播。新闻文本传播自由是新闻自由的重要一环，也是大众了解外界信息的重要途径。

新闻文本传播受到限制，除涉及国家安全等问题外，还可能因为新闻文本会将一些争议事件、暗箱事件、不公平事件和犯罪行为公之于众，而权力拥有者往往会为这样的新闻文本传播预设障碍或寻找限制传播的借口。新闻文本具有触动社会神经的作用，可能会动摇权力结构，所以权力拥有者有限制这类新闻文本传播的动机。为避免出现权力拥有者随意解释和滥用新闻文本传播权限，需要明确规定哪些新闻文本可以传播、哪些不能传播。在正常的新闻自由环境下，尤其要禁止权力拥有者无所顾忌地滥用权力。保护正当新闻文本传播自由是维护新闻自由的重要前提，也是社会进步与文明发展的重要保障。

三、新闻文本接受自由

新闻文本的采制者和传播者拥有新闻文本采制自由和传播自由，但如果新闻文本接受者没有接受自由，同样会损害新闻自由。新闻自由包括从新闻文本采制到传播再到接受，直至评论反馈的一系列环节的自由，缺少其中任何一环的自由，都可能导致新闻自由受限，甚至破坏新闻自由。要想保障新闻文本接受自由，首先要保障新闻接受者接受各种媒体信息的自由，或者说保障新闻文本接受者能够与传播新闻文本的平台乃至个人保持正常的沟通。

新闻文本接受者通常需要与常见的新闻文本传播平台及新闻文本传播个人保持正常沟通，以便经常且及时地获取新闻文本信息。通过人为的技术手段，可以干涉新闻文本接受自由，比如有选择地限制接受者接收某些新闻文本，通过删除、屏蔽、断网等手段限制新闻文本接受自由。

新闻文本接受自由是指接受者获取新闻信息的自由，通常不是直接对接受者做出限制，而是对可能触达接受者的媒体或具体的新闻文本做出限制。

当然，也可能对接受者做出限制，比如法律法规会对浏览非法媒介的行为作出规定，即接受者接触某些媒介可能构成违法行为。如果对接受者做出不当的警示或惩戒，限制接受者正常接受某些新闻文本，那么新闻文本接受自由就会受到限定。自由本身是一个被限定的概念，哪些限制是合理必要的、哪些是冗余甚至是非法的，其间存在很大的定义空间和实际操作空间。

新闻文本接受自由作为新闻自由的关键一环，其程度在世界各地会有很大不同，要结合各地的历史文化、政治体制和现实状况进行具体分析。新闻文本接受自由只是自由大类之下的一个小类别，要想获取这一小类别的自由，还需在更广泛的自由层面有所保障。对自由的界定是一个动态的过程，对新闻文本接受自由的界定也是如此。随着社会的发展和文明的进步，新闻文本接受自由的范围将会越来越广泛，尤其是随着传媒科技的发展，人们获得信息的途径越来越多，这也将在实际层面扩展新闻文本接受自由的范围。当然，从技术监管的角度来说，也需要不断提升限制新闻文本接受自由的技术能力。

四、新闻文本评论自由

如果从新闻文本采制到新闻文本传播，再到新闻文本接受，这些重要环节都能保证自由，那么基本上就能保证新闻自由，但仍不能完全保证新闻自由。新闻自由不仅包括新闻文本采制、传播、接受的自由，还包括对新闻文本做出反馈的自由。新闻舆论往往是在接受者做出反馈之后形成的。如果仅有传播，没有反馈、没有评论、没有互动，那么新闻自由同样没有得到充分保障。

新闻文本评论自由体现在很多方面，具体需要关注以下几个问题：是否存在表达评论的平台？表达评论的平台是否开放？平台是否会封禁某些评论？平台是否会删除某些评论？平台是否设置了评论窗口？等等。这些取决于新闻文本发布平台的性质以及技术支持情况。传统媒体一般很少设置可供接受者进行评论的窗口，能刊发接受者的来信就已经是一种特殊设置了，或者由编辑部门通过媒体平台代为转发。而接受者直接在传统媒体平台上发布自己的评论，需要特殊的环节设置——平台为接受者提供评论的版面或时段。在自然原始的新闻文本传受场域，尤其是在口耳相传的新闻文本传播场景中，接受者一般可以自由发表评论，与新闻文本传播者直接进行互动。进入互联网时代，很多新媒体平台设置了接受者评论窗口，接受者可以直接对新闻文本进行评论。

如果发布新闻文本的平台有接受者进行新闻文本评论功能的技术支持，却剥夺了接受者评论的权利，则涉及限制新闻文本评论自由的问题，当然并非不允许评论就是剥夺评论自由。实际上很多新闻传播平台都有开闭评论的功能，并且这是很多平台尤其是自媒体平台的权利。公共舆论空间的新闻文本传播平台，不能随意关闭评论功能，否则涉嫌剥夺接受者新闻评论的权利。虽然接受者可以另行寻找可供评论的平台，但这不应成为平台随意关闭评论窗口的理由，否则任何新闻文本传播平台都可以以此为借口关闭接受者评论功能，剥夺接受者对新闻文本进行评论的自由。

新闻文本评论自由还表现在对多样化评论声音的包容方面，如果对新闻文本评论进行有选择的封禁，可能会限制新闻文本评论自由。当然，对于违法侵权的评论采取封禁措施是很有必要的，但缺少合理依据的封禁会妨碍新闻文本评论自由。新闻文本评论自由是保障新闻自由完整性的重要方面，当新闻文本向全社会公开传播时，保障新闻文本评论自由就显得尤为重要。这里有一个重要问题：在某些情况下，新闻文本采制与传播可能被垄断，接受者只能被动接收信息。如果接受者不能对新闻文本进行评论，即使表面上享有前三项自由（采制、传播、接受），实际上也是不自由的。

新闻文本评论既可以由新闻专业人士完成，也可以由业余人士完成。在新闻自由领域，很多情况下不限专业与业余，这与医疗、教育等专业领域不一样。新闻文本的构筑、传播、接受、评论属于人们日常生活的一部分，也是人类自由的一部分，因此保障新闻自由，包括保障新闻文本评论自由，这对人类文明的进步非常重要。

第二节　新闻自由的意义

新闻自由对社会发展和文明进步具有重要意义，甚至可以说新闻自由是社会进步的重要标志。新闻信息是一种重要的社会资源，新闻自由与否涉及资源分配是否合理。信息本身就是一种财富，新闻信息更是如此，并且是非常切近现实的财富。社会在发展，个体应当尽量随着社会一同发展，而能够自由获取新闻信息是重要的保障条件。个体如果不能及时获取新闻信息，就会被时代淘汰，甚至难以融入社会。如果民众在新闻信息获取方面受阻，他们对社会发展的认知就会下降，就会与社会脱节，最终影响社会的整体发展。新闻自由与社会发展、文明进步、历史演进、经济政治发展都有很大关系，对这些方面的健康发展具有积极意义。

一、公平享受新闻信息资源

新闻信息是一种重要的社会资源。无论是经济新闻信息、政治新闻信息，还是其他各种社会新闻信息，乃至自然方面的各类新闻信息，都蕴藏着机会并预示着风险。如果不能自由获取新闻信息，或者只有少数人可以通过特殊渠道获取新闻信息，就会造成资源分配不公。民众有公平享受新闻信息资源的权利，这也是实现社会公平的一个重要体现。除了有偿的、本不应公开的信息（比如社会机构或个人通过调查统计得出的数据新闻信息，这些数据本身可能具有非常大的经济价值），在媒体上公开的新闻信息不应因为少数人追求特殊利益而干扰新闻自由，阻止民众获取。

有些新闻信息属于民众有权知情的内容，公开这些信息也可以看作新闻信息公开。进入互联网时代，尤其是算法广泛应用的时代，"信息茧房"现象经常被提起，而"信息茧房"既是由接受者织就的，也与信息传播有关。如果新闻信息资源被少数人垄断，多数人就会因无法获取丰富的信息或关键信息而被动进入"信息茧房"。

新闻自由的重要意义就是让公众能够公平享受新闻信息资源，促进人类社会均衡发展，避免因为新闻信息资源被垄断、被封禁而导致资源分配不公，从而引发阶层固化与两极分化。当然，新闻自由只是民众公平享受新闻信息资源的一个保障，并不能完全消除"信息茧房"现象，毕竟接受者的兴趣和习惯也会在一定程度上导致对新闻信息的选择性接收。此外，有些法定涉密的新闻信息本就不在新闻自由的范围之内，对于这类新闻信息，不能随意使用新闻自由来衡量资源分配的问题。

二、提升民众整体认知水平

新闻自由可以在一定程度上避免新闻信息传播的单一性，使民众可以从多角度、多层面、多渠道了解新闻信息，从而提高认知水平。"兼听则明，偏听则暗"，新闻自由是保证"兼听"、避免"偏听"的重要方式。如果失去新闻自由，接受者就会被动地"偏听"，无法主动做到"兼听"。另外，社会总是在发展，只有让民众自由地获取新闻信息，他们才能更准确及时地了解社会的变化，进而提升认知水平。最大的封闭是思想封闭，而新闻信息封闭必然导致思想封闭。

“民可使由之，不可使知之。”对于这句话，学者们有多种解释，但其基本含义无疑是使民众服从，避免出现悖逆。如何做到这一点？让民众只听到统一号令的信息，不能自由获取各方面信息，这样就能形成统一的认识，而这必然包含对新闻自由的限制。进入现代社会，开启民智、提升国民素质、睁眼看世界已经成为应对全球化的必然选择。因此，应当让民众及时而全面地了解世界的变化，包括及时全面地了解各种新闻信息。社会的发展依赖民众的整体进步，文明的进步需要民众整体认知水平的提升，新闻自由是社会发展与文明进步的基本前提。

三、保障民众参与公共治理

新闻自由可以保障民众参与公共治理，因为很多新闻信息涉及公共问题，民众只有在充分了解之后才能参与。公共治理不是单一部门的事情，在现代社会，需要民众的参与，包括民众对公共领域的监督，以及提出意见和建议。新闻自由可以保障民众及时知晓涉及公共利益的新闻事件，有效参与公共治理。

从某种意义上说，新闻自由就是公共治理的一部分，因为很多新闻信息资源应当属于大众，大众有权知道、分享、讨论这些新闻信息。现代社会越发提倡民众参与公共治理，即使是精英政治，也不能排除民众的参与，否则会导致政策与现实脱节，或者引发明显的不公，以致影响社会稳定。民众参与公共治理需要具备相应的能力和认知，而能力培养和认知培养有很多途径，并且需要综合素质的提升。比如，对个体权益的保障、对公权力的约束、践行以人为本理念，以及建立相关的法律法规保障机制。

四、监督社会、促进公平正义

新闻自由可以起到监督社会、促进公平正义的作用。如果新闻自由受限，那么民众监督社会的能力就会受限，社会的公平正义也就会失去重要保障。了解重大社会事件，参与其中表达观点或立场，已经成为现代民众对社会进行监督的重要途径。一般来说，民众不能直接参与政治生活和社会管理，但是可以通过传播媒介获得社会变化的信息，然后通过表达意见表明立场，从而实现间接参与政治生活和社会治理。民众参与所起到的重要作用就是监督社会、促进公平正义，而这需要在新闻自由的前提之下才能实现。

新闻信息在现代社会所扮演的角色已经不仅仅是媒体的产品，其影响已经渗透到社会的各个方面。随着现代传媒科技的发展，新闻信息已经跨越了时空，将更多的人关联在一起。在依靠自然媒体进行新闻文本传播的时代，新闻文本传播只能局限于很小的范围，涉及族群的重要新闻则被少数人垄断。进入现代社会，这样的局面逐渐被打破。民众有监督社会的权利，而新闻自由是对这一监督权利的重要保障。社会的公平正义不是天然存在的，而是需要大众的参与。只有了解事件、衡量规则，才能知晓公平正义是否会遭到破坏，才能在公平正义受到破坏时采取必要的措施，而这同样需要新闻自由做保障。新闻自由不是监督社会、促进公平正义的充分条件，却是必要条件。如果没有新闻自由，对社会的监督、对公平正义的呼唤就会显得苍白乏力。

第三节　新闻自由的实现

如前文所述，新闻自由包括新闻文本采制、传播、接受和评论自由，那么实现新闻自由也需要从这四个方面着手。

一、实现新闻文本采制自由

实现新闻文本采制自由主要在于制度安排，也就是说，能否实现新闻文本采制自由主要在于制度大环境。虽然小环境会有例外，但整体的大环境决定了能否实现新闻文本采制自由。新闻文本采制自由是启动新闻文本传受的前置步骤，很多新闻信息不能传播，是因为在采制阶段就没有完成，也就不会有后续的传播和评论。新闻文本采制之所以没有完成，除了采制者自身的因素，仅从人为约束的角度来说，要么是大环境预先做了限制，要么是小环境增加了人为限制。一般来说，大环境问题一旦解决，就能够实现新闻文本采制自由，这是治本之策。但很显然，大环境不容易改变。小环境的人为限制因素相对容易解决，但并不能解决根本问题。如果大环境的人为限制因素过多，那么具体到小环境，人为限制因素就会更具体。

实现新闻文本采制自由需要放开新闻现场，这样才有接下来的新闻采制、传播和评论自由。实现新闻文本采制自由，一方面需要相关法律法规的保护，另一方面需要在现实中施行，没有其他政策掣肘。如果除了法律法规规定的新闻文本采制自由，还有其他政策掣肘，或者有其他约束发挥作用，那么新闻文本采制自由就会被破坏。在依法治国的背景下，从理论上说，只要有法律法规做保障，就能实现新闻文本采制自由。

二、实现新闻文本传播自由

实现新闻文本传播自由是实现新闻自由的重要一环。一方面，新闻文本采制者需要将新闻文本传播出去；另一方面，有些人希望将他人采制的新闻文本转发出去，这同样是传播。实现新闻文本传播自由既需要有设立新闻传播平台的自由，也需要有在新闻传播平台正常传播新闻文本的自由。关于设立新闻文本传播平台，在不同时代和不同语境下有不同规定。在人类漫长的集权时代，一般不允许随意设立新闻文本传播平台，即使到了现代，依然有各种各样的规定。

实现新闻文本传播自由涉及政治模式、社会现状和传媒生态等诸多因素，这往往不是理论问题，而是实践问题。理想的提出和理论的设计都很容易，但具体实施难度很大。人类文明发展几千年，基本实现新闻文本传播自由不过几百年，甚至更短，因为所谓新闻文本传播自由在很多地方依然停留在纸面上，并没有在实践中真正施行。在人类文明史中，自由既被人类珍视，又被严格限制。在漫长的人类历史中，自由是奢侈的存在，实现新闻文本传播自由面临很多困难。

三、实现新闻文本接受自由

有了新闻文本采制自由和传播自由，不等于一定有新闻文本接受自由。出于各种各样的原因，在某些层面实现了新闻文本采制自由和传播自由，在接受环节也可能存在障碍，使新闻自由受限。在战争年代，有关战争的不利新闻文本足以动摇军心，为避免这样的事情发生，就需要阻止士兵甚至一些将领接触这类新闻，将新闻文本限制在一定范围内。即使在和平年代，也会有阻止接受者接受可能引起社会动荡的新闻文本的情况发生。

阻止接受者自由接受新闻文本，自然要阻断传播源，比如阻断接受者接受一些媒体平台，采取“断网”“频率干扰”“删除”等措施。实现新闻文本接受自由是一种理想状态。在现实生活中，由于处在不同的语境之下，对接受者可接受的新闻信息范围会有不同的限定。新闻文本接受自由有时属于个体权利的一部分，但不同的管理体制会在个体权利上添加“国家安全”“违法侵权”等限制。如果某些平台或新闻文本涉嫌“危害国家安全”“违法侵权”，就可能被阻止。实现新闻文本接受自由就像实现新闻自由的其他方面一样，不是一个简单的理论问题，而是一个艰难的实践问题，受到多方面因素的影响。新闻自由终究是时代问题，而不仅仅是简单的传媒问题。

四、实现新闻文本评论自由

即使实现了新闻文本采制自由、传播自由和接受自由，如果缺少新闻文本评论自由，新闻自由也是不完整的。接受者应当有评论新闻文本的自由，如此才能更好地参与到新闻文本传受，并借助新闻文本传播与互动的力量，促进社会发展和文明进步。新闻文本评论自由之所以会被限制，是因为评论本身会在原有新闻文本的基础上生发出新的问题。有的新闻文本只言说了基本事实，并没有言说事实背后的更多因果关系和可能导致的其他后果。如果就此展开深入剖析和评论，指出新闻事件背后的更多因果逻辑，就有可能形成新的舆论局面，甚至引发舆情风险。因此，在不同语境和不同时代，新闻工作者会做出不同的选择。

即使新闻文本采制、传播、接受都在可控范围内，针对新闻文本的一些评论也可能不在可控范围内。历史上著名的“杨修之死”就是因为杨修评论了曹操说出的“鸡肋”的口令，并且将评论说给了周围的人听。曹操说出“鸡肋”口令时，那是一个新闻文本，杨修听到后做出的评论让曹操深感忌惮，因为他既说出了曹操内心所想，又可能“扰乱军心”，于是曹操杀掉了杨修。“杨修之死”的历史真相是否完全如此我们无法确认，仅借此说明，即使新闻文本已经传播开来，也不等于就有评论的自由，尤其是在军事领域。无论是在战争年代，还是在和平时期，在特定语境下，确实有大量的新闻文本是不应被随意评论的。

实现新闻文本评论自由是实现新闻自由的重要一环。如果新闻文本从构筑到传播都是单向的，接受者只能接受，不能发表评论，那么新闻自由就是不完整的，甚至可以说缺少新闻自由。如果拥有了新闻文本评论自由，就可以对新闻文本做出更多的解读，从而有利于接受者更全面地了解新闻事件的真相。

对于社会上出现的重大舆情事件，相关部门经常会以通告形式向民众告知，通告就可以被视为新闻文本。对于这种涉及公共问题的新闻文本，民众有权合理提出评论和质疑，保障这方面的新闻自由，就可以促进或监督事件的合理解决，或者对未来起到警示作用。公共事件和重大舆情事件都需要民众的参与，如此才能保证民众参与公共治理，从而促进现代社会治理水平的提升，而新闻文本评论自由在其中发挥的作用不容低估。

对重大新闻事件和重大舆情事件评论的自由度，能够体现新闻自由的程度。随着现代文明的发展和民众公民意识的增强，新闻文本评论自由的范围也会越发广泛，当然这一切都有赖于社会的整体进步。新闻自由终究不是简单的理论问题，也不是简单的传媒问题，而是社会实践问题，是涉及社会各层面的综合性问题。

第四节　新闻自由的规限

新闻自由的规限是指新闻自由受到的规约限制。虽然新闻自由对于社会发展和文明进步有着诸多积极意义，但是在社会发展和文明进步的过程中，新闻自由受到了大量限制。对新闻自由的规约限制涉及文化历史、意识形态等诸多方面，具体来说，包括法律规限、政策规限、道德规限和文化规限等。

一、法律规限

法律对新闻自由，有的是直接做出规限，有的是间接做出规限。法律对新闻自由直接做出规限，是指将对新闻自由的规定直接写入法律条文；法律对新闻自由间接做出规限，是指将对自由等民事权利或其他约束性规定写入法律条文。通过法律形式做出规限是比较正式的规定，具有强制性。法律规限作为刚性规定，反映了较为广泛的管理意志，对新闻自由具有根本的规约性。

自由与规限本就是矛盾对立的存在，但社会发展与文明进步既少不了自由，也少不了规限，并且总是在自由与规限之间寻找平衡。无论是自由度，还是规限的严格程度，都是对政治、经济、文化的综合反映，并且只是其他自由的相关反映。在媒体发达的社会环境里，新闻自由甚至比其他方面的自由更为敏感，因为新闻文本传播会产生轰动效应，对社会的影响往往具有颠覆性。人类自从组织成社会，就要面对群体统一性的问题，而为了保证统一性，避免动荡与散乱，从管理角度就会限制个体的自由，其中就包括对新闻自由的限定，即通过对新闻自由的法律规限，实现认识的统一性。当然，能否达成以及是否应该达成这种统一性，则是另一回事。

用法律法规对新闻自由做出限定，一般需要基于更基础的法律原则，比如从宪法当中寻找法律依据。要实现新闻自由，也得从最基础的法律原则出发，但同时，即使最基础的法律原则能衍生出新闻自由，也不等于一定能实现新闻自由，因为最基础的法律原则只是做出原则性、方向性的规定，无法做出详细规定。另外，最基础的法律原则还可以衍生出其他法律规定，而衍生出的法律规定可能恰好对新闻自由做出了规限。各个国家和各个时代都有对自由的规限，包括对新闻自由的规限，这既是历史问题，也是现实问题。对自由包括新闻自由做出法律规限是正常的，问题只是规限的指向、尺度、目的和效果。当然，这些问题难免各言其是，是非对错只有经历一个复杂的过程才能讨论清楚。

二、政策规限

对新闻自由的政策规限一般要依据相关法律规限制定或施行，但政策规限有一定的灵活性和临时性。政策规限的灵活性在于可以不通过法律形式，只以行政等手段颁布施行。法律制定的程序一般比较复杂，并且法律一旦制定便具有一定的稳定性，不能轻易更改，政策却可以根据现实情况做出适时的调整。当然，政策制定也需要履行一定的程序，但一般不像法律制定那么烦琐。一些部门经过授权就可以制定一些政策，决策范围较小，法律则需要由立法部门专门研究、制定、实施。法律一般面向全国公布，并且要向全民普及，有些政策则不必面向全国颁行，也不必向全民普及。

政策对新闻自由的规限还体现出一定的临时性。政策可以根据一个时期的社会状况对新闻自由作出规限。即使在同样的社会制度下，在法律规定没有改变的前提下，在不同时期依然会有不同的新闻自由规限政策。简单来说，不同时期有不同“禁忌”，也就有不同的新闻自由政策规限。新闻自由政策规限有时通过行政手段或隐或显地施行，即有的政策以公开形式施行，有的政策以不公开形式由少数人掌握施行。在法治社会，政策对新闻自由的规限应当在法律规定的范围内，避免出现违宪违法类政策。当然，出于社会安全等方面的考虑，临时性、必要性的新闻自由政策规限也是不可或缺的。

三、道德规限

新闻自由受到道德的规限——职业媒体人受到职业道德的规限，业余传播者受到社会道德的规限。新闻自由有时会与道德存在冲突，比如：灾难新闻文本传播的过程中可能会暴露当事人的不堪画面，是否应当采制并传播？基于新闻自由，新闻文本采制者可以采制、传播灾难新闻文本，接受者也有接受和评论灾难新闻文本的自由，那么这与灾难新闻当事人的尊严就可能产生矛盾。新闻职业道德在此种情况下就会对新闻自由有所规限，以保护灾难新闻事件的当事人。即使是业余的新闻文本采制者和传播者，也需要遵守相关的社会道德，以及媒体传播道德，新闻自由也因此受到限制。

道德层面的要求是一种较高的要求，很多时候不能强制遵守，不像法律那样具有强制性。道德对新闻自由的规限自然也不具有强制性。对职业新闻人来说，他们要遵守职业道德，但如果其行为尚未达到违法层面，就会缺少强制其行为的依据。道德规限有时并不明确，尤其对非职业者来说，他们可能对新闻自由方面的道德规限知之甚少，通常只能依据一般的社会道德来判断。八卦新闻自古有之，传他人隐私、议论他人隐私同样历史悠久，这些本不属于新闻自由的范畴，但如果没有达到违法程度，一般没有人会去追究，甚至无法追究。

新闻自由的道德规限有赖于民众整体素质的提高。新闻从采制、传播到接受，终究是关于人及其关心的问题，那么尊重人、关心人、同情人应当是道德规限新闻自由的主要方面。也就是说，尊重人、关心人、同情人在很多情况下应优先于新闻自由。新闻自由应当以人为本，而不能以新闻为本。当然，我们也不能滥用道德，不能假借道德之名干涉新闻自由。

四、文化规限

新闻自由会受到特定文化的规限，因为不同文化有不同的禁忌。在有文化禁忌的地区，不适合采制、传播触及当地文化禁忌的内容。有些文化禁忌是长期存在的，比如一些民族的习俗和信仰。对于涉及这类禁忌的新闻事件，采制和传播过程中应注意不要触犯当地的禁忌，避免造成情感或精神上的伤害。有些禁忌是时节性的，比如中国春节期间，不同地区有不同的文化风俗，在此期间，不应以新闻自由为由触犯当地文化禁忌。

文化是历史的积淀，并已深深融入人的思想。在指导人的言行方面，文化往往规范着人们能做什么、不能做什么、如何做以及不应该怎么做，在这样的规范之下，新闻自由就可能被规限。新闻自由的本质是能够自由地将新闻文本传递给接受者，具体表现为新闻文本的采制、传播、接受与评论的自由，而这些行为需要在一定的文化规范内进行。

有些文化包含了对历史的认知，而不同族群对历史的认知有所不同，由此也会形成不同的文化表达规范。新闻自由不能随意挑战特定族群基于其历史认知所形成的文化表达规范，这涉及的是群体性的利益问题。虽然新闻文本通常是对现实的言说，但往往会涉及对历史背景的追溯，以探寻因果逻辑。无论是一个族群所认可的历史逻辑，还是基于历史逻辑构筑的文化逻辑，都会对新闻自由做出规限，因为文化本身就暗含边界与规范。

第十四章 新闻规制

新闻规制是指新闻管理者对传媒领域的新闻信息采访，以及对新闻文本采制、传播、接受和评论所做的规范和制约。新闻规制的方式包括法律手段、行政手段和媒体管理手段。新闻规制的目的包括维护社会制度、维护社会秩序、惩处违法违规行为等。新闻规制与新闻自由具有不同指向，二者既存在矛盾，又相辅相成。在相同社会语境下，新闻规制与新闻自由的理据基本一致；而在不同社会语境下，新闻规制与新闻自由会有不同标准。

第一节 新闻信息采访规制

新闻信息采访是指通过问答、搜集、体验等形式获取新闻信息的行为。在具体的新闻信息采访中，哪些新闻选题能够采访、可以采访哪些人、采访过程中需要遵守哪些规范等，都涉及新闻信息采访规制。

一、新闻管理规制

新闻管理是一项复杂工程，其复杂性体现在多部门协同管理上。司法、国安、行政以及其他具有执法或管理权限的部门都可能对新闻信息采访进行规制。新闻管理部门往往并非单一部门，而是会涉及舆论、文化、安全等多方面业务，所以这里所说的新闻管理部门往往是一个虚指部门，或者说是能够对新闻做出管理规制的部门的统称。

在不同社会语境下，新闻管理部门的设置各有不同，但在同一社会语境下，各个新闻管理部门所遵循的主要依据大体相同，比如都遵循相同的意识形态、宪法精神、法律规范、政策指导等。这样能够保证不同新闻管理部门既各司其职，又相互补充，步调一致，同进同退，但是由于侧重点不同、关注点不同，在具体的新闻管理中又会有不同的政策实施和操作方式。

对新闻信息采访的规制是从源头上对新闻进行管理，即从新闻文本采制之初就做出限定，包括禁止和限制采访的事件范围、限制采访的新闻当事人、限制采访的内容、限制采访的媒体和预设采访立场。有些新闻事件有必要向民众披露，但又不能完全披露，那么新闻管理部门就会做出限制采访的规定。有些新闻事件涉及国家安全、社会稳定等重大问题，相关部门就会禁止媒体对其进行采访，比如涉及军事机密、国家机密、经济机密的事件等。

限制采访包括限制对事件做更广泛更深入的调查追溯和信息采集，将采访限定在有限的事件范围内，对事件发生的时间、载体、因果关系做出限定。

限制采访的新闻当事人是指对于事件当事人、目击者、知晓者做出采访限定，避免出现某些限制信息的泄露，这可能会影响新闻文本反映事件的广度、深度，甚至影响新闻文本反映事件的完整性和真实性。

通过限制采访的内容可以对新闻信息采访做出规制。采访的内容包括事件的背景、因果、载体等与新闻事件相关的各个方面。通过对新闻事件敏感部分进行“切割”，使之成为不被采访的内容，可以实现对新闻信息采访的规制。

不同媒体具有不同的采访风格、关注重点和价值立场。通过限制采访的媒体，可以排除那些“立场相反”的“危险”媒体，避免出现与预期不符的新闻文本，也可以达到新闻规制的目的。当然，新闻管理者对媒体进行分类管理并赋予其不同的采访权限，需要有合理的依据，否则容易引起争议。另一种新闻规制手段是预设采访立场，也就是新闻管理者对新闻事件预设立场，并要求采访者按照预设立场进行采访和报道。

新闻管理是社会管理的一部分，它与法治建设、制度建设和时代背景都有极为复杂的关联，其中很多不是简单的传媒问题，也不是传媒行业能够自行决定的，而是在很大程度上由政治、经济、文化等多方面因素综合决定的。

二、媒体平台规制

在新闻管理部门的外部规制下，媒体平台也会在内部做出规制。这是因为：一方面，可以避免因外部规制而受罚；另一方面，媒体平台内部也需要加强管理。媒体平台首先要遵循一般的职业道德，对新闻信息采制行为提前做出规制。媒体平台还会根据自身定位，以及所坚持的新闻文本采制、传播理念，对新闻信息采访做出相关规定。媒体平台自身会有利益诉求、价值定位和新闻理念，这几个方面既有矛盾的一面，也有统一的一面。

媒体平台的利益诉求首先体现在媒体自身经济创收的增加以及创收的可持续性上。为保障自身利益，媒体平台一方面要保证新闻文本具有很好的传播力和影响力，另一方面要保证媒体自身的管理安全，即不会因为新闻管理规制而给自身经营带来较大影响。管理安全和经济利益之间往往存在矛盾。管理安全要求过高，就可能限制新闻信息的获取能力，甚至很多新闻选题直接被排除在外。而这类新闻选题往往是社会热点，可以提高媒体公信力和影响力。一旦出于管理安全考虑不断错失这类选题，就会损害媒体的公信力和影响力，最终导致媒体平台的社会影响力和经济利益受损。当然，反过来，为获取媒体公信力和影响力或追求经济利益，也可能不断突破新闻管理规制，最终遭到严厉的惩罚，甚至停止运营。

媒体平台的价值定位也会直接影响其对新闻信息采访的规制。这里所说的媒体平台的价值定位，是指媒体所要践行的价值理念，以及对自身的社会价值定位。媒体平台的价值定位有的是促进社会进步和文明发展，有的是满足接受者需求，还有的是对某些机构团体负责。当然，媒体平台的价值定位与实际践行会有一定差距，因为实际践行会受到现实利益的影响，也会因为领导者执行理念和执行意志的不同，达到不同的践行效果。

新闻信息采访须符合媒体平台的价值定位，具体包括对选题的把握、对事实的追溯、对权力与权利的关系认知，对采访范围、采访风格的把握，以及对新闻采访的方向、深度与广度的要求。价值与愿景是媒体更高远的指引，会在更长的时间尺度上体现新闻媒体的运营方向和运营风格。虽然价值定位可能与现实存在一定冲突，但如果确认了价值定位，就不能把它当作口号，就要使其对新闻信息采访产生实质的影响。

媒体平台的新闻理念也会影响对新闻信息的采访规制。所谓新闻理念，是指对新闻本质与用途的基本认知。新闻理念会直接影响新闻文本采制。如果认为新闻就是满足接受者的好奇心，那么新闻信息采访自然倾向于猎奇。如果认为新闻有巨大的社会功用，那么新闻信息采访就会倾向于对实用价值的挖掘。新闻理念作为对新闻本质和新闻价值的认知，尤其是媒体平台决策层的认知，会被灌输给具体的新闻信息采集者并体现在信息采集流程的各个环节当中，并最终体现在新闻文本上。

三、社会伦理规制

新闻管理部门和新闻媒体内部都会对新闻信息采集做出规制，而社会伦理则会对新闻信息采集做出或隐或显的规制，并且有些规制已经纳入新闻管理或新闻媒体平台的规制。社会伦理是指基于人与人之间的社会角色而形成的言行规范。关于伦理，“伦”是指等级顺序，“理”是指道理规则，划分等级顺序的依据是每个人的社会角色。公序良俗对社会伦理做了很好的补充说明，也可以说对社会伦理做了分类阐释。新闻信息采访需要遵守社会伦理规制，其中包括尊重当事人和潜在的接受者，在采访中要保持态度上的平等与平和。出于对新闻事件当事人和潜在接受者的同等尊重，一方面需要采集更多新闻事件信息，另一方面需要尊重新闻事件当事人的隐私和个人权利。

如果新闻信息采制者或传播者在经济利益的诱惑之下，或在外力作用之下丧失节操，既不能做到“秉笔直书”，也没有春秋笔法，反而避重就轻，甚至曲解现实，就会造成对新闻文本潜在接受者的不尊重，破坏新闻文本采制传播者与接受者之间的伦理关系。在新闻信息采访过程中，为了吸引潜在接受者关注而故意制造事端，甚至导演新闻，是对新闻当事人和潜在接受者的双重不尊重，同样是对社会伦理的破坏。有些新闻文本通过暴露个人隐私制造看点，或者通过凸显矛盾的激烈程度或夸大问题严重性来吸引接受者。有些新闻信息采集者为了制造看点，会在采访过程中故意刺激新闻当事人，使其产生过激言行，或者在新闻当事人之间故意制造矛盾，再或者故意暴露新闻当事人的隐私，这些行为既受到职业道德规约，也受到社会伦理规约。

影视剧是导演出来的，但新闻信息采集者不应导演新闻事件，否则新闻文本将变成不伦不类的东西，这也是新闻职业道德所不允许的。新闻信息采集者可以合法合规地收集新闻事件的相关资料，比如事发地和新闻当事人的画面，或者其他与事件相关的信息，但不能指导新闻当事人说什么以及怎么说，否则就变成了导演新闻。

第二节　新闻文本写作规制

新闻文本写作是指根据采集到的新闻信息，主要以文字形式为新闻文本构筑所做的工作。新闻文本写作既包括对新闻文本框架的确定，也包括对新闻事件所要反映主要内容的确定，还包括对新闻事件本质性的确定。但是，新闻文本写作的文字内容未必是新闻文本最终呈现的内容，比如视频新闻文本写作只是为视频新闻制作提供文字依据，并不是文本的最终呈现形式。并非所有新闻文本都会有新闻文本写作这个环节，像口头新闻文本一般就没有写作这个环节，而是直接口述。将采自新闻现场的信息直接传播出去，也可以不经过写作环节。传统新闻业构筑的新闻文本一般会有新闻文本写作环节，尤其是报纸新闻；即使是广播电视新闻文本，如果不是现场直播，也会有写作环节。虽然广播电视新闻文本以音视频形式呈现，但为了更好地呈现信息，需要事先以文字的形式描摹音视频的信息脉络。新闻文本写作为新闻文本的最终呈现提供文字方案，为保证方案合理有效，需要事先对新闻文本写作进行规制。

一、新闻文本写作原则性规制

新闻文本写作应当与新闻事件保持一致。当然，对于何谓一致，并没有确定无疑的标准。根据人们认知事件的基本维度，需要在写作中明确新闻事件发生的时间、空间，涉及的主要载体，以及原因和结果。所谓新闻文本写作与新闻事件一致，也即新闻写作所呈现的信息与新闻事件发生的时间、空间一致，所写的事件载体与对应的客观事件载体一致，所写的事件因果与对应的客观事件因果一致。

新闻文本写作与事实一致的原则存在一定的模糊空间，因为新闻文本写作不可能写出新闻事件发生的准确时间，即使精确到毫秒微秒，依然会存在误差。时间只是人类发明的计时方法，并且人类有多种多样的授时，北京时间和纽约时间、伦敦时间都不一样。即使使用同一计时系统，也无法做到准确无误，一是授时本身存在误差，二是确定事件发生的时间会存在误差。关键问题是，时间只是人为规定，时间坐标的零点无法精确，那么从无法精确的零点出发，以后的任何授时都会存在误差。新闻文本中的时间并不具有客观性。虽然对时间的描述无法做到完全精确，但应做到相对精确，尤其要做到表述准确，符合人们对事件发生时间的一般认知。

对新闻文本的空间描述类似于对时间的描述，也无法做到完全精确，只能与新闻事件发生的空间相对一致。即使在新闻文本写作中将新闻事件的空间用经纬度来标注，也无法做到数字上的完全精确。对于空间的描述也是基于人类的主观设定，并不具有客观实在性。在新闻文本中提及某个城市，甚至是某个城市的某个小区、某栋楼的某户居民家里，对空间的描述依然具有模糊性。

即使在新闻文本中对空间的描述已经能够满足人们的认知需求，空间的相对模糊性也存在。人类无法非常准确地界定事件发生的空间位置，尤其是事件载体总是在变化当中，空间位置始终在变动，毕竟没有绝对静止之物。人们在描述一件事情的因果关系时，由于事件载体在空间上的变化，事件从因到果已经发生了空间位移，只是基于人类认知的一般需要，并不需要特别准确地进一步描述。虽然对空间的描述无法做到完全精确，但应当根据潜在接受者对空间位置精确度的要求，在写作新闻文本的过程中给出相对精确的空间位置。

在新闻文本写作中，应当根据潜在接受者的接受需求，并且遵循新闻文本与新闻事件尽量一致的原则，对新闻事件载体给出相对完整而清晰的描述。根据截取的事件片段、角度、详细程度的不同，在新闻文本中应进行不同数量和不同完整度的新闻事件载体描述。新闻事件载体是在新闻事件中承担因果或用于描述因果的承载物。所有客观存在的事物都可以成为新闻事件载体，但在描述新闻事件时，会有选择地将某些存在物作为事件载体，以便更好地讲述因果关系。所谓事件，就是对载体变化的言说，没有载体的变化就没有事件。对于新闻事件，在新闻文本中需要交代因果关系，而为了言说因果，就要言说相应的载体。对于与认知事件相关且重要的新闻载体，在新闻文本写作中，应当进行明确的交代，并使之与客观新闻事件基本一致。

在新闻文本中，应当准确交代事件的因果。任何事件都有极为复杂而漫长的因果链条，新闻文本所能反映的因果链条仅是文本构筑者的“断章取义”。新闻文本构筑者不必也不可能反映事件的所有因果关系，只能结合现实需要或选定一个角度来交代事件的因果。新闻文本写作的原则之一，就是清晰地描述新闻事件因果。当然，所谓清晰也是相对的，并且基于不同的写作角度有不同的表达方式。新闻背后是复杂繁多的事件组合，自然涉及复杂繁多的因果关系，但在选定了认知角度并确定了新闻事件的主要载体之后，应当基于人类现有认知和潜在接受者的一般需求来明确事件因果。

二、新闻文本写作真实性规制

新闻文本写作真实性规制应当符合新闻文本写作的基本原则，或者说，新闻文本写作的真实性规制是基于原则性规制的限定。“真实是新闻的生命”，这是在新闻行业非常流行的一句话，但问题是，何谓真实？其实，对于真实的界定有很大的模糊空间，因为所谓的真实仅仅是基于人的现有认知做出的相对概括。任何真实都既具有客观性，又具有主观认识上的相对性和模糊性。

新闻文本写作的真实只是符合人们的一般认知，既有时代的局限性，也有个体认知的差异。对新闻文本真实的一般评价标准是既要保证新闻细节的真实，又要保证新闻本质的真实。

细节真实是指对新闻事件发生的时空、载体、变化等细节因素的描述要符合人们对客观事件的一般认知。新闻文本写作涉及事件所处的时空、载体以及发生的变化，这些因素既可以通过宏观概括进行描述，也可以通过细节描述进行界定。比如，时间可以从某一天精确到几时，甚至几分几秒，但在精确过程中不能出现错误，如果某天某时写对了，但在进一步精确到几分几秒时写错了，那么细节就会失真；空间位置也是如此。在载体细节方面，如果是人物，会涉及自然信息和社会信息，比如性别、年龄、身高、样貌等自然信息，以及国别、籍贯、单位、职务、经历等社会信息，在写作新闻文本时这些信息都要与人物实际一致，这也是新闻文本写作真实性的规制。

事件的因果细节同样非常重要。新闻文本写作涉及的事件主要因果及其支持细节都应与人们对事件的一般认知一致。人们对事件的一般认知一致，是指人们在面对客观事件时的因果逻辑认知一致，并非指接受者所接受的每个新闻文本都与其对客观事件的实际认知一致。接受者往往只能通过新闻文本了解新闻，无法到新闻现场验证真假，那么更多时候就只能要求新闻文本在逻辑表达上符合人们的一般认知了。

新闻文本对事件的描述要符合人们认识客观事件的基本逻辑，对细节真实的反映同样如此。符合人们认识客观事件的基本逻辑，是指人们基于一般的经验认知和理论认知，合理使用归纳法和演绎法，能够按照因果逻辑、时间线性逻辑认识客观事件。大众认知客观事件的能力参差不齐，甚至认知逻辑也各有不同，但一些基本认知逻辑是一致的。比如，在一个新闻事件当中，有足够的证据证明一个人伤害了另一个人，那么被伤害的人的伤情就与伤害者有直接因果关系。再如，刚刚刮过一场台风，人们看到倒塌的房屋，就会认定是这场台风造成的。

关于新闻本质真实，会因为新闻文本对新闻事件反映的角度不同、时间长度不同、空间广度不同而有不同判断。针对同一新闻事件，新闻文本可以从不同角度进行呈现，比如，可以从正面或反面反映，也可以从侧面反映，还可以从多个方面做出综合反映。

虽然人们对于具体新闻文本是否达到了本质真实可能存在分歧，但是对于新闻文本对新闻事件的反映是否做到了本质真实，人们还是会有一些基本判断。比如，新闻文本是否从正反两方面反映了新闻事件，以及反映的内容是否综合完整，是否与事件的本质性存在一致。这些方面往往也被用于判断新闻文本是否反映了事件本质，是否真实反映了新闻事件。

在国际上，各国从自身利益出发，对于同一个新闻事件也可能给出完全相反的判定，媒体在报道的时候也会体现出倾向性，很难做到完全的客观公正。针对同一新闻事件会有不同的本质性判断，进而做出不同的真实性判断，其根本原因是对事件的构成有不同的表述，对事件牵涉的因果关系也有不同判断。新闻文本写作者对事件的所谓客观反映，会因为其价值观或立场的不同而体现出一定的主观性。无论对新闻的本质性和真实性有怎样的判断，新闻文本的写作都必须受到真实性规制。

三、新闻文本写作逻辑性规制

新闻文本写作受到逻辑性的规制，也就是新闻文本写作应当符合基本逻辑，而最基本的逻辑就是因果逻辑。如果新闻文本写作的逻辑起点或逻辑终点不同，那么对事件的反映就会有所不同。新闻文本写作会有不同的逻辑选择，尤其会有不同的因果逻辑选择。

新闻文本对新闻事件的反映往往涉及一段时间，而非一个时间点。事件反映的是人或物的变化，暗含因果关系的认知。无论是对变化的描述，还是对因果的理解，都需要在一个时间段内进行表达，因为事件本就是人或物在时间线上的变化。因此，一个新闻文本在反映一个事件时，选取的时间跨度不同，对事件本质的反映也会有所不同。就像判断一件事是好事还是坏事，有时需要经过一段时间才能验证。另外，有些事件如果追溯到更早的时间，那么事件的因果，甚至事件的本质可能发生根本性变化。比如，只截取张三打李四的瞬间，那么这个事件看起来就是张三伤害李四；但是如果将事件向过去追溯，发现李四打张三在先，张三的行为只是正当防卫，那么事件的性质就发生了变化。

针对同一事件，如果截取不同的时间段，可能会得出不同的结论，反映出不同的逻辑。有的事件很明显，需要追溯过去的因果关系，但追溯多久才符合其因果逻辑，却会因事而异、因时而异、因人而异，其中的主观化因素甚至会起决定性作用。要判断新闻文本对新闻事件的反映是否符合基本逻辑，有一个基本原则，就是它应该符合人们对事件的基本经验认知和逻辑认知。新闻文本写作截取的时间跨度应当是无论向过去追溯多久，都不会因为时间变化而出现事件的反转，这样的时间截取才算合理。当然，在实践中操作难度比较大，因为向过去追溯存在认知局限，对归因可能存在分歧，甚至对这个世界的运作逻辑也存在根本性的认知差异。

新闻文本写作受到逻辑规制，还涉及空间广度的问题。如果要扩展一个新闻事件关联的空间范围，那么随着范围的扩展，对新闻事件会有不同的推理逻辑。比如，判断一个地方最近几年的生态环境是改善了还是恶化了，如果只看局部较好的生态环境，却没有将生态环境不好的空间考虑进去，那么很显然没有反映事件的真实发展逻辑，这就需要将空间进一步扩展，才能看清真相。一件事发生后会产生一定的影响，在小范围内产生的影响与扩大范围后的影响可能大相径庭，这就需要反映合理的空间，以保证新闻文本写作能够反映新闻事件真实的因果逻辑。

虽然新闻文本写作的逻辑规制是一个牵扯面非常广的复杂问题，基于不同利益、立场和认知会对同一个新闻事件给出不同的文本反映，但是新闻文本写作依然要受到基本逻辑的规制。从一般认知层面来看，有些新闻事件的因果关系并不复杂，尤其是在可以很好地还原现场的情况下。

四、新闻文本写作实用性规制

新闻文本需要为接受者提供认知信息，并且这类信息往往是接受者以前未曾接触过的，可以让他们对这个世界有更多的了解。很多新闻文本可以让接受者对现实世界有最新的了解。新闻文本的实用性可以扩展接受者的认知。为实现新闻文本的实用价值，新闻文本写作应当受到实用性的规制。

新闻文本构筑者和传播者的目的与接受者的目的存在一定反差，新闻文本构筑者和传播者或许只是希望通过对接受者认知的影响来最终影响其思想，或为了吸引接受者的注意而获取广告效应。但是，接受者的目的很简单，要么获得实用性的认知信息，要么获得可供娱乐的信息，或者实用与娱乐兼而有之。新闻文本写作需要响应潜在接受者的接受需求，并通过客观事件本身为潜在接受者提供更多的实用信息。

新闻文本的实用信息围绕事件的基本要素展开，包括事件发生的时空、载体和因果，并且其中有些信息一定是接受者未知的，否则新闻的概念就不存在。在实用性的规制下，新闻文本写作能更好地满足接受者的接受需求。

新闻文本写作受到的实用性规制未必是强制性的，毕竟实用性本身就是多义且模糊的概念。在新闻文本写作中如何赋予文本更多实用性，存在很大的模糊空间，甚至言人人殊，因此很难强制要求新闻文本写作具有实用性。当然，有些新闻文本的实用性是相对明确的，比如天气、交通、教育等方面的新闻文本，其实用性可以提前界定。

五、新闻文本写作趣味性规制

新闻文本写作还会受到趣味性的规制。新闻文本传递给接受者的信息往往是他们之前不知晓的，这种未知的信息有时不同于一般的知识，而是与现实生活紧密联系，因而具有趣味性。虽然新闻文本的趣味性来自事件本身，但文本的构筑者需要做出必要的描述来突出这种趣味性，并非所有新闻事件的趣味性都能自然呈现出来。好的新闻标题和新闻导语往往会使新闻文本更具趣味性，即使是极具实用性的新闻文本，也不排除创作时对趣味性的追求。

对外在世界充满好奇心是人们普遍的心理特征。新闻文本写作需要接受趣味性的规制。无论是为了社会效益、经济利益，还是出于个人的兴趣爱好，都要赋予新闻文本一定的趣味性。不应将新闻文本仅仅当作认知的手段，还需将其当作能满足接受者兴趣的表达方式。即使是非常严肃的事件，对于接受者来说，也难免带着围观的态度去接受，并期待从中获得某种形式的娱乐价值，新闻文本写作也就自然需要受到趣味性的规制。

第三节　新闻文本编辑规制

新闻文本编辑是对已经拣选出的新闻信息做进一步的编排和剪辑，使之更接近或等同于进入传播环节的新闻文本。有的新闻文本需要经过编辑环节，有的则不需要。传统媒体和采制流程严格的新媒体都会有编辑环节，但口头新闻文本、很多自媒体新闻文本制作或现场新闻直播，则缺少编辑环节。新闻文本编辑一般是在已有新闻信息资料和新闻写作的基础上，对新闻文本进行进一步的构筑。对新闻文本进行编辑，可以使其更好地反映新闻事件。新闻文本编辑一般会受到一些普遍性的规制，比如编辑原则规制、编辑媒体规制、编辑立场规制。

一、编辑原则规制

对于不同的文本形式，新闻文本编辑的概念有所不同。报纸新闻文本编辑是对新闻文稿做出修改处理，修改依据包括事实核定、行文规范等。报纸新闻编辑还会基于版面的需要对新闻文稿进行增删处理，这样的编辑属于适应性修改，不是针对新闻文稿本身的问题，而是出于版面布局的需要。报纸新闻编辑还会为了适应媒体平台的立场、风格和传播环境，对新闻稿进行编辑，这也是其他类型媒体平台编辑需要做的工作。音视频类的新闻文本编辑除了对文稿进行编辑，还要对音视频进行编辑，编辑的依据包括事实核定、音画剪辑、行业规范和技术指标等，还包括对播出平台的适应，如时长、风格、立场等方面的要求。

虽然新闻文本编辑可以根据需要做出各种各样的调整，但也有其基本原则，相关调整需要在这些原则的规制之下进行。新闻文本编辑应遵循的基本原则如下：第一，与新闻事实相符原则。这是文本构筑的总原则，在编辑阶段同样须遵守。第二，符合行业规范原则。这个原则是在传媒行业的实践中逐渐形成并被普遍认可和遵守的。由于语境、媒体平台、媒体类型和媒体立场的不同，行业规范也会有所不同。第三，符合媒体平台原则。这一原则由媒体平台决定，不同媒体平台有不同的新闻文本传播风格和价值立场，进而构成各自特定的新闻文本编辑原则。第四，符合有利于传播的原则。新闻文本构筑不是为了束之高阁，也不是为了传诸后世，而是要在当下传递给尽可能多的接受者，这就要求新闻文本编辑坚持有利于传播的原则，以提升影响力和获得更好的传播效果。

新闻文本编辑原则规制会发生变动，所谓原则只是一时一地的原则，并不具有超越时空的性质。唯一具有一定超越性的原则是新闻文本编辑须与新闻事实相符，但在具体的新闻事件中，不同的人或媒体机构依然会根据自己的利益、立场、认知给出不同的判断。由此可以看出，新闻文本编辑具有认知局限性、不稳定性，以及容易受其他因素干扰的特点。因此，所谓新闻文本编辑原则规制只能提供大概的指导框架，在实践中会有各种不同的施行与解读。

二、编辑媒体规制

不同媒体会有不同的新闻文本风格，这在编辑阶段会得到进一步的把控和修正。在新闻文本编辑阶段，媒体对新闻文本的规制会从体裁、风格和篇幅等方面入手。正常情况下，在对新闻文本进行编辑之前，就已经确定了体裁，甚至在信息采集阶段就已经确定了体裁，如消息、评论或专题，这通常是根据新闻选题、媒体需要或采制者的个人偏好来确定的。但是，也有例外，编辑可能会根据媒体需要对新闻体裁做出改变，比如将专题通讯改为消息或评论，或者将文稿一分为二，在专题通讯之外附加评论。尽管这种情况相对较少，但完全可以做到，通常会导致新闻文本发生较大改动。

在新闻文本编辑阶段，媒体对风格的规制比较常见。新闻文本采制者往往有自己的风格，但这种风格有时会与媒体的一贯风格发生冲突，这在文本编辑阶段就会被媒体编辑调整，即使新闻文本风格与媒体的一贯风格保持一致。比如，有的媒体风格倾向于轻松幽默，当新闻文本显得非常严肃时，编辑就需要对文风进行调整。媒体往往有自己的新闻传播理念和市场定位，会依据自己的风格吸引和留住接受者。要保持接受者的稳定性，媒体就需要保持风格的稳定性，进而要求新闻文本具有风格的统一性。

新闻文本的篇幅有时也不符合媒体的要求，比如字数、时长都可能超出或不足，这时，媒体编辑就要对新闻文本做出相应的修改。新闻文本的长度有很大的灵活性，文字新闻可以从几字到几千字不等，音视频类文本可以从十几秒到一小时不等。根据媒体的需要，很多新闻文本的篇幅都可以灵活调整，甚至同样的意思表达，可以采用不同的篇幅。在正常情况下，媒体会对新闻文本预先有所规制，但在某些特殊情况下，需要对一些新闻文本做出较大幅度的调整。此外，媒体在新闻文本编辑阶段还可能对篇章结构、修辞表达、错字病句等做出修改或调整。

三、编辑立场规制

当新闻文本进入编辑阶段时，编辑的立场就显得非常重要。新闻文本的传播导向和价值立场是编辑需要重点关注的，并且这方面一旦做出调整往往是非常大的。如果要对传播导向和价值立场进行修改，那就不仅仅是小修小补了，特别是当涉及整个新闻文本时，必然要做出大幅修改。当媒体编辑对新闻文本的传播导向或价值立场做出大幅修改时，一般会与新闻采制者产生一定的冲突，而人与人之间的认知冲突，尤其是价值和立场方面的冲突，是最为根本也最难以调和的。

我们要对新闻文本的“正”和“负”做出辩证的评价，避免只看到新闻文本表面的正负，而忽略其实际传播意义。新闻文本编辑应当兼顾正反立场，对正面报道和负面报道做出合理编辑，总原则是反映事件的真实面目，让现代人和后代人都能清楚地了解事件，以免误读。当然，并非负面报道就是负能量，正面报道就是正能量。新闻文本编辑应当正确认识正能量和负能量的真正含义，以做好立场规制。

正能量已在大众心中形成刻板印象：正能量就是好人好事，就是暖新闻。正能量已经变成“正面宣传”的同义语，而这样的传播理念很可能变成粉饰。传播者不应罔顾现实制造所谓正能量，否则就是欺人、制造虚假的历史。无论多么暖的新闻，如果扭曲了现实，制造了假象，进行了瞒和骗，就不是正能量，而是负能量了。真正的正能量既要有心理上的积极意义，也要能让人认清现实，达到提升认知的目的。

正能量本是物理学名词，后被心理学领域借用。正能量传达给人的是心理上的积极意义和建设意义，但仅此还不够，还须给人以清醒的认知，而扭曲现实的新闻文本是负能量的表现。在新闻文本传播领域，正能量已经成为积极鼓劲的另一种说法，以至说到正能量，就会让人习惯性地想到好人好事和感人励志。什么样的人和事才是正能量，什么样的新闻才是正能量，需要在立场层面予以厘清。

只有基于真实而准确的认知，才能让正能量发挥正面作用，否则即使是善意的谎言，也可能带来后患。从正能量的各种标签来看，正能量已经被刻板化地塑造为好人好事和暖心事，而坏人坏事和黑暗的事被称为负能量。正的就是好事，好事才是正的，这样的简单认知使正能量变成了好人好事的代名词。从心理学角度来说，正能量是指能够让人产生积极心理，但一味强调心理上的积极意义很容易陷入唯心主义的误区。所谓唯心就是唯精神，即精神至上，认为精神起决定作用，而有些所谓正能量传播往往会回避现实、夸大意识的作用。

无论是情绪上还是认知上的彻底改变，都不能依靠简单的认知灌输或所谓正能量的新闻文本传播；相反，应该鼓励人们面对现实，这样才有改变现实的可能，让现实变得更好。尽管偷盗劫掠是社会的负能量表现，但不能说报道偷盗劫掠的新闻文本是负能量，相反，它们是有助于及时发现问题并避免问题恶化的正能量。

如果因为对正能量过度偏爱，而执着于道德说教，却不正视现实中存在的问题，甚至有意掩盖或回避负面新闻，是不利于真正解决社会问题的。过于强调正面新闻文本传播，只将正面新闻界定为正能量，其结果必将遭到现实的报复——讳疾忌医，病入膏肓。真正的正能量，不但要在心理上给人以鼓励，而且能够促进社会进步，让人认清现实。

正能量是积极的能量，但要想真正达到积极的效果，并不是让人一时兴奋，而应具有长久的积极意义。正能量新闻文本传播理应注目于长期性，而非一时的鼓动作用。揭露和批判类的新闻文本看似是负能量，其中掺杂着负面情绪和否定判断，但文本传播所达到的效果却可能是正向的，可以让人形成正确的认知。直面现实既需要智慧，也需要勇气，而社会需要的正能量就来源于直面现实并试图改变现实的文本。新闻文本编辑需要对正负能量都采取正确立场，不能只做出简单化理解，否则很难在编辑阶段对新闻文本做出恰当规制。

第四节　新闻文本传播规制

新闻文本传播的内容、形式、载体都会受到传播环境的规制。内容是新闻文本传播的源头，对内容的规制具有根本性的意义。形式在很大程度上决定了对内容的反映，以及对接受者造成的实际影响。载体决定了传播的范围和具体的触达对象。

一、传播内容规制

传播内容规制直接涉及哪些新闻事件能够被制作成新闻文本，以及在何种角度、何种层面，基于何种立场制作新闻文本。法律法规、公序良俗会通过法律、行政等手段对新闻文本传播的内容、形式和载体起到规制作用。涉及国家、军事、经济机密的新闻事件不能被制作成公开传播的新闻文本，这是对新闻文本传播内容的规制。

可能会对社会造成不良示范、对国家形象造成不良影响的新闻事件也可能被禁止制作成新闻文本，但在这个问题上存在一定的模糊空间。基于某种立场判断某一新闻事件会对某些认知、现状起否定、瓦解或破坏作用，这样的新闻事件也可能被禁止制作成新闻文本。

在一定语境下不被允许传播的新闻文本可能被采制或编辑出来，但不合规的新闻文本在传播之前或传播过程中都可能因为内容问题受到规制。对于内容不符合规定的新闻文本，可能因为审核不通过而无法进入传播渠道。此外，如果内容不符合规定，即使进入传播渠道，也可能通过删除、隐藏文本内容以及封禁传播平台等措施终止其传播。

二、传播立场规制

同一新闻事件会因为采制新闻文本的立场不同，呈现出不同的样貌。反映灾难类新闻事件，既可以制作出严肃追责的曝光类新闻文本，也可以制作出令人感动的歌颂英雄的新闻文本。立场不同，对事件的认知、描述、评价就会不同，甚至对新闻事件的归因以及对结果的预测都会有所不同。新闻事件当然有其不可更改的客观属性，包括事件发生的时空、涉及的载体和相关的因果，但是，新闻文本终究是人的主观描述，并且是人有意或无意的“断章取义”，任何新闻文本都不能穷尽新闻事件的所有因果。更为重要的是，任何新闻事件都不是孤立的事件，而是复杂而又无限关联的事件组，由此就构成了对新闻事件的不同认知，也反映出不同的价值立场。

正因为描述新闻事件的时空、载体、因果有多种组合，由新闻背后的事件组构成的集合是无限集，才使得用来反映新闻事件的新闻文本在理论上可以有无数个。从理论上说，对任何新闻事件都无法做出全部归因，因为因果链条可以无限延长，任何新闻载体的发展和演变都是无法穷尽的历史。

由于新闻事件组的复杂性，以及可以无限组合、有无穷侧面的特点，对新闻事件的描述可以多种多样，只要符合人们认知事件的一般逻辑。因立场不同，人们可以描述出不同面貌的事件，从而构成不同的新闻文本。要想固定事件面貌，就必须对事件涉及的时空、载体、因果进行固定，继而基本确定新闻文本的制作方向，但因为因果链条可以无限延长，并且存在无限交织的现象，那么基于不同的价值立场，就会截取不同的因果链条。

传播立场规制是对新闻文本的描述角度和评论立场的规制，即同一个新闻事件可以通过转换描述角度和评论立场变成另一个文本内容，从而反映不同的价值取向。传播立场规制一定是先有立场和价值取向，然后基于已有立场和价值取向对新闻事件做出符合其既有立场的价值判断，随之给出相应的立场规制。

三、传播平台规制

在现代传媒业，接受规制的传播平台一般包括广播、电视、报纸、网络等。通过对传播平台的规制，可以对新闻文本传播进行规制。对传播平台的规制包括对传播平台相关人员的规制，进而可以实现对新闻文本传播的规制。对传播平台的规制既有长效的，也有短期的，还有针对具体个案的。长效规制是对传播平台所秉持的价值立场、传播理念的规制，即通过对相关人员、传播内容的规制，实现对新闻文本的规制。

在重大事件发生或正在进行的一段时期内，对传播平台的传播立场、传播内容会做出进一步的要求，从而实现在短时期内的规制。比如，在重大政治事件、军事事件以及其他大型活动举办期间，可能对传播平台实行短期规制。当出现具有重大社会影响的突发事件时，对传播平台的规制体现在对新闻文本的采制、传播等做出的更有针对性的规制。

无论是国营还是民营的传播平台，根据不同国家或地区的相关法律法规，在非常时期都可能被纳入规制。当民营传播平台达到一定社会影响力时，就不再局限于民营范围，而是会扩展到公共领域，成为“社会公器”。传播平台是放大并抽象化了的“传播者”，或者说是基于一定传播技术构建的“传播者”，对其规制与历史上对个体的管控在逻辑上是一致的。传播平台需依法而建，那么法律法规在赋予其合法性的同时，也会对其进行相应的约束。人类文明除了创造有形财富和无形精神财富，还设定了各种规范，用以规范自然人、法人的言行，对传播平台的规制也是人类文明的一部分。

参考文献

[1] 新闻学概论编写组 . 新闻学概论 [M]. 2 版 . 北京：高等教育出版社，2020.

[2] 信险峰 . 新闻采制通论 [M]. 长春：吉林出版集团，2014.

[3] 陈力丹，张建中 . 新闻理论教程 [M]. 北京：中国人民大学出版社，2013.

[4] 杨保军. 论作为“中介”的新闻 [J]. 中州学刊，2020 (1)：165–172.

[5] 司马迁. 史记（一）[M]. 北京：中华书局，2011.

[6] 左丘明 . 左传 [M]. 郭丹，程小青，李彬源，译注 . 北京：中华书局，2018.

后 记

笔者于1998年开始从事媒体工作，2003年从事新闻工作，2011年兼职从事新闻教学工作，2018年全职从事新闻教学工作。新闻从业15年，新闻从教13年，二者有时间上的重叠，更有理论与实践上的相互提升。

2014年，拙著《新闻采制通论》印行，10年后，《新闻理论》面世。虽时隔十载，然付梓之时，仍有仓皇之感。10年之间，偶有勤奋，但怠惰时候甚多，以致此书耽搁至今，深感惭愧。

若非仅为稻粱谋，主动为文者都有些自恋，相信自己的文字有些价值，笔者即这样的人。若问本书主要价值在哪里？一是将新闻定义为接受者未知的事件，并推演出何谓新闻要素、新闻本质、新闻机理、新闻构成；二是给出了新闻文本的定义，并严格区分了新闻与新闻文本的不同；三是界定了新闻价值与新闻文本价值，并阐释了新闻价值与新闻文本价值的不同；四是解析了“事件”，并给出“事件组”的概念，进而将新闻置于“事件组”概念之下；五是以新闻本质、事件本质、事件组与事件集合为理论支点，构建了新闻理论体系；六是论述了新闻文本接受者、新闻信息采集、新闻文本构筑、新闻文本传受、新闻舆论等新闻理论问题。

后记本应记事，如此罗列书中内容，是典型的自恋情结流露。其实，为文者最大的期望是在所言说的领域有开创之功，虽然最终多流于笑谈，但奢望还是要有的，万一实现了呢？

司汤达说他的《红与黑》是写给50年之后的读者，拙著《新闻理论》是写给什么样的读者呢？除写给新闻业界与新闻学界同人外，还写给所有愿意深思新闻为何物的思辨者。这样的思辨者有以下特点：既不被眼前新闻传受所迷惑，也不被既有新闻理论所羁绊，而是用思辨的眼光看待这个世界的变化，在变化当中看新闻的本质性存在。

眼高于顶，语涉自恋，非学人之涵养。其实，修改过程中已觉书中有些话语会令人费解，有些语句多次重复，即使做了修改，也没有彻底解决，问题仍在。多次重复有些话语当然有原因：一是有些重复话语在已有新闻理论当中很少被提及或未曾被提及，需要做出重点强调，甚至重复强调；二是各章节内容既在一个系统中，又相对独立，为避免读者读后忘前，以致对后面的提法产生误解，所以再次提及以做补充。

拙著想要完成的主要理论任务如下：一是厘清新闻定义，指出新闻定义难以统一的根由；二是给出新闻定义，论证新闻的本体是事实，而非信息；三是提出新闻信息应有专用概念，也即新闻文本；四是严格区分新闻与新闻文本，二者不可混淆；五是论证新闻的本相是事件组，而非单一事件。

新闻是事实，还是信息？这是一个实践问题，拙著想要给出确定的答案，但仅通过论证难以给出终结性的结论，注定要留待将来解决。

行文至此，感恩之心留在最后。学业为中文，从业为新闻，虽有差异，但互有助益。师恩难忘，在此特向我的导师张福贵先生致敬，并表达深深谢意！自入职吉林师范大学以来，有幸得到了夏维波先生、田静女士、魏国强先生的帮助与鼓励，在此深表感谢！在本书出版过程中，吉林师范大学刘冬生先生给予了热心帮助，在此深表谢意！本书得以出版，尤须感谢中国经济出版社焦晓云女士，在此致以深深谢意！

信险峰

2024 年 11 月 28 日